银行数字化转型之路

DRIVING
DIGITAL
TRANSFORMATION

Lessons from Building
the First ASEAN Digital Bank

〔新加坡〕邱鼎和
(Dennis Khoo) —— 著

姜振东 —— 译

中国原子能出版社　中国科学技术出版社

·北 京·

北京市版权局著作权合同登记　图字：01-2021-0168。

图书在版编目（CIP）数据

银行数字化转型之路 /（新加坡）邱鼎和
（Dennis Khoo）著；姜振东译 . — 北京：中国原子能
出版社：中国科学技术出版社，2024.1
　书名原文：Driving Digital Transformation:
Lessons from Building the First ASEAN Digital Bank
　ISBN 978-7-5221-2986-0

　Ⅰ . ①银… Ⅱ . ①邱… ②姜… Ⅲ . ①银行业务－数
字化－研究 Ⅳ . ① F830.49

中国国家版本馆 CIP 数据核字（2023）第 180199 号

策划编辑	杜凡如		文字编辑	孙倩倩
责任编辑	付　凯		执行编辑	王碧玉
封面设计	潜龙大有		版式设计	蚂蚁设计
责任校对	冯莲凤　张晓莉		责任印制	赵　明　李晓霖

出　　版	中国原子能出版社　中国科学技术出版社
发　　行	中国原子能出版社　中国科学技术出版社有限公司发行部
地　　址	北京市海淀区中关村南大街 16 号
邮　　编	100081
发行电话	010-62173865
传　　真	010-62173081
网　　址	http://www.cspbooks.com.cn

开　　本	710mm × 1000mm　1/16
字　　数	344 千字
印　　张	24
版　　次	2024 年 1 月第 1 版
印　　次	2024 年 1 月第 1 次印刷
印　　刷	北京盛通印刷股份有限公司
书　　号	ISBN 978-7-5221-2986-0
定　　价	108.00 元

（凡购买本社图书，如有缺页、倒页、脱页者，本社发行部负责调换）

序　言

本人拜读了《银行数字化转型之路》这本书，认为对任何想建立数字银行的人来说，这是一本极好的指南。鼎和对虚拟银行业务模式的信念是值得称赞的。作为一个经历了银行业数十年风云变幻的人，我认为本书内容极其可信。

业内一直缺少一本全面的结构化构建数字银行的攻略，幸有鼎和乐于动笔分享他的经验，我认为这对那些应用书中原则的人（如正在开启旅程的商界精英、传统银行家等）来说是一个巨大的福利。这本书将推动这个行业向前发展，所以谢谢鼎和、谢谢你的杰出贡献。

在读这本书的时候，我经常会停下来反思自己在担任一家传统银行首席执行官期间建立数字银行的历程。这种独特的视角让我既欣赏虚拟银行家将一个想法付诸实践的勇气，又欣赏传统银行家总能以创新的解决方案适应快速变化行业格局的胆识。传统银行拥有特许经营的价值和久经考验的记录，而作为概念存在的虚拟银行，要证明其合理性则要困难得多。经常有人问我："我们已经有了成功且成熟的传统银行，为什么还要建立数字银行？"我总是会回答："为什么不呢？"这种"为什么不"的心态在构建数字银行的整个过程中是必要的。

从传统银行到挑战者模式的旅程需要文化和心态的转变，才能把握住成功的机会。而只有当你真正相信新模式的力量时，这种转变才有可能发生。

如果"为什么"的问题会考验你的信念，那么"为什么不"的答案则会坚定你的决心。

数字银行代表了一种新的商业模式、新的技术栈和新的合作伙伴关系。没有人知其全貌，甚至连首席执行官亦如是。建立数字银行的现实势必混乱，因为你正在从头开始建立全新的东西。没有路线图可循，你必须摸着石头过河。这就是本书力量之所在——它提供了一张前所未有的蓝图。

客户至上是一种观念，而技术则是其有力推手。将这两个因素结合在一起就是数字银行成功的秘诀。差异化的客户体验帮助整个行业提高了门槛，并且最终使客户受益。这就是为什么市场一直非常欢迎数字银行。数字银行的健康发展，给银行业生态系统带来了一股别样的活力。客户体验的设计方式是以"为什么不"的心态指导行动的一个很好的例子。

这本书提供了重要的经验教训和非常实用的路线图，同时也指出了一些数字银行在建设中的不为人知的困境。这本书之所以特别有价值，是因为它是由业内最敏锐的人之一——邱鼎和撰写的。

褟惠仪（Mary Huen）

渣打银行（中国香港）行政总裁

虚拟银行 Mox Bank 董事会主席

前　言

这本书包含了我过去十年的心得，涵盖设计、搭建、运营数字银行等内容。数字银行和个人银行之间有很大的区别，但我们暂且按下不表，本书的前几章将对这一区别加以阐述。2017 年，当我被要求从零开始建立一家独立品牌的数字银行时，我需要发挥出在技术职业生涯中所学到的一切，使用 C++ 编程语言[1] 编写软件的经验以及我在个人银行的 19 年阅历。即便如此，这也是一次真正的发现之旅。我和我的团队有太多不懂的东西，我们必须通过不断试错来学习。

1988 年，我从新加坡国立大学（NUS）计算机工程专业毕业，在接下来的十年里，我在惠普公司先后从事过微型计算机系统硬件、软件方面的工作。尔后，我得到了一个从头开始网络业务的机会，我还记得我在美国的 Interop[2] 会议上寻找潜在的网络解决方案，那些解决方案非常有趣，支持了我们的业务发展。离开惠普公司后，我在一家内容管理公司做了 9 个月的营销总监。2001 年，当我有幸加入渣打银行担任营销主管时，渣打银行却开始缩减规模。

---

[1]　相信吗？这么多年过去了，它仍然是世界上流行的编程语言之一。

[2]　第一届 Interop 会议于 1988 年在加利福尼亚州的圣何塞举办。支持可靠交互的 TCP/IP 产品的供应商被邀请参加。50 家公司入选，5000 名网络专业人士参与。

在渣打银行工作的 12 年里，我有幸获得管理个人银行业务的各个产品部门（如投资、保险、存款、信用卡、个人贷款、抵押贷款等部门）的机会。离开渣打银行后，我加入了大华银行，以类似的身份担任个人银行业务主管，只是大华银行的业务规模更庞大。

因此，2017 年，当我被大华银行要求从头建立东盟国家的数字银行 TMRW 时，我已经接受了近三十年的相关训练，做好了尽可能充分的准备。然而，这仍然是一项艰巨的挑战，就像只借助指南针寻找埋藏的宝藏一样。虽然咨询公司的一位向导与我们同行，但我们都没有地图。很多次，我们在黑暗的夜晚前行，不得不适应这种昏暗模糊。我常常想："要是我们有一张地图就好了。"当然，就算有了地图，我们可能还是会时不时地迷路，但地图至少可以提供一个很好的指引，帮助我们鸟瞰地形和前路。

这本书就是那张地图。我写下这本书是为了指引那些正在开启重大的数字行动的高级管理人员，并为他们呈现一条明确的路径来应对未来的挑战。通过提炼我和团队成员在泰国和印度尼西亚建设数字银行的过程中积累到的经验，我希望读者能够避免重复我们所犯的错误。虽然书中的例子大多来自银行业，但我相信其中的方法适用于任何行业。

没有地图，失败的概率就会很高。波士顿咨询公司的研究表明，70% 的数字化转型没有达到企业预期（BCG，2020）。Everest Group（一家咨询公司）和许多其他公司的研究表明：只有22%的公司实现了预期的业务结果（Bendor-Samuel，2019；Wade，2018；Solis，2020；Rogers，2016；Kitani，2019；Sutcliff、Narsalay & Sen，2019；McKinsey & Company，2016；Boutetière、Montagner & Reich，2018）。

在我看来，失败率如此之高的原因是数字化转型难以抵御的互联特性。虽然有很多关于设计、设计思维、创新、敏捷和商业策略的文献，但尚无一种资源将所有这些文献以一种全面和连贯的方式结合在一起。本书阐述了我在参与大华银行 TMRW 建设过程中所学到的知识，以及我如何利用这些知识创造一种新的方法来提升数字化转型举措的成功率。我相信，如果你遵循本书推荐的步骤，你将能够避免很多重大的陷阱，并能够将设计和实施数字化举措的时间减少一半！

　　本书第 1 章介绍的是我和大华银行的同事从零开始建设的数字银行 TMRW。第 2 章讨论的是银行业的未来。第 3 章探讨的是在起步之前必须正确理解的基本思想。第 4 章将构建 TMRW 的经验总结为 10 个简单步骤。第 5 章介绍的是根据我过去 30 年的经验得出的数字化转型的分步指南。第 6 章介绍了本书中的策略不仅适用于金融服务公司，也适用于在任何行业中希望进行数字化转型的公司。

　　这是我的第一本书，希望不会是最后一本。谢谢你与我一起踏上这段旅程，迈向激动人心的崭新未来。

邱鼎和

目 录

TMRW 之旅

CHAPTER 1

2016 年的最后几个月，我被要求带头开展一项新的行动，从零开始设计并打造一家泛东盟银行。那时，我已经在大华银行工作了三年，担任过个人银行业务主管及总经理职务。2015 年，我们推出了大华银行 Mighty，这是一款全新的手机银行应用程序（App），利用手机的原生功能使银行业务变得直观而简单。此后，基于一些授权委托，我与几名员工一起着手建立一家为未来数字客户服务的银行，帮助大华银行在个人银行业务方面茁壮成长。

大华银行是典型的东盟银行。在亚洲金融危机期间，它收购了泰国和印度尼西亚的银行，因此拥有着一个足以与东盟其他竞争对手相匹敌的当地注册银行分支网络。然而，个人银行业务的地区扩张一直颇具挑战性，现如今大华银行的大部分零售收入仍然来自新加坡。这是因为赢得更大的海外市场需要扩大物理足迹，而许多国家对外国银行分支的扩张施以限制，对加入其国内自动柜员机（ATM）网络收取更高的费用。

在这种情况下，数字银行的建设既是**挑战**，也是**机遇**。挑战在于大华银行的总部在新加坡，它作为一家本地银行，很大一部分利润来自新加坡；机遇在于在新加坡之外，大华银行通过数字银行扩展了业务，并吸引到很多精通数字技术的青年专业人士，他们属于"千禧一代"[1]。

过去十几年，亚洲银行业经历了重大变化。激烈的竞争、低利率和不断强

---

[1] "千禧一代"指 20 世纪 80 年代初至 20 世纪 90 年代中期出生，在跨入 21 世纪（2000 年）以后达到成年年龄的一代人。——编者注

化的监管导致银行的利润率大幅减少，成本增加，股本回报率下降。全球金融危机后，面对现有的传统银行，西方初创企业找到了创建**挑战者银行**的理由。一些挑战者银行或新兴银行通过向客户提供更高的透明度、更好的应用体验和更好的客户服务来与传统银行竞争。这种策略使它们与传统银行专注于通过交叉销售和季度稳定利润来实现增长形成鲜明对比。

与此同时，资金充足的初创企业或金融技术公司利用技术使非银行支付和贷款成为可能。这样的例子比比皆是：印度尼西亚的 Akulaku（一家金融科技公司）提供无卡分期付款购物；FinAccel（一家金融科技公司）为东南亚无银行账户者提供在线支付服务；打车平台 Grab 和 Gojek 正在分别大力发展数字钱包 GrabPay、GoPay，并启动数字银行或买进现有银行（Ang，2020；Jiao，Sihombing，and Dahrul，2012）。

这种趋势引起了银行董事和大股东的注意。因此，适应瞬息万变、竞争日益激烈的环境，成为传统银行谋求长期生存的当务之急。

TMRW 便是大华银行对这种不确定的大环境的反应。它是东盟第一家专为青年专业人士及其家庭设计的移动银行。传统个人银行业务有一套成熟范式，例如以数字作为渠道、以产品而非服务和参与作为重点、大力施行宣传推广，等等。而 TMRW 则摆脱了这套范式，基于东盟国家的需求、偏好和行为从头开始搭建，代表着对现状的反思和转变。

TMRW 在两个引人注目的方面区别于传统的个人银行。

首先，它是一家**主要面向年轻人的移动银行**。从资金转移、账单支付、信用卡注册，到报告卡片丢失损坏，乃至设置新的借记卡或信用卡密码，一切交易行为都通过 TMRW 移动 App 进行。虽然客户大可选择亲临大华银行网点解决任何问题，但 TMRW 的设计是为了让他们不必这样做，也因此不再需要排长队或填写各种表格。在印度尼西亚，完全数字化的开户过程只需要 7 分钟。

其次，TMRW 的核心是**以参与为中心的商业模式**。在对交易进行分类的 Meniga（一家提供数字银行解决方案的金融科技公司）和将交易转化为洞察的

Personetics（一家为银行和金融服务商提供解决方案的金融科技公司）等金融科技公司解决方案的推动下，TMRW 利用交易衍生出大量数据，并从中收集挖掘相关的洞察信息。这让 TMRW 学会了预测客户需求，个性化客户参与，并不断完善客户体验。因此，TMRW 能够与东盟国家的青年专业人士及其家庭建立长期的联系。这些青年专业人士中的大多数人都受到过良好的教育、拥有不错的工作。

在构思 TMRW 时，我有意从一张白纸开始，以防止我们陷入现有的范式，这些范式可能会阻碍我们的思维，阻止我们擘画真正独特的方案。我们团队的成员大多是新加坡人，偏偏选择在泰国和印度尼西亚这两个市场着手建立数字银行。这样做消除了各种偏见，给了我们一个全新的视角，并迫使我们通过做更多的工作来了解客户，因此我们的工作从一开始便非常得心应手。

这确保了 TMRW 从第一天起就以客户为中心。

我们在 2017 年花了大部分时间研究全球的领先银行，并与世界各地的专家交谈，了解该如何开启这一旅程。我们在世界各地举办了许多讲习班，共同消化吸收客户告诉我们的共同主题。我们尝试了不同的商业模式，进行了多轮讨论，从对客户的观察中提取相关的洞察，并应用设计思维创造新的客户旅程和体验。

在这个发现的过程中，我们学到了很多东西。如果让我总结我们发现的最关键的一点，那就是数据驱动的洞察、快速学习和反馈循环很有可能在未来的个人银行领域显著提高客户的参与度（Khoo，2020b）。未来银行不仅需要以增长和产品为中心，还需要以客户和参与为中心。新的数字银行将与那些提供数字银行业务并将此作为自身全渠道战略一部分的传统银行共存。我们认为，数字银行和传统银行都有自己的位置，服务于不同的领域，并可能有着不同的成长轨迹。我们还相信，进步的传统银行、新兴银行和金融技术将利用这一机会，在全球范围内推动前所未有的颠覆。赋能这些以数据为中心的银行的能力正在出现，并将快速发展。

新的数据驱动型银行凭借其优越的服务成本和利用另类数据承保信贷

的能力，将推动东盟国家大规模的金融普惠。尽管挑战依然严峻，但数字银行在东盟国家成功的机会很大。主要原因是，**在这样一个智能手机泛滥的地区，存在大量的未开设银行账户和未充分享受银行服务的人。**

东盟国家中年龄在 35 岁以下的人约占 60%（Wijeratne et al.，2019）。2017 年，东盟地区约有略高于 50% 的人拥有智能手机（We are social，2020）。东盟国家的智能手机渗透率超过信用卡甚至银行的渗透率。据统计，东盟国家有工作的成年人中约有 50% 的人未开设银行账户（Martinez，2016）。这是一个值得银行考虑的重要统计数据，智能手机数量的激增和低成本数据套餐的推广促使银行可以在没有实体存在的情况下为客户提供服务，尤其是在储蓄账户、现金账户以及信贷和借记产品等交易型银行产品服务方面。

30%~50% 的不使用数字银行的人表示，他们最终可能会作出转变。数字银行渗透率的增长预计将在亚洲新兴市场加速。

东盟非常支持**非面对面开户**。银行业一直受到严格监管，银行如果想在没有实际查看客户证件的情况下让客户开户，就必须严格遵守该国金融服务管理机构的条例和指导方针。东南亚监管机构正积极响应线上或电子认证的概念，并正在调整条例以允许其实施。他们这样做的理由各不相同，但最常见的理由是促进数字银行业务的增长，促进金融普惠。

扩大银行业务也将通过更多地使用无现金支付促进更有效的支付。这反过来降低了营运资金需求，因为商家将更快地得到报酬。研究表明，无现金支付的普及将为成熟经济体带来高达 **1% 的额外国内生产总值（GDP）增长**以及为新兴经济体带来超过 **3% 的额外 GDP 增长**（Massi et al.，2019）。此外，如果管理得当，扩大信贷将鼓励消费和 GDP 增长。监管机构发现了这些潜在的好处，并迅速采取适当的举措，以确保他们不会落后。

从东盟"千禧一代"的角度来看，他们对服务的期望越来越受到快速发展的移动平台的影响，并围绕着差异化的三个关键方面：易用性、可获得性和主动性。

1. 对**易用性**的期待来自他们对智能手机的体验。他们订阅的每一项数字服务都需要具备这种易用性，优化在小屏幕上的顺滑体验，让他们达成任务无须完成不必要的步骤。Sendo.com[①] 和 Chatesat.com[②] 是快速发展的平台中的佼佼者。前者是一个越南社交商业平台，让用户只需一封电子邮件和一个电话号码就能立即销售产品。后者是一个总部设在缅甸的网站，企业和自由职业者可以在项目上合作，而无须来回传递任何文件。

2. 移动平台也在革新客户**获取和支付其首选服务的方式**。与通常以信用卡或借记卡支付的基于订阅的服务不同，客户有多种支付方式可供选择。列如，岩心科技（Akulaku）在线的分期付款服务。缅甸的 Goama（一家提供让应用程序开发者快速地将社交游戏功能植入应用程序中的服务公司）提供支持订阅的 400 款手机游戏，可以通过手机信用支付。

3. 移动平台正变得更加**主动**。这意味着客户将获得更智能、更流畅、更个性化的体验。例如，Grab 和 Gojek 能够智能定价。为了支持旅游业，Grab 还推出了 GrabChat，这是一个应用内模块，可以自动翻译信息，帮助游客预订车辆（PuReum & Chung，2019）。

移动平台的这些发展正在影响"千禧一代"客户的期望，反过来，想要跟上的银行也需要满足这些标准。

新技术已经颠覆了个人银行业务的几个方面，并使业务更便宜、更容易、更高效。例如，人工智能（AI）、机器学习（ML）和自然语言处理（NLP）的发展使**智能聊天机器人**成为可能。这些技术通过为"千禧一代"客户提供即时、全天候

---

① Sendo.com 是一家越南电子商务零售商和在线商务平台。它是越南软件集团 FPT 公司的子公司。
② Chatesat.com 是缅甸领先的自由职业平台，在企业和有才华的自由职业者之间架起桥梁。

的支持带来了运营效益，并成为呼叫中心服务的替代方案。

各种安全和身份验证技术也在不断发展，使用户能够以数字方式进行几乎任何银行交易。用户可以通过视频通话或涉及面部识别的生物识别方式开立银行账户。新加坡使用登录识别（ID）、密码和额外的个人识别码（PIN）或面部识别[①]，并利用名为 MyInfo 的国家身份数据库进行身份核验。印度尼西亚允许人们使用国家注册平台 Dukcapil 进行视频登录。马来西亚正在测试各种新方法，但目前仍需要墨迹签名，越南也是如此，但短期内可能会有所改进。这些措施降低了客户的获取服务的门槛，并推动银行开设更多的移动账户。

最后，数据正在以令人信服的方式改变银行业。通过客户的交易数据，金融机构可以更多地了解客户，从而通过智能参与决策来创造更好的客户体验，例如：提醒忘记付款的客户，或者让客户知道是谁忘记向他们付款。

2018 年 8 月，大华银行宣布，他们正在为这个新未来打造数字银行。这个银行（也就是后来的 TMRW 银行）的目标如图 1–1 所示。

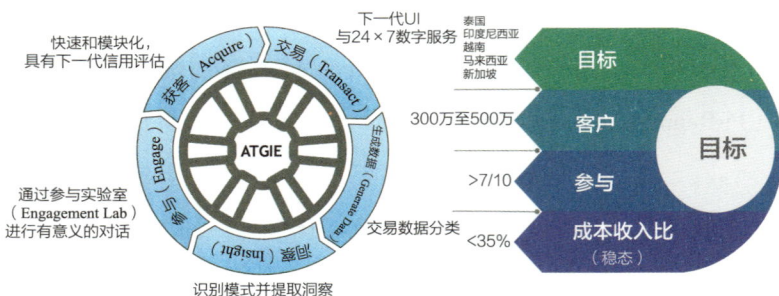

图 1-1　TMRW 的目标

资料来源：大华银行网站，《投资者关系》，2018 年 8 月 3 日

个人银行业务的市场领导者，往往过于关注交叉销售。这是因为该行业对

---

① 　二维码也作为一种认证手段被引入。

创收的驱动可能不足以与为客户提供良好服务的愿望相平衡。TMRW 将解决这一问题，并通过**"参与促进交叉销售"**而非**"交叉销售促进参与"**的方式来扭转这一局面。为了实现这一点，我创建了一个以数据驱动的洞察为中心的独特的飞轮模型，称为 ATGIE（图 1-1）——它代表获客、交易、生成数据、洞察，以及参与。图 1-2 描述了 TMRW 成为世界上最吸引"千禧一代"的银行的愿景。

图 1-2 TMRW 的愿景：世界上最吸引"千禧一代"的银行

资料来源：大华银行网站，《投资者关系》，2020 年 12 月 7 日；波士顿咨询集团

2019 年 3 月 1 日，大华银行在泰国成立了名为 TMRW 的首家泛东盟数字银行，这是一家挑战者银行，拥有**专注于简单、迷人和透明的企业文化**。TMRW 的独特之处在于它脱离了传统的个人银行业务模式——它重视客户参与和体验而不仅仅是产品，重视客户质量而不仅仅是客户数量，以及通过专注于提高净推荐值（NPS）[①] 来大幅降低企业成本。2020 年年初，TMRW 印度尼西亚测试版推出，同年 8 月正式上线。

2020 年 12 月，大华银行升级了 TMRW 的服务，包括在印度尼西亚推出的服务以及提升 TMRW 的整体表现，如图 1-3 和图 1-4 所示。在泰国，TMRW 必

[①] 计算净推荐值要从"您把我们推荐给朋友或同事的可能性有多大"这个问题开始。客户在 0~10 分区间内打分。你的净推荐值便是客户中推荐者（打 9 分或 10 分）的百分比减去贬损者（打 0~6 分）的百分比。净推荐值的区间从 -100%~100% 不等。

须配备自助服务终端，允许用户通过将其生物特征数据（面部或指纹）与泰国国家数字身份证（NDID）[①] 匹配来完成开户。而在印度尼西亚，TMRW 设计了一个**不到 7 分钟**的开户流程，该流程即使在网络拥挤的情况下也能很好地工作。

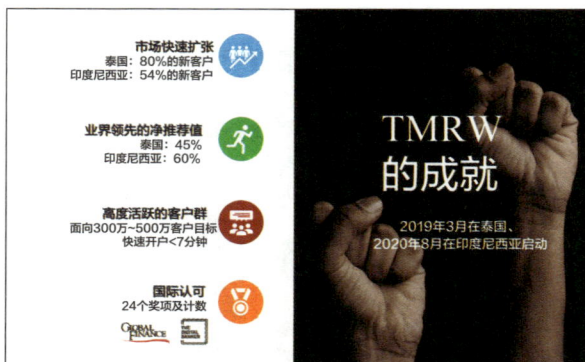

图 1-3　TMRW 在泰国、印度尼西亚启动后取得的成就

资料来源：大华银行网站，《投资者关系》，2020 年 12 月 7 日

图 1-4　TMRW 在印度尼西亚启动后的情况

资料来源：大华银行网站，《投资者关系》，2020 年 12 月 7 日；波士顿咨询集团

---

① 泰国国家数字身份证平台支持银行对银行的身份认证；这一机制在 2019 年 3 月 1 日 TMRW 启动时尚未全面运作。

TMRW（印度尼西亚）采用最低体验评分（使用净推荐值作为代理）而非最小化可行产品（MVP）[①]的策略，2020 年净推荐值达到了 60%。这可能使 TMRW 成为印度尼西亚领先的净推荐值银行，高于中亚银行、印尼金融银行、印尼人民银行、印尼国家银行和曼迪利银行。

在 2021 年 3 月 1 日接受采访时，接替我担任大华银行 TMRW 数字银行负责人的林世约（Kevin Lam）这样说："泰国是东盟数字银行标准最高的市场之一，在泰国运营不到两年的时间里，我们以参与为重点的商业模式正在结出硕果。在贝恩公司（Bain & Co）于 2021 年 1 月进行的调查中，TMRW（泰国）以 40% 的净推荐值在市场上排名第二，并在信用卡和现金账户 / 储蓄账户上排名第一。"（Futures，2021）

很少有传统银行在同一实体内以不同的品牌成功打造并推出数字银行衍生产品。两家大型银行——摩根大通银行和苏格兰皇家银行（后者于 2020 年 7 月更名为国民西敏寺银行）均在一年半时间内分别关闭了各自的数字银行 Finn 和 Bo。这表明，大华银行创立 TMRW 确实不同凡响。

TMRW 的一个特色体现在其应用程序的用户体验方面（图 1-5）。该应用程序设计丰富多彩，银行账户的导航是通过**水平滚动**来完成的，而**垂直滚动**是从用户交易数据生成的个性化洞察提要。请注意，在主屏幕上如何为洞察分配更多的空间，以平衡银行业务（交易）的"不可见"部分与银行业务的"可创造价值"部分（洞察）并变得"可见"。

我相信，这将是**未来银行的蓝图**，如此这般便可平衡可用性和主动性。TMRW 集成了 500 多个从头设计的新特性，包括你在图 1-5 右边看到的那些（Warden，2019b）。这些安全和支付限额特征是我经过多方观察得出的，所有的特征都来源于我们对 TMRW 客户需求的了解。

[①] 最小化可行产品是一个具有足够特性可以被早期客户使用，并为未来产品开发提供反馈的产品版本。

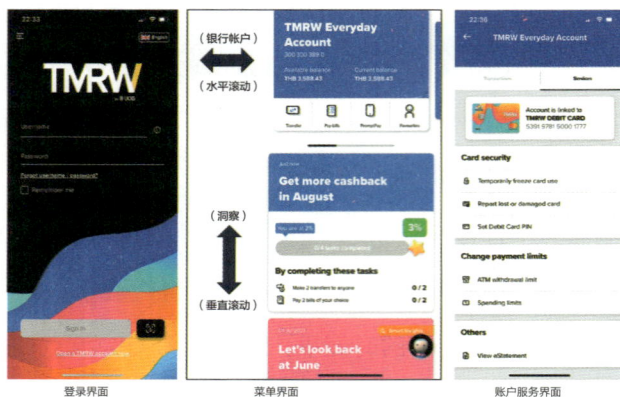

图 1-5 TMRW 应用程序登录界面、菜单界面和账户服务界面

TMRW 是由一群敢于梦想的开拓者创建的。作为一个团队，我们采用了设计思维和规模敏捷等诸多新方法，并经常冒险进入未知领域，引入新的概念，"参与实验室"便是其中之一，该实验室将学习如何与客户互动，并随着时间的推移利用这些学习来提高 TMRW 的客户参与度。有时它是困难的，令人困惑又恼怒；有时却是令人振奋、鼓舞和惊叹的。TMRW 今天的持续成功证明了团队在踏上这段未知的狂野之旅中所具备的天赋、努力和信念（图 1-6）。

图 1-6 领取 2019 年全球金融奖证书的邱鼎和（左二）

第 2 章

银行业的未来

CHAPTER 2

要想了解个人银行业务的未来，我们必须从了解它的过去开始（图 2-1）。自 1955 年美国银行安装了世界上第一台用于银行业的计算机电子记录机会计系统（ERMA）（Fisher & McKenney，1993）以来，银行业一直推行的是数字化业务。如今，银行业几乎完全依赖计算机来记录交易和数据，在全球各地，昼夜不停。因此，在当下，我们需要改变的不是银行业的核心，而是银行服务客户的方式。

分支银行与ATM的发明
渠道
银行业务是需要亲自到分行和自动柜员机办理的
1967年

电话银行业务
渠道
1989年10月1日，英国首次直接推出电话银行业务。那时没有分支机构和24小时呼叫中心服务
1984年

网上银行
渠道
网上银行允许客户在分行、电话和自动取款机的物理限制之外使用个人电脑进行交易
1994年

直接银行业务
无分支渠道
由ING Direct（荷兰国际集团加拿大直营银行）于1997年在加拿大首创，通过网上银行提供利率更高的储蓄账户
1997年

手机银行
渠道
通过用户友好的移动应用程序拓展银行业务
2007年

数字银行
商业模式
持续关注顾客。提供优质服务的流畅和直观的移动银行。利用数据提取洞察，以实现用户更深入的参与
2018年

所有这些渠道仍然存在，形成了一种对现有银行来说管理成本非常高的全渠道方式

图 2-1　个人银行业务的发展

直到 20 世纪 80 年代电话银行出现之前，客户都必须去分支网点办理银

行业务。英国公共部门金融机构 Girobank 于 1984 年设立了专门的电话银行服务，首次引入电话银行，从此电话银行已变得像分支网点一样无处不在，但也因等待时间长、语音菜单操作不便、员工流动性大和其他服务问题而受到许多批评。

1994 年，随着互联网的普及和商业化，网上银行应运而生。客户从此可以直接将数据输入电子表格，并在线完成账单支付和资金转移。1997 年，荷兰国际集团以 ING Direct 的商业名称推出了"直营银行"（direct banking）的概念，目的是通过使用具有成本效益的产品、流程和分销渠道（只有一个地点，没有业务分支网络）提供价值主张。尔后，随着智能手机的推出，消费者开始将自己的"分支网点"装进口袋，利用手机银行进行各种各样的银行交易。

自欧洲引入现代银行以来，手机银行的发展以及银行通过二维码支付、近场通信（NFC）支付、在线支付等方式引入无现金交易，为客户提供从会计、结算到交易、支付和转账的**完全数字化的银行体验**成为可能。新一代客户可能永远不会访问分支网点来办理交易银行业务。

这一发展的影响将颠覆个人银行业。个人银行业的从业者如果低估了这种新的商业模式所带来的影响，**将变得过时**。让开户和交易银行业务变得流畅、易用只是一块敲门砖。如果你在此基础上增添了出色的服务，尤其是如果你利用新的技术解决方案来改善服务，从而使大多数问题在发生之初便能得到解决，那么这将是非常令人高兴的事情。

2.1 节讲的是个人银行业务的未来。在这一节中，我们将研究竞争动态是如何变化的，以及银行必须做些什么来应对和调整这些变化。在传统的人（people）、产品（product）、地点（place）、促销（promotion）、价格（price）和流程（process）这"6P"竞争因素中，我相信**流程（process）将是唯一剩下的"P"**。流程的卓越与以人为本设计是组成经验的基本结构。

当所有领先的银行都在其交易银行业务经验中绞尽脑汁时，会发生什么？竞争将转移到哪里？我们还将讨论纵向和横向整合的力量如何随着时间的推移而变化，以及它们对行业中现有参与者的影响。我们会从计算机行业的例子中推断金融服务业如何受到这些力量的影响。此外，我们还将探讨开放标准对银行业的影响，以及这些标准如何迫使其他行业发生变化。

随着时间的推移，现有银行一直在改善其数字银行业务。那么，数字银行业务能抵御数字银行的竞争吗？这是一个有许多不同答案的问题，取决于你与谁交谈，在此，共识尚未形成。既然现有的传统银行一直在增强自己的能力，**为什么它们无法针对现状与数字银行竞争**？是什么阻碍了它们，为什么需要一种新的方法？这是我们在 2.4 节将要讨论的问题。

2.5 节将讨论参与的作用。个人银行业务从业者一直被教育，交叉销售是加深关系和吸引客户的方式。这从某种程度上来说是真的，因为从长远来看，随着客户在不同人生阶段中消费更多的金融产品，你就加深了与客户的关系——从读书时用父母的钱使用借记卡交易，到毕业找到工作时拥有自己的信用卡和个人贷款，再到组建家庭后购买保险和理财产品，最后为退休做计划。

然而，即便有了如今的预测和机器学习能力的加持，人们发现，从一个生命阶段过渡到下一个生命阶段的**机会窗口**也是很难预测的。在一个全数字化的世界里，为了提高这些可能性，**参与交叉销售**可能是一条更好的道路。银行目前没有足够高的访问频率和内容深度来提高用户参与度，因此银行有必要专注于识别有用的数据，并利用数据来吸引客户。这将使银行能够专注于预测客户的需求和行动，与客户交谈，推动客户养成更好的储蓄和消费习惯，并创建反馈循环，使银行能够快速了解哪些措施有效哪些无效。

从数据中提取有用洞察的新能力是最后的要素。虽然在大科技和金融科技的世界里，这正在成为常态，但银行业不一定是这样，监管、风险管理和增长动力导致组织对正在发挥作用的新力量反应较慢。传统银行相对不那么痴迷于客户，它们更专注于内部，仰仗其合作能力行事。所以，几乎每家传统银行都还在迈着缓慢的步伐，一天天地学习、改善。这将成为未来几年差异化的主要战场。

最后，2.6 节将讨论现有或传统[①]银行需要做些什么来保持竞争力，并在行业正经历重大变化的拐点中生存下来。

[①] 本书交替使用"traditional"（传统的）、"legacy"（遗留的）和"incumbent"（现任的）来表示那些并非自建立起便数字化的现有银行。

2.1　银行业的未来

很明显，**银行业的重点不再是产品**。在诸如交易银行这种最容易被数字化的领域，产品被商品化了。因此，竞争早已转向价格竞争，并通过根据客户的生活方式和需求定制福利来瞄准细分领域市场。客户需要支付和交易的基本功能（如资金转账和账单支付）仍然是银行最常用的服务。毕竟，不是每个人都需要私人房产贷款或一直在寻找投资。交易服务是一组"宽带"服务，如果体验很好，人们的参与率就会很高。然后，银行通过在正确的时间插入正确的对话，向这个宽带基础交叉销售"窄带"服务，如投资、住房贷款和个人贷款，等等。

银行之间的竞争使得仅仅对交易服务收费很难产生可观的利润，因为今天大多数客户都希望交易服务是免费的。有趣的是，我们发现许多年轻客户甚至不太明白银行为什么要向他们收钱。因此，银行越来越多地转向从贷款中获取利润，而贷款需要存款，因为银行必须将至少 8%~10% 的自有资本置于风险之中，而其余的资本可以由客户存款支持。[①] 因此，今天提供交易服务与其说是为了产生费用收入，不如说是**为了产生贷款所需的存款**——贷款才是关键的利润来源。

传统银行过去一直将数字银行业务视为另一个细分领域市场，即针对偏好数字访问手段、不愿访问分支网点的客户群体的市场。但随着数字银行业务越来越成为主流，并逐渐成为首选的银行模式，这一细分领域市场得到了增长。数字银行的目标是这一细分市场中**期望永远不去网点**的一个子集。随着更多的银行改进其流程，并将所有可能的服务放在网络上，这一子集将会扩大。新冠

---

① 举一个非常简单的例子，如果一家银行贷出 100 美元，那么其中 10 美元必定来自银行的资本，其余的 90 美元则一定由存款支持。实际情况要复杂得多，在这里我们只是举个例子以说明基本概念。

疫情还催生了通过视频获得建议的服务。尽管现在，对房屋或其他投资作出重大承诺可能仍然需要面对面的建议，但在未来，我们应该会更多看到这种咨询活动通过视频进行。

但仅仅把银行业的未来看作更多人使用在线银行而不是线下银行，就错过了正在发生的实际转变。为了从传统的"6P"转变为**体验式业务**，你需要把很多小事情做好，才能让你的经历变得美好。换句话说，流程（process）是唯一剩下的"P"。这就好像苹果公司在已经商品化的行业中仍能通过独特的设计能力带来的**卓越整体体验**获得溢价并抢走客户。

金融服务业近年来的创新大多是关于价格和促销的，这压缩了整个行业的利润率。因此，银行业的未来不仅需要技术和创新，它还需要使用技术来创新银行体验，使一切都变得流畅、易用。其中所需的能力包括**卓越的业务流程技能、创造最佳体验的设计技能、对易用性的痴迷，以及能够发现不佳体验的对细节的敏锐洞察力**。

透过这个视角，人们可以发现，即使像苹果公司这样的大型企业，也未必总有所需的惊奇之举！比如，你痛恨把无线鼠标的充电端口放在下面，因为当它充电时，你就不能使用鼠标了。但这正是苹果公司对其强大的无线鼠标 Mighty Mouse 2 所做的设计（图 2-2）。

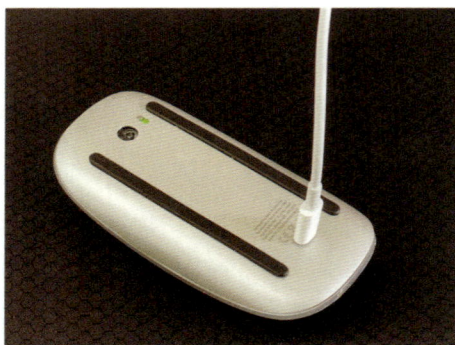

图 2-2　苹果无线鼠标 Mighty Mouse 2 充电端口的设计

因此，在一家银行中，很多细节通常不会传达到高层管理人员。事实上，**大多数流程工作发生在排名在后三分之一**中的现有银行。这并不是目前高层管理人员最关心的事情。因此，除了极少数银行，其他银行将很难适应一个流程至上的世界。在泰国启动 TMRW 时，我亲自查看了数百个用户界面，以确保第一次发布正确无误。这一切都是为了让体验变得完美。只有这样，你才能与将客户体验作为主要的攻击工具的数字银行竞争。不幸的是，正如我在 2.4 节中所讨论的，这非常困难，原因在于大多数银行的文化和层级制度。

银行业日常细节的持续改善是否会带来递减的回报？大概是吧。一旦每家银行的基础都有了显著的改善，银行业会不会变得基本无差别？大多数主要银行要采取行动还需要一段时间，但没错，我相信最终会达到一个非常高的交易银行基本标准。当这种情况发生时，银行需要准备**通过建议进行差异化**。只要把基础做得很好，你就会变得无形。我此处想引用的例子是公共事务业务。它是如此的无形——如果电力供应商的工作人员出现在你的家门口，这可能不是好事！很可能是发生了服务中断。因此，毫不奇怪，商品化企业需要把一切都做好，因为这是客户的期望，但与此同时，银行可能没有什么动力可以继续使产品差异化以吸引客户主动参与进来。

因此，这里的关键问题是，无形和易用是否是足够的**差异化因素**？或者，银行是否也需要在此基础上主动吸引客户，以充分让自己差异化？我们对此还没有定论，但如果优秀的体验成为大多数数字银行的规范，那么创造**正确的交互方式来进一步改善体验和宣传**可能成为差异化的关键。

我相信有几种方法可以做到这一点：其中一种是专注于那些**咨询内容更多**的银行服务，如抵押贷款和投资，设计这些服务需要你对大量资金、负担能力和风险偏好进行考虑，还需要专家提供建议。有利的一面是，许多银行既有核心能力，又有业务规模，可以实现这一目标。不利的一面是，在任何时候，你的银行客户中只有相对较小比例的人能感受到这种变化。这是因为抵押贷款和投资的机会窗口比基本交易服务要小得多，而基本交易服务是日常的。

一个额外的困难是，如果你需要说服客户，利用数字渠道可能并不是最好的选择。专注于自我导向的用户将避免这一投资问题，但这一细分领域市场对价格非常敏感，因此银行可能不得不牺牲利润率来换取销量。这就意味着细分领域市场的规模必须很大才有商业价值，否则就很难获得较高的总销量。

另一个领域是为个人和小企业提供财务管理建议。早期版本的个人财务管理（PFM）工具在吸引用户方面并不成功。波兰的 mBank 是最早尝试这样做的银行之一。尽管他们建立了近 500 万人的庞大客户群，但**只有 5% 的人订阅了 PFM 服务**。PFM 的第一个版本的问题是，它需要在用户方面做大量的工作来追踪和减少他们的开销。从那时起，更新的 PFM 版本——让我们称之为 PFM 2.0——便更加自动化，也更不费力。例如，Personetics（一家美国金融科技公司）可以分析客户的所有交易，并检测模式和趋势，使他们能够将新的交易与过去的交易进行比较。虽然粒度可能不像自己对交易进行分类那样细，也不像能够对交易进行切片来进行比较那样细粒度，但它能减少工作量。

早期版本的 PFM 的另一个问题是，银行往往只是向客户提供信息，而没有尽力让客户采取行动。事实上，仔细观察这个领域，你会发现大多数 PFM 工具都是**"事后"**的，也就是说，钱已经花完了，用户正在查看的是他过去的交易。为了提高行动能力，PFM 2.0 显然需要关注影响购买和储蓄决策的**实时能力**，而不是给出事后分析的观点。

我的有关银行和 PFM 的经验使我产生了一个早期假设，即**大多数客户并不热衷于为了省钱而做大量的工作**。因此，用一个简单的起点来吸引用户，然后帮助他们克服更复杂的问题才是成功的关键。

让我们回到宏观视角。图 2-3 展示了大华银行对零售银行业务未来的看法。我相信数字银行业务和数字银行将共存。它们不是非此即彼，而是至少在未来一段时间内是兼而有之的。虽然两者的核心都将是卓越的导航和交易体验，但在数字银行追求卓越参与和体验的努力中，**数据将发挥关键作用**。作为第一批认识到这一趋势的人之一，我创造了一个新的首字母缩略词 ATGIE，以解释银行内部大量的数据（从交易开始）如何被用于获取用户行为模式，然后被用来吸引客户。由于参与的客户交易更多，他们会推荐更多的朋友和家人，从而导致交易量不断增长——**创造引发了一个良性循环的飞轮**。

从交叉销售到参与
- 数字银行的优势：数据驱动的数字参与
- 独特的**ATGIE**业务模式：获客、交易、生成数据、洞察、参与

数字银行业务＆数字银行
- 是不同的，将共存的
- 但数据驱动的数字银行将为进步银行、大型科技和金融科技带来前所未有的增长机会
- 支持数据驱动银行的能力将加强

商业模式

未来焦点

新型数字银行

零售银行业的未来

简单、参与、透明
- 简单：直观的用户界面，提供快速和完整数字化的体验
- 参与：预测用户的需求，促使用户养成更明智的消费和储蓄习惯
- 透明：促进开放和产生信任

图 2-3　大华银行对零售银行业务未来的看法

资料来源：大华银行 2018 年上半年业绩公告

　　探索银行业未来的另一个视角是行业视角。银行业自诞生以来，基本上是紧密垂直一体化的，银行通常提供实现其价值主张所需的所有功能。技术进步推动了竞争，行业也随着时间的推移而发生变化。在某些情况下，竞争外加标准的引入，允许新入局者攻击垂直整合的行业，并通过专门从事能够结合成成品的特定横向业务来创造价值。随着时间的推移，其中一些成功的横向参与者可能会向上游或下游扩张，成为纵向一体化的参与者。

　　图 2-4 展示了计算行业中的垂直和水平集成。在个人计算机（PC）发

明之前，大多数计算机是由大型垂直一体化公司制造的。这些公司制造芯片、硬件、操作系统和软件，并负责所有的销售、分销和支持。然而，从1980 年开始，该行业经历了结构转型（Baldwin，2019）。在大约 20 年的时间里，在开放标准和平台创建的支持下，该行业从垂直集成模型根本地转变为基于平台的横向模型。我在惠普公司工作期间，亲眼见证了这种转变。

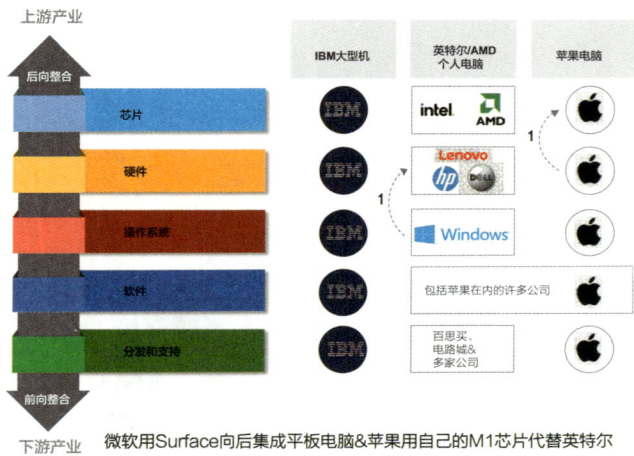

微软用Surface向后集成平板电脑&苹果用自己的M1芯片代替英特尔

图 2-4　计算行业中的垂直和水平集成

1985 年，IBM（国际商业机器公司）与 DEC（美国数字设备公司）、优利系统公司、日立、日本电气股份有限公司等其他垂直集成制造商一起占据了该行业的一半市场。然而，正如卡丽斯·鲍德温（Carliss Baldwin）所说，到 1995 年，"水平厂商占了计算行业总价值的四分之三左右。微软排名第一，缩水的 IBM 排名第二，英特尔第三"（Baldwin，2019）。

IBM PC 于 1981 年发布，它是 IBM 制造的第一款具有基于水平平台解决方案的计算设备，其芯片来自英特尔，操作系统来自微软，软件来自第三方提供商。由于 IBM 急于推出一款产品，以对抗苹果公司的 Apple II，业界采用了基于最初 IBM PC 设计的某些标准，该设计具有开放的架构，并使用现成的部件。IBM 独占的原始 PC 体系结构的唯一组件是 BIOS（basic Input/ Output system，基本输入输出系统），它没有受到保护或获得专利。

IBM PC 很快被逆向工程破解，由于微软将 MS-DOS 作为独立版本出售，其克隆产品很快就出现了。随着 1984 年 IBM PC/AT 的问世，IBM 的设计成了一个标准，这个将现成组件相互连接至电路的行业标准促进了整个行业的发展与繁荣。另一个驱动 PC 成功的因素是摩尔定律[①]。通过每 24 个月将微处理器中的晶体管数量增加一倍，个人电脑变得越来越强大，最终使垂直行业的现任者很难赶上。**标准和微处理器能力的双重打击改变了一个行业**。银行业也会如此吗？

随着时间的推移，一些横向的玩家开始纵向地整合上下游。微软公司从 DOS 发展到 Windows，然后在 2000 年通过创建微软 Office 进入下游，又在 2012 年通过推出 Surface 平板电脑进入上游。微软 Office 今天仍然在 Office 生产力业务中占有相当大的份额。这种现象在其他行业也可以看到，例如奈飞公司（Netflix）从发行转向生产自己的原创内容，或者亚马逊开发自己的云解决方案，并逆流而上成为提供商。这种不断的拆分和捆绑是更新循环的一部分，它使竞争保持活力，令现任者保持警觉。

苹果公司一直在生产自己的硬件和操作系统，同时使用 IBM 和摩托罗拉以及后来的英特尔等其他公司的芯片。最近，苹果公司开始设计自己的芯片，从 iPhone 和 iPad 开始，搭载了苹果公司定制的 A14 芯片。后来，苹果笔记本电脑搭载了苹果设计的 M1 芯片。苹果公司是计算机行业的佼佼者，多年来一直支持垂直集成模式。这让苹果公司**对其整体体验进行了非常严格的控制**，它将制造和供应链外包给富士康和台积电等公司，从硬件到软件，为客户设计更好的整体性能和体验。苹果公司硬件和软件的紧密结合改善了

---

① 摩尔定律是美国英特尔公司创始人之一戈登·摩尔（Gordon Moore）1975 年提出的集成电路上可容纳的晶体管数目约每两年翻一倍的现象，后泛指信息技术性能提高、价格下降的发展规律。

客户体验——例如，在不影响性能的情况下延长电池续航时间，这使其在笔记本电脑市场和激烈的价格竞争中脱颖而出。

图2-5呈现了金融服务业未来可能的配置。

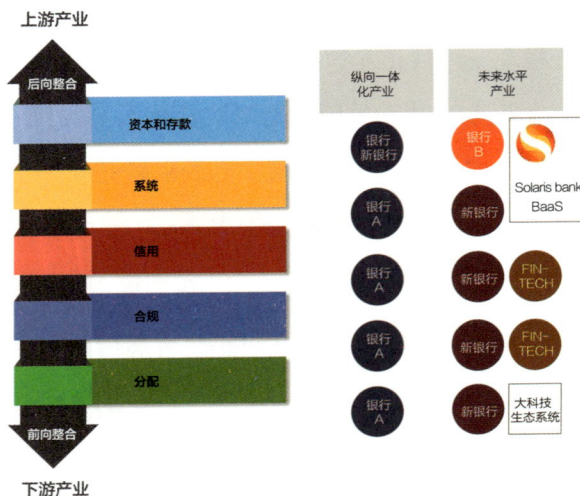

图2-5　金融服务的纵向和横向一体化

以银行A为例，现有银行大多是**纵向一体化**的。他们履行所有核心职能，例如筹集资金和接受存款、设计和建立银行运营所需的系统、管理信贷风险、合规风险以及产品和服务的分销和销售。在过去的二十多年里，分销经历了一些横向的拆分，合作伙伴（如超市）具备了大型分销能力。

图2-5的右侧展示了金融服务业中潜在的**水平配置**。由于接受存款可能仍是一项受监管的活动，只能由持牌银行进行，银行B仍然进行这项受监管的活动，但在其他系统、信贷合规和分销方面，它**与一家新银行合作**，该银行没有牌照但更加灵活，拥有创造卓越银行体验所需的技术、流程、客户、信贷、合规和分销设计技能。银行B仍然对信贷质量和遵守规定负责，并确保新银行受到与其本身相同程度的审查。

新银行反过来可以依赖其他合作伙伴，例如专门研究高级信贷算法的机构，将自己内部开发的算法与它们的算法混合匹配，以找到最佳解决方案。

Solarisbank[1] 提供了另一种方法，它将经营银行所需的系统和德国银行执照结合起来，为任何想在欧盟开办银行的人提供服务。在我看来，大型科技生态系统不太可能直接进入银行业，因为它们缺乏应对监管的经验，但它们乐于承担其他横向角色，如信息技术（IT）系统支持或分销。

正如我们在计算行业所看到的，基于 IBM PC 的开放特性的**工业标准**的发展允许新进入者基于这些标准快速复制 PC。电气电子工程师学会、美国国家标准学会、视频电子标准协会、国际标准化组织（ISO）、国际电工委员会、国际电信联盟等行业机构进一步规范了这些标准[2]，它们在组成整个解决方案的组件之间创造了高度的互操作性，允许模块化，从而支持基于平台的横向模型。金融服务领域类似的标准机构有防止金融犯罪的金融行动特别工作组[3]、银行业最佳实践的巴塞尔银行监管委员会[4]和银行业互操作性共同架构框架的银行业架构网络[5]等。我们需要更多的标准和标准机构，以促进银行业传统的纵向一体化模式的横向拆分。

归根结底，在可预见的未来，银行仍然需要吸收和保护储户的资金，并

---

[1] Solarisbank 是一家总部位于德国柏林的金融技术公司，它凭借自有的德国银行执照提供"银行即服务"平台。

[2] 电气电子工程师学会，是全球最大的专业技术组织。美国国家标准学会，一个监督自愿共识标准发展的私有非营利组织。视频电子标准协会支持并设立 PC、工作站和消费电子行业范围的接口标准。国际标准化组织是一个独立的非政府国际组织，拥有 165 个国家标准机构成员。国际电工委员会是一个全球性的非营利会员组织，汇集了 170 多个国家和地区，协调全球约 2 万名专家的工作。国际电信联盟成立于 1865 年，旨在促进通信网络的国际连通性，分配全球无线电频谱和卫星轨道，制定技术标准，确保网络和技术无缝互联。

[3] 金融行动特别工作组（FATF）是国际上最具影响力的政府间反洗钱和反恐怖融资组织，是全球反洗钱标准的制定机构。2007 年，中国成为该组织的成员。

[4] 巴塞尔银行监管委员会（Basel Committee on Banking Supervision）制定监管标准和指导方针，并推荐银行业最佳实践的报告。在这方面，BCBS 最著名的是其关于资本充足率的国际标准和《有效银行监管核心原则》（Core Principles for Effective Banking Supervision）。

[5] 银行业架构网络（Banking Industry Architecture Network）成立的目的，是建立、推广和提供一个旨在解决银行业互用性问题的共同架构，使其成为银行业互用性的世界级参考指南。

需要遵守法律、法规和相关政策。目前，金融服务业由于受国家监管，还没有达到计算机行业那样的标准化程度，从而为横向收购创造条件。这不仅仅需要开放支付、数据或银行接口的有关标准，还必须开放客户尽职调查的方式，如何实施和标准化信用风险、声誉风险和运营风险，以便任何适当认证的金融技术公司都可以执行这项任务。

正如计算机是必要的，微处理器也是必要的一样，银行将继续发挥作用；但如果继续改善金融服务生态系统的不同成员之间的互操作的标准，银行可能会有一个非常不同的未来。那些希望保持垂直一体化的银行必须不断关注最小的细节，提升客户体验。其他银行，例如那些拥有控制、风险管理和合规职能的银行，可以充当**银行业的微处理器**，为资本和存款提供足够的回报，但让其他新银行合作伙伴执行所有其余的水平层的功能——像银行 B 一样。

⚷ 重｜点｜摘｜要｜

* 银行业的未来关键在于利用技术来创新银行业务的体验，使一切都变得流畅、易用。

* 银行所需的能力是业务流程技能的卓越，对易用性的迷恋，以及对细节的敏锐洞察力，发现哪些可能是次优体验。

* 如果优秀的体验成为大多数数字银行的规范，那么创造上佳的交互方式来进一步改善体验和宣传便可能成为差异化的关键。

* 这将要求银行寄希望于利用数据进行数字交互的能力。

* 云计算等真正数字化的效率手段带来的成本优势将使金融非普惠成为过去。

* 整个行业目前大多是垂直整合的，银行自身履行大部分职能。

* 随着数字化能力带来的标准规范、新商业模式和更低运营成本的诞生和普及，一个未来场景将是金融服务的拆分，从垂直整合的产业向横向平台发展。

* 这可能代表着一次千载难逢的价值转移，从目前的传统银行转移到未来的行业横向玩家，正如同 1980 年至 1995 年计算行业的价值大转移。

* 我们需要进一步制定客户尽职调查、信贷、声誉和运营风险管理方面的业务标准，以便这些横向入局者的工作质量能够达到最低要求标准。

— Key takeaways

2.2 数字银行业务与数字银行的区别

一些人认为数字银行业务（digital banking）与数字银行（digital bank）是一回事，另一些人则认为不是。它们之间真正的区别是什么？**数字银行业务是一种渠道**，如同自动取款机、分支网点、呼叫中心等众多现有银行渠道一样；而**数字银行是一种业态，一切（如技术、设计、服务、产品等）都是为了追求更好的客户体验**。在我看来，数字银行最大的威力在于：它有能力大规模地创造良好客户体验，并以低廉成本打造出超高口碑的银行，这一点有净推荐值（Bain，2018）等指标印证。

如表 2-1 所示，数字银行有两方面的突出优势。首先，**客户平均可变成本非常低**，仅为传统银行的八分之一；其次，**净推荐值非常高**，是传统银行的 3 倍以上。这两个因素分别催生出更高的客户与员工之比的增长率，使数字银行成为一个优于传统银行的商业模式。

表 2-1 数字银行的竞争优势

竞争要素	数字银行平均水平	传统银行平均水平
净推荐值	62%	19%
客户增长率	150%	<2%
客户平均运营成本	25美元	208美元
客户与员工之比	约3000：1	约750：1

资料来源：埃森哲公司市场研究

无论数字银行以何种形态存在——是作为大型机构的一部分，还是独立于传统银行的创新公司，又或是作为传统银行的一部分但实体独立资源共享，通常规模都较小，也比传统银行简单得多。这催生了数字银行**独特的原生文化**。这种文化强调以目标客户为中心，层级扁平化，更加灵活，善于应用创新方法，并能够保持团队间的高度协作。该文化对数字银行来说是至高无上的，因为其主要优势就在于以目标客户为中心，打造出一种在易用性方面难以复制的体验。

大多数数字银行，特别是位于人口较少国家或地区的数字银行，仍将不得不**先在基本的交易型银行业务方面争取客户**，从而为销售更复杂的投资和抵押贷款等产品提供基础。当然，在人口规模足以孵化出可观的细分市场的国家，以 Wealthfront[①]等聚焦财富咨询的公司为代表的数字银行亦可专注于抵押贷款和投资。

在交易银行领域，关键的差异化切入点在于**支付与账户管理功能**的易操作性和减少摩擦。从全球现有挑战者数字银行来看，多数数字银行都专注于为服务欠缺或边缘化的客户提供更优质、更透明的交易型银行和贷款服务。它们的客户往往更年轻，更懂技术，但所受服务不周。这些客户普遍认为传统银行业务不透明、不友好、难以理解。

数字银行也更有可能专注于个人财务管理，帮助客户更好地管理资金，这是因为它们的客户群往往更年轻，并有为未来储蓄的需求。另一个很大的区别是数字银行更有可能是单渠道的，利用智能手机作为**主要或唯一渠道**来服务客户。通过特定的渠道来服务特定的客户将带来成本和易用性方面的优势。

银行业最初是单渠道的，只专注于分支网点。为了更好地服务客户，全渠道在不断发展，多年来增加了自动取款机、呼叫中心、网上银行、现金存款机、手机银行等。实际上，推行全渠道是一个昂贵的举措，因为几乎所有的全渠道计划都**未能兑现能够流畅协调活动的承诺**。而且，如果未来通过智

---

① Wealthfront 是一家总部位于美国加利福尼亚州帕洛阿尔托的自动投资服务公司，于 2008 年创立。截至 2019 年 9 月，Wealthfront 拥有 40 万个账户，资产规模达 210 亿美元。

能手机回归到单一渠道模式，那么随着时间的推移，推进全渠道会越来越不划算。

我认为，越来越多的客户**将渴望通过他们的智能手机获得单一渠道的体验**。因此，未来会步入富裕阶层或大众富裕阶层的青年专业人士将形成对应的目标市场。

许多资深银行家并未理解数字银行所带来的威胁。诚然，大多数数字银行在未来一段时间内不会赢利，且其最初的份额增益也会很小。因此，与苹果公司对诺基亚公司和黑莓公司的情况不同（诺基亚公司的市场份额**在短短6年内从峰值50%坍缩至5%**），数字银行对现有头部玩家的影响将在更长的时间内发生。

苹果手机于2007年推出，当时诺基亚公司在手机市场占有50%的份额。从图2-6中可以看到，诺基亚公司的销售额在2007年后继续攀升，在2010年第四季度达到顶峰（Krigsman，2018）。然而，2013年，它的市场份额急剧下降，跌至5%。同样的事情也发生在黑莓公司身上。黑莓手机制造商RIM（Research in Motion）的全球市场份额开始螺旋式下降，从2009年的20%降至2012年的不到5%（Appolonia，2019）。

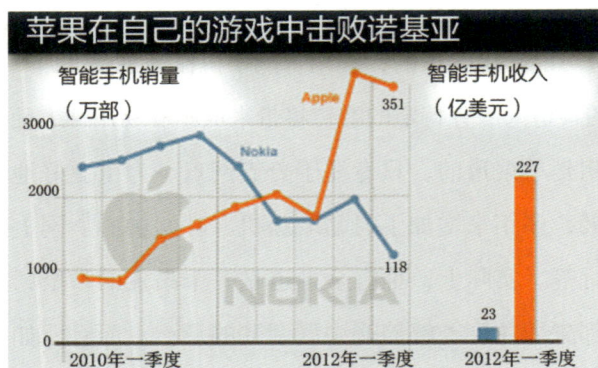

图2-6　2010~2012年诺基亚/苹果手机收入

资料来源：Statista

这两个案例的故事都是一样的：现任者没有意识到一个词赋予手机的力量：智能。他们不明白**智能手机重点在于智能，而不是手机**，因此围绕文本和上网的数字化功能是第一位的。

我预计数字银行对现有银行的影响也是一样的，只是不会在这么短的时间内出现。正如我刚才所说，我的观点是，在不久的将来，无论是 10 年还是 15 年，交易银行业务将主要在网上、移动设备、平板电脑或个人计算设备上进行。对我来说，这是既定的；只是时间表尚不清楚。它将受到许多因素的影响，如互联网接入、人口比重（年轻人与老年人的偏好）、政府行动、行业努力等。然而，在某种程度上，这使得**威胁更加隐蔽**。

随着时间的推移，新的数字银行最大的威胁就是它们缺乏**从根本上改善客户体验**的能力。一方面，许多银行界人士已经忘记，银行业首要的竞争优势是优越的业务流程。另一方面，技术支持高级业务流程部署的能力和速度显著提高。

银行有许多利益相关者和干扰。最重要的是监管要求、风险管理、增长和利润。这些都是重要的考虑因素，因此不是每家银行都可以将客户及客户体验置于他们之上。这是新的数字银行进入者将瞄准的"**阿喀琉斯之踵**"，他们知道，比起新进入者，改善客户体验**对现任者来说要困难得多**。这是因为新进入者有一个更简单的商业模式，而现任者有一个全渠道的基础设施，一个传统的技术平台，这使测试和推出新的变化和应用程序，以及维护大量的产品变得困难和昂贵。

除了遗留的技术挑战，现任者还拥有一种倾向于降低风险的文化，以及一种基本上仍以产品为导向的商业模式。典型的现有银行将其业务和报告线分为消费市场、批发市场和全球市场，将合规、风险、技术、人力资源、财务等作为支持职能。在一个以体验为导向的数字化公司中，关键的竞争能力在于围绕理解客户问题、客户体验设计、用户交互设计、业务流程设计和改造、项目管理和技术实施的专业知识。在今天的大多数银行中，这些能力即使存在，也分散在业务单元中，用于销售更多的产品和管理风险，而不是其主要动机和目标。

很多人问，为什么这些银行不能作出改变呢？我知道，这是因为围绕着组织和文化的改变，是不容易的。

独立的挑战者银行也有自己的挑战。他们可能会发现放贷比吸储更容易，尤其是如果他们没有一个可以信任的母公司。没有存款，他们就不得不用自己的资本放贷，这是不可行的。然而，如果你不能收取费用，增加存款就不会赚很多钱，毕竟，竞争已经降低了任何银行收取大量费用的能力。银行的收入增长引擎也越来越转向财富费用创收，这需要说服和教育（因此，今天数字银行做得不太好，除非它为自我导向的人服务，但这又有前面讨论过的其他问题），以及贷款。

贷款是数字银行赢利能力的一个关键因素，Starling 银行截至 2021 年 3 月的贷款为 20 亿英镑（1 英镑 ≈ 8.22 元），而蒙佐银行（Monzo）截至 2020 年年初的贷款仅为 1.24 亿英镑，这也证明了这一点（Worthington，2021）。由安妮·博登（Anne Boden）创办的 Starling 银行认同贷款能够产生利润，而存款和交易只是提供贷款所需的存款。因为除了传统的手续费收入和来自存贷款利率差的利息收入，该银行尚未开辟出其他稳定的收入流。他们所追求的利润是长期的，需要很大的耐心，因为利润不会很快产生。

从表面上看银行业赢利很容易，但实际很难。初始成本支出和收入之间有很大的不匹配。表 2-2 通过对世界上一些领先的数字银行的比较说明了这一点。Starling 银行在 2020 年 10 月实现了 80 万英镑的微利。全球领先的近 200 家数字银行中的其余银行大多无利可图。在显示的银行中，Starling 银行对优质客户增长、高净推荐值和贷款作为关键利润来源的关注与 TMRW 银行最相似。在我看来，二者的主要区别在于，Starling 银行起步较早（2014 年），在 2018 年就已进入中小企业银行业务，以及近 9 亿美元的巨额累计融资。

表 2-2　全球领先的数字银行

数字银行	客户（万）	截止时间	净推荐值评分	累计亏损/赢利（万美元）	赢利年数	2019 财年净亏损/赢利（万美元）	2019 年累计筹资（万美元）
微众银行	20000	2019 年	不适用	101600	2	60200	18200
Nubank	3400	2020 年	南美洲最高	-9000	未赢利	-2400	150000
网商银行	2000	2019 年	不适用	不适用	2	19800	不适用
Revolut	1500	2020 年	不适用	-23900	未赢利	-14700	90600
Chime	1200	2020 年	不适用	不适用	不适用	不适用	150000
Kakao	1200	2020 年	在韩国领先	-8270	1.5	2300	不适用
N26	700	2020 年	不适用	不适用	未赢利	-25600	81900
Tinkoff	700	2019 年	26%	143600	5	47200	9000
Monzo	390	2020 年	75%	-27800	未赢利	-15800	43500
Starling	150	2019 年	54%	-12700	未赢利	-7400	87800

资料来源：Business of Apps、SFA、2020 年 11 月 BCG 扩展报告、Crunchbase 等

　　微众银行（WeBank）、网商银行（MYbank）和 Kakao Bank（一家韩国网上银行，Kakao Corp 持有其略高于 30% 的股份，韩国 93% 的智能手机用户都在使用它）都具有**由股东渊源带来的独特优势**，这有助于它们迅速获得必要的数据及客户群。他们独特的企业文化很难复制，因此他们的赢利路径与大多数数字银行不同。

　　Tinkoff 银行就不一样了。它始于 2007 年 5 月，从零开始在俄罗斯开展单线信用卡业务（Rubinstein，2021）。创始人奥列格·廷科夫（Oleg Tinkov）在 2005 年以 2.6 亿美元的价格将他的 Tinkoff 啤酒业务卖给了比利时啤酒巨头英博，从而成了一名富翁。他一直想经营一家银行，所以他通过收购一家并未真正运营的 Khimmashbank（一家俄罗斯银行）来取得银行牌照，然后在最新技术上花费了 2000 万美元。在他的传记《我和其他人一样》（*I'm Just Like*

Anyone Else）中，廷科夫对小细节和客户中心的关注贯穿始终。他描述了如何对将谁的签名出现在寄送的信用卡邮件上进行测试和学习实验，以得出更好结果（Tinkoff，2010）。因此，Tinkoff 更像是一家从第一天起就实现数字化的传统银行。虽然这样做的机会可能是俄罗斯特有的，但 Tinkoff 采用的可能是与微众银行、网商银行和 Kakao Bank 相比从零开始建立数字银行的更好的模式。然而，Tinkoff 通过收购支持这一战略所需的零售业务，将自己定位为俄罗斯的超级应用，这种方法可能无法在其他地方复制。

大多数人把所有的初创企业归为一类，但实际上，至少有两种不同的方法可以从头开始。首先，有一些从本质上彻底突破的初创企业；他们对目前方案做了 5 倍或更大的产品性能改进，而且这种改进是客户看重的。自行车就是一个很好的例子。当它被发明时缺少刹车，但仍然取得了成功。发明者选择创建最小版本证明自行车有 5 倍的改进——我们称为最小化可行产品。然后你就有了那些不可能有这种单一突破的初创企业；他们突破的本质是将许多小的改进串联起来，创造出一种截然不同的体验。

不仅自行车，像爱彼迎（Airbnb，住在家里，而不是酒店）、奈飞（没有租金和退货，而且范围广泛）和 SpaceX（可重复使用的火箭）这样的公司也能够比以前的方法产生 5 倍的性能提高，而且这并没有阻止他们将这一独特的突破与卓越的客户体验相结合。其他创新型公司不在这样一个有强大初始突破的领域运作也取得了成功，但这需要不同的企业文化。

像 HubSpot[①]（让数字 CRM 旅程的每个部分都变得很棒）和 Zappos[②]（隔夜送货和 365 天退货政策）这样的公司都非常关注细节，以便识别客户面临的许多小问题，并加以改善，以提高用户体验。苹果公司在竞争激烈的个人计

---

① HubSpot 是一家致力于集客营销、销售和客户服务的美国软件产品开发商与营销商。
② Zappos 是一家位于拉斯维加斯的美国在线鞋类与服装零售商。该公司以域名 Shoesite. com 发起。2009 年 7 月，亚马逊公司以当时价值约 12 亿美元的全股票交易收购了 Zappos。

算机领域也是这样做的。

建立数字银行属于后一类，除非你的目标国家或地区的银行相关标准很低，否则可能会在银行的一个领域取得巨大的突破。这意味着你需要从一开始就要为客户提供很好的体验，否则你会很难扩展。在我看来，数字银行不是以 MVP 的方式运作的；相反，他们必须在一个与竞争对手的差异非常高的净推荐值上运作。如果你匆忙推出，而你的净推荐值很差，这种糟糕的本验会成为客户对你的刻板印象。因此，我们在设计和建设 TMRW 时做得最正确的一件事是遵循大华银行集团首席执行官给我们的建议：既然我们不是第一个推出数字银行的人，那么我们就应该花时间设计和建设真正差异化的东西，而这正是我们所做的。

○— 重 | 点 | 摘 | 要 |

* 数字银行是一种将一切（技术、设计、服务、产品等）都用于追求更好的客户体验的业务，数字银行的净推荐值比现有银行提高了 3 倍就证明了这一点。

* 文化是最重要的，因为数字银行的主要优势是它能够专注于其目标客户，并在易用性方面创造难以复制的体验。

* 利用编写得更好的应用程序和云基础设施，数字银行可以实现平均每个客户 8 倍的运营成本差异。

* 数字银行从一开始就有一种不同的文化——一种更以客户为中心、更扁平、更敏捷、应用创新方法并能够在团队之间保持高水平协作的文化。

* 大多数数字银行，特别是位于人口较少国家或地区的数字银行，仍将不得不先在基本的交易型银行业务方面争取客户。

* 在交易银行领域，关键的切入点区别在于易用性和减少支付和账户管理功能的摩擦。

* 未来，越来越多的客户将希望通过智能手机获得单渠道的体验。

* 微众银行、网商银行和 Kakao Bank 都具有由股东渊源带来的独特优势，这有助于它们迅速获得必要的数据及客户群。

* 数字银行不以最小化可行产品的方式运作，而是必须在与竞争对手非常高的净推荐值差异上运作。

—————————————————————————————— Key takeaways

2.3　颠覆性创新与持续性创新

在前一章中，我们探讨了数字挑战者银行和现有银行的数字银行业务有何差异。数字银行正在以更低的成本竞争，在宣传和客户体验的成本方面可能降至原来的八分之一，而效果却好 3 倍，从长远来看，这对商业模式无法承受此种冲击的现有银行来说将是致命的。数字银行业务不是这些数字银行的对手，因为它需要整个银行的努力来承受成本和客户体验的改善，当然不仅仅是从渠道的角度。现有银行需要作出积极回应，他们将需要**推出自己的数字银行**，一来抵御冲击，二来开始改变现有业务模式，与这些数字竞争对手竞争。

现有银行推出的数字银行大多聚焦于已经拥有银行账户的年轻客户。图2-7 展示了一些老牌银行近年来推出的数字银行。这些举措更像是防御措施，在为不确定的未来购买保险。在本章中，我们描述了行业中两种不同的方法。一种方法是数字银行业务和数字银行之间的竞争，另一种方法是数字银

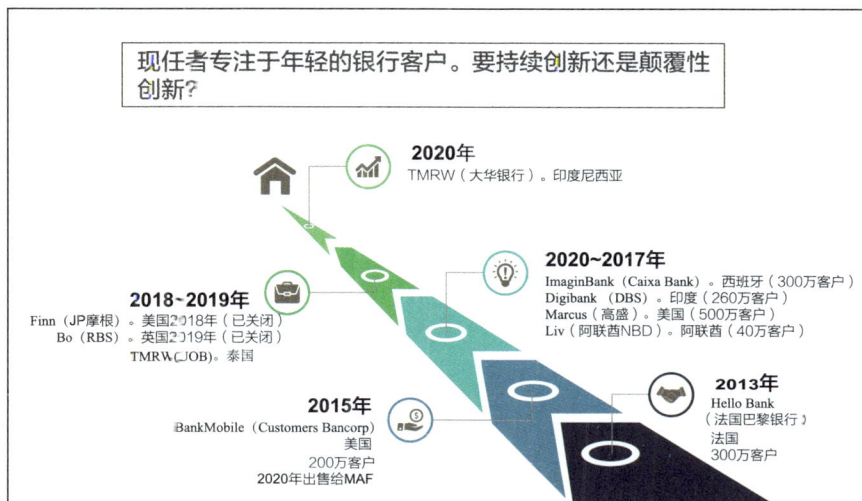

现任者专注于年轻的银行客户。要持续创新还是颠覆性创新？

2020年
TMRW（大华银行）。印度尼西亚

2020~2017年
ImaginBank（Caixa Bank）。西班牙（300万客户）
Digibank（DBS）。印度（260万客户）
Marcus（高盛）。美国（500万客户）
Liv（阿联酋NBD）。阿联酋（40万客户）

2018~2019年
Finn（JP摩根）。美国2018年（已关闭）
Bo（RBS）。英国2019年（已关闭）
TMRW（UOB）。泰国

2015年
BankMobile（Customers Bancorp）
美国
200万客户
2020年出售给MAF

2013年
Hello Bank
（法国巴黎银行）
法国
300万客户

图 2-7　现有银行推出的数字银行样本

行从行业的底层发起攻击，先侧重于未开设银行账户的人，一旦成功，就渗透越来越多的细分领域市场——未充分享受银行服务的大众市场，然后是大众富裕市场。

观察这两种方法的一个有趣视角是通过**颠覆性创新理论**，已故的克莱顿·克里斯坦森（Clayton Christensen）在 1997 年首次出版的《创新者的窘境》（*The Innovator's Dilemma*）一书中提出了这一理论。在 2015 年《哈佛商业评论》（*Harvard Business Review*）的一篇文章中，克里斯坦森将颠覆定义为"一个资源较少的小型公司能够成功挑战其他企业的过程"。颠覆性创新者开始向现任者没有兴趣捍卫的领域进发，进攻方式则是专注于为他们最好的、要求最高的和最有利可图的客户服务。

钢铁工业的历史就是一个突出的例子。利用电弧炉等颠覆性技术，只能冶炼废铁来制造钢筋（与传统的综合钢铁厂相反，传统的综合钢铁厂从铁矿石中炼钢可以生产钢板），但小型钢铁厂逐步改进了技术，自 20 世纪 80 年代末以来，小型钢铁厂也可以用来生产钢板。最初，在位者非常乐意放弃他们的钢筋等低端产品，但随着技术的进步，在位者发现自己不断地将性能最低的产品拱手让给颠覆性的攻击者，最终失去原有市场。

今天，小型钢铁厂主导着美国的钢铁制造业。同样的现象会在目前为未开设银行账户者和未充分享受银行服务者的数字银行中出现吗？如 Monzo、Starling、Kakao Bank 等其他挑战者数字银行等，主要关注已经在银行中开户的客户，但通常是更年轻的群体，他们更有可能在手机上进行所有银行业务。老牌银行对这两种不同的做法将做何反应？

让我们从考察**颠覆性创新与持续性创新**的特征开始。颠覆性的创新者往往开始于那些基本上被在位者忽视或准备放弃的低端市场或新市场据点。例如，佳能在 1982 年推出 PC-10 和 PC-20 之前还不存在的小型个人复印机，佳能声称它们是世界上第一批可更换墨盒的个人复印机。在此之前，该行业由施乐及其竞争对手如理光制造这类为大公司服务的大型复印机所主导。

如果我们通过这一视角来看待银行业，那么微众银行、网商银行，在某种程度上还有 Nubank 都有资格成为颠覆性创新者。微众银行成立于 2014 年，从一开始就专注于服务未开设银行账户的个人和中小企业。通过使用现代云技术的低成本方式、高效解决服务问题的人工智能以及提供新信用评分方法的另类数据，微众银行和网商银行能够创建出基于大量、低面值交易的商业模式，现有的传统银行认为这些交易不可行，因为服务这些客户的成本将超过回报。事实上，微众银行每年每个账户只产生 0.5 美元的成本（现有银行的成本是其 6–30 倍），但申请信贷的客户通常在 5 秒内收到结果，成功的申请人可以在 1 分钟内提取资金，2019 年不良贷款率仅为 1.24%（Liu & L'Hostis，2019）。

微众银行为 2 亿个人客户和 130 万中小企业客户提供服务，雇用了 2000 多名员工，其中一半多一点是技术人员，2019 年每个客户的平均利润仅为 10 美元（Marous，2020）。网商银行也是同样的情况——2015 年推出，专注于服务中小企业；截至 2019 年年底，已服务中国超过 2000 万家中小企业。2019 年，平均未偿贷款为 4300 美元，与微众银行类似，他们的无抵押贷款只需要 3 秒申请，1 秒批准，0 人干预。Nubank 在巴西运营，巴西有四家银行控制着全国 80% 以上的存款，每 4 个巴西人中就有 1 人未开设银行账户，但 80% 的巴西人有手机。根据 Nubank 公司的数据，他们 20% 的客户以前从未拥有过信用卡。

在东南亚 18 岁以上的人口中，未开设银行账户者的比例很高，而估计有 24% 或 9800 万人未充分享受银行服务，如图 2-8 所示。这对一个具有颠覆性的创新者来说是一个巨大的机会，它们可以为这些未开设银行账户和未充分享受银行服务的客户服务（这些客户在很大程度上是被现有银行忽视的）。如果这是唯一需要考虑的事实，可能不太有趣，但当你考虑了与数字支付转型并行发生的事实时，它就变得至关重要了。

未开设银行账户者：
无从获取基本金融服务
（银行账户）

未充分享受银行服务者：
在金融服务方面没有得到很好的服务
或有未得到满足的需求

没有信用卡，保险不足，
没有长期储蓄产品

已开设银行账户者：
金融服务需求得到充分满足

持有信用卡、受到保险
保障或拥有投资产品

2018年东南亚成年人口

	40000万人	500万人	2300万人	5500万人	18000万人	6700万人	7000万人
东南亚	50%						
	24%						
	26%						
新加坡		2%					
		38%					
		60%					
马来西亚			15%				
			40%				
			45%				
泰国				18%			
				45%			
				37%			
印度尼西亚					51%		
					26%		
					23%		
菲律宾						65%	
						13%	
						22%	
越南							69%
							10%
							21%

注：18岁以上人口

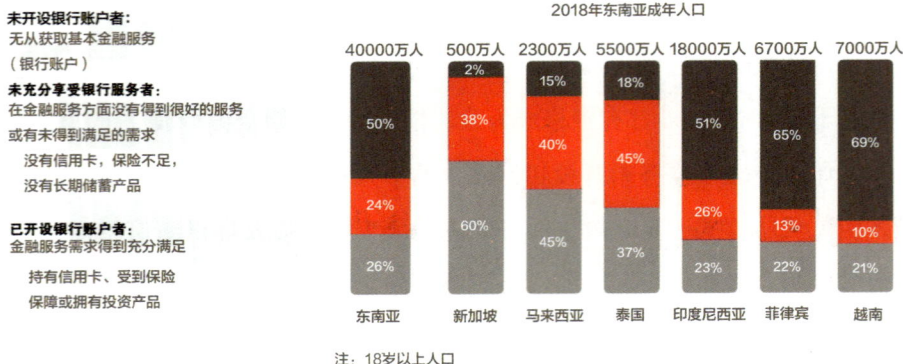

图2-8 2018年东南亚70%以上的人口未开设行银行账户或未充分享受银行服务

资料来源：贝恩、谷歌和淡马锡公司发布的东南亚数字金融服务的未来报告

为未开设银行账户者服务一直是一个问题，由于他们不是银行系统的一部分，主要收入为现金。**数字支付的兴起**以及**数字钱包和银行之间的互联**将改变这一局面。据《海峡时报》（*The Straits Times*）报道，"截至2017年，中国农村地区已有66.5%的人使用数字支付"（Morris，2019）。这意味着，一个没有银行存款的客户可能已经能够接受对他的数字钱包的转账，这意味着，如果钱包随后连接到一个数字银行账户，如果该数字银行的成本结构足够低，所有没有银行存款的人都可以在银行存款。这也为那些拥有大量未开设银行账户或未充分享受银行服务的国家的钱包玩家收购数字银行或与之合作创造了理由。印度尼西亚打车巨头Gojek就是这样做的，它向美国支付了1.6亿美元，将其在Jago银行的股份增加到22.16%（Y.Lee & Ho，2020）。

颠覆性创新从低端转移需要时间，但随着核心技术的改进，它开始向食物链的上游转移，挤压行业的现任者。对钢铁行业来说，从1969年创始的年产量仅为20万吨的第一家努科尔小型钢铁厂开始，小型钢铁厂和综合钢铁厂的竞争持续很多年。到1975年，美国已经拥有30多个小型钢铁厂。后来，小型钢铁厂加在一起比综合钢铁厂运送的产量吨数更多。磁盘驱动器也是如此。1975 年至 1990 年，14 英寸、8 英寸、5.25 英寸、3.5 英寸和 2.5 英寸磁盘，这连续几代磁盘驱动器技术面临着同样的颠覆，每次**新入局者扰乱了前人的市场，结果自己也被颠覆**。克里斯坦森一次又一次地发现了这种模式——在汽车上（日本新贵丰田、本田和日产挑战了三大汽车制造商通用、福特和克莱斯勒），在小型越野摩托车上（日本颠覆性创新者有雅马哈、川崎和本田）。

有没有颠覆性创新理论不适用的行业？迈克尔·雷诺（Michael Raynor）是克里斯坦森的学生，他们合著了《创新者的解决方案》（*The Innovator's Solution*）。雷诺发现，在酒店等**没有核心技术的行业**，进入低端市场的公司会一直停留在低端市场，比如假日酒店（Holiday Inn）。另一个例子是麦当劳，它也没有走向高端市场。这些行业既缺少核心技术，又缺少产品内部"既可以决定性能，又可以扩展到高端市场有所作为"的系统。

然而，银行业显然有着核心技术。接口、更好的银行应用软件、云计算，加上用于信贷承保和洞察生成的数据，共同为技术核心提供了更大的模块化、可伸缩性和冗余性，而这个技术核心将随着时间的推移**促使从低端入场的数字银行向上迁移**。因此，在颠覆性创新理论的支持下，我认为，在拥有大量未开设银行账户者和未充分享受银行服务者的国家，现有银行如果不想最终被完全挤出市场，就必须非常认真地对待颠覆者。

那么对现有银行客户虎视眈眈的数字银行该如何应对呢？为了回答这个问题，我们必须审视**持续性创新**的概念。与起先被视为不足以吸引现有银行客户（这些客户在技术变得完善前可能拒绝创新）的颠覆性创新不同，持续性创新恰恰是针对这些现有客户的。持续的创新使好产品变得更好，从而开始到从现任者那里夺取客户。优步公司就是一个例子。优步公司不是一个颠覆性的创新者，因为它对不打车的人没有吸引力。相反，它提供了一种更好的出租车出行方式，所以它是一种持续性创新。现有银行的应对措施是尝试更新其技术栈，或增加微服务层，以实现更快、更灵活的应用程序开发，一些银行也正在推出自己的数字银行。但这样就足够了吗？

目前的反应很难用轰轰烈烈来形容。这会不会是因为挑战者银行正在争取对现有银行当前赢利能力不太核心的银行客户，也就是那些年轻客户，他们采取移动先行的模式，除非利用无担保设施，否则赢利能力微乎其微。因此，**这种攻击实际上是一种颠覆性的创新**，在很大程度上被忽视了？这很有趣，因为这可能会导致现有银行低估数字银行的长期影响。正如克里斯坦森书中的许多非银行案例那样，它们采取了忽视颠覆性创新者并只专心为其最佳客户服务的举措，那么现有银行可能会采取同样的做法吗？历史并不站在现任者一边。例如，尽管发明了数码相机，柯达最终还是屈服于数码相机（更多细节参见 4.7 节"培育创新文化"），而百视达公司（Blockbuster）屈服于流媒体巨头奈飞公司。

最后一个观察是，真正颠覆性的数字银行是从底层发起攻击的，与在位者相比，它们**在净推荐值方面可能不需要那么大的优势**。他们不是为目前在银行的客户服务，因此不需要在整体体验上有明显的改善，而持续创新的数字银行则需要这样做，因为他们需要从现有银行带走客户。颠覆者需要做的是获得足够的易用性分数，非常熟练地使用另类数据来进行即时信用评估，并使用我们在本章中讨论的方法显著降低其边际成本。因此，采取哪种方法取决于你是一个颠覆性创新者还是一个持续性创新者。

很少有公司在面对颠覆性创新者后还能活到最后讲述自己的故事。正如乔书亚·甘斯（Joshua Gans）在《哈佛商业评论》上所写的那样"在许多情况下，被颠覆的现任者发现自己**无法将新技术转移到主流业务中**，因为这样做需要从根本上改变生产和分销产品的方式。在本质上，决定产品如何组装在一起的基本架构会随着客户的期望和偏好而变化，造成'供应方'混乱"（Gans，2016）。这种情况很可能会在世界各地的许多现有银行中发生。

罕见地克服了颠覆的公司有谁？它们为克服困难做了什么？我想到了两家公司——佳能公司（Canon）和富士胶片公司（Fujifilm）。

佳能公司与柯尼卡、徕卡、康泰克斯、阿格法（Agfa）、奥林巴斯等许多其他公司一样生产胶片相机。但与其他公司不同的是，佳能公司不仅实现了从模拟摄影到数字摄影的转变，还增加了市场份额，而其他公司要么退出了这项业务（阿格法公司在 2001 年，柯尼卡公司在 2006 年，奥林巴斯公司在 2020 年），要么像徕卡公司一样，成为利基玩家（徕卡转向高端市场，生产 5000 美元的相机）。根据国际数据公司的数据，2004 年佳能公司售出了 1260 万台数码相机，占据全球市场份额的 17%。如今，几乎每两台数码相机中就有一台由佳能公司售出，其市场份额超过索尼、尼康和富士的总和（Nikkei，2020）。据研究佳能崛起的克里斯·桑德斯特罗姆（Chris Sandstrom）称，佳能公司很早就进入数码相机市场，但未作出任何显著投资，直到 1995 年新贵卡西欧公司推出 QV10 数码相机，该相机配有 25 万像素的 LCD 显示屏（远低于 8700 万像素的 35 毫米胶片相机），并由四块 5 号电池供电（Sandstrom，2009）。这刺激了佳能公司采取行动，因为这是昭示未来的一个明显迹象。它们成立了一个数字成像业务中心，将其与公司的其他部门分开，在给予其自由的同时也防止现有胶片相机业务的资源短缺。

像柯达公司一样，富士胶片公司的大部分销售也来自摄影胶卷和化学制品。"富士胶片公司所做的比简单从模拟摄影转向数字摄影更进一步。它利用其化学专业知识开辟新的业务领域"（Fujii，2016）。其中一些领域包括 X 光机，内窥镜，与据 70% 的份额的 TAC 薄膜（液晶显示器的关键部件），以及化妆品。是的，你没看错，化妆品。富士胶片公司发现，它所拥有的开发防止彩色照片褪色的核心能力，可以应用于护肤品。《经济学人》中的这句话总结了它："柯达公司表现得像一个刻板的抵制变革的公司，而富士胶片公司表现得像一个灵活的公司。"（Schumpeter，2012）

在银行业，相当于卡西欧 QV10 发布的时刻已经到来，因此阅读这本书的现有银行的首席执行官和董事会成员应该感到担忧。正如我们一次又一次地看到的那样，历史并不站在现任者一边。我的观察是，人们在解决颠覆性创新威胁时往往会对技术有错误的关注，而这种威胁实际上是**由技术、流程和设计技能所带来的更低成本和更佳体验所驱动的商业模式的威胁**。现在是董事会按下重置按钮的时候了。

⚏ 重｜点｜摘｜要｜

* 数字银行业务不是数字银行的对手，因为它需要整个银行的努力来承受成本和客户体验的改善，当然不仅仅是从渠道的角度。

* 颠覆性创新者开始向现任者没有兴趣捍卫的领域进发，进攻方式则是专注于为他们最好的、要求最高的和最有利可图的客户服务。

* 微众银行、网商银行，在某种程度上还包括 Nubank，都有资格成为银行业的颠覆性创新者。

* 在东南亚 18 岁以上的人口中，未开设银行账户者的比例很高，而估计有与24% 的 9800 万人未充分享受银行服务，这对颠覆性创新者来说是一个巨大的机会。

* 数字支付的兴起以及钱包和银行之间的互联，将极大地促进未开户人为账户注资的能力。

* 颠覆性创新理论支持这样一种观点，即在拥有大量未开设银行账户者和未充分享受银行服务者的国家，现有银行如果不想最终被完全挤出市场，就必须非常认真地对待颠覆者。

* 有一种可能性是：挑战者银行正在获取年轻的银行客户，而这些客户对现有银行目前的赢利模式来说并非核心客户。挑战者银行将这种攻击伪装成颠覆性创新，而不是持续性创新。

* 真正具有颠覆性的、从底层发起攻击的数字银行，可能不需要在净推荐值方面与现有银行相比有那么大的优势，因为它们不为目前开设了银行账户的客户服务。

* 佳能公司是胶片相机竞争中为数不多幸存下来并在数码相机市场获得份额的幸存者之一，它专门成立了一个数字成像业务中心，将其与公司其他部门分开，以给予其自由，并防止原有胶片相机业务资源萎缩。

* 将解决颠覆性创新威胁的重点放在技术方面是错误的，这种威胁实际上是由技术、流程和设计技能促成的低成本与更好体验驱动的商业模式上的威胁。

* 现在是银行董事会按下重置按钮的时候了。因为相当于发布银行业的卡西欧QV10（明确标识未来的全球首款商用数码相机）的时机已经到来。

Key takeaways

2.4 传统银行面临的挑战

现有银行会发现，设计和开发数字银行业务比建立数字银行要容易得多。正如在 2.2 节中讨论的那样，主要区别在于对客户体验的关注。大多数现有银行将发现很难与更简单、更精干、完全专注于提供更好客户体验的数字银行竞争。是的，数字银行需要长足发展，但有了足够的现金和扎实的执行力，它们将成为对不那么痴迷于客户体验的现有银行的长期威胁。那么，是什么阻止了传统银行改善客户体验并降低成本呢？这是本章的重点。

在这本书中，我使用净推荐值作为指标，这不是衡量客户体验和参与度的唯一方法；使用不同的度量方式并不会影响你在本书中读到的任何内容。我还想澄清一下，我相信平衡计分卡的方法，因此，重要的不仅是净推荐值，还有边际赢利能力，即超过年度固定成本并最终在业务规模扩大时偿还初始投资金额的能力。这可以追溯到一个基本原则和信念，即如果你通过提供更好的数字交易银行体验来吸引客户和建设你的数字银行，那么**你的净推荐值（或你使用的任何其他衡量标准）必须显著高于现有竞争对手**。否则，你就没有优势，也没有持续性的差异化。

很少有传统银行在净推荐值中得分较高。虽然我们很难给出一个具体的数值作为分界点，因为它因行业和区域而异，但 2018 年关于美国网络推广者得分基准的研究将**金融服务的平均净推荐值计为 35%**，如图 2-9 所示（Nice，2018）。但平均值可能会产生误导，如图 2-10 所示，来自 GlobalData 的 2018 年英国零售银行的调查（GlobalData Financial Services，2019）显示，11 家英国银行的平均净推荐值为 24%，该数值被两家领先者拉高，它们遥遥领先于其他银行。如果没有这两家领先者，平均净推荐值将降至 17%。

按行业分列的平均净推荐值

你可以从23个行业的平均得分中看到，网络推动者的得分因行业而异。
了解类似公司取得的成就可以帮助你设定现实的改进目标，而现实目标
是项目长期成功的关键。

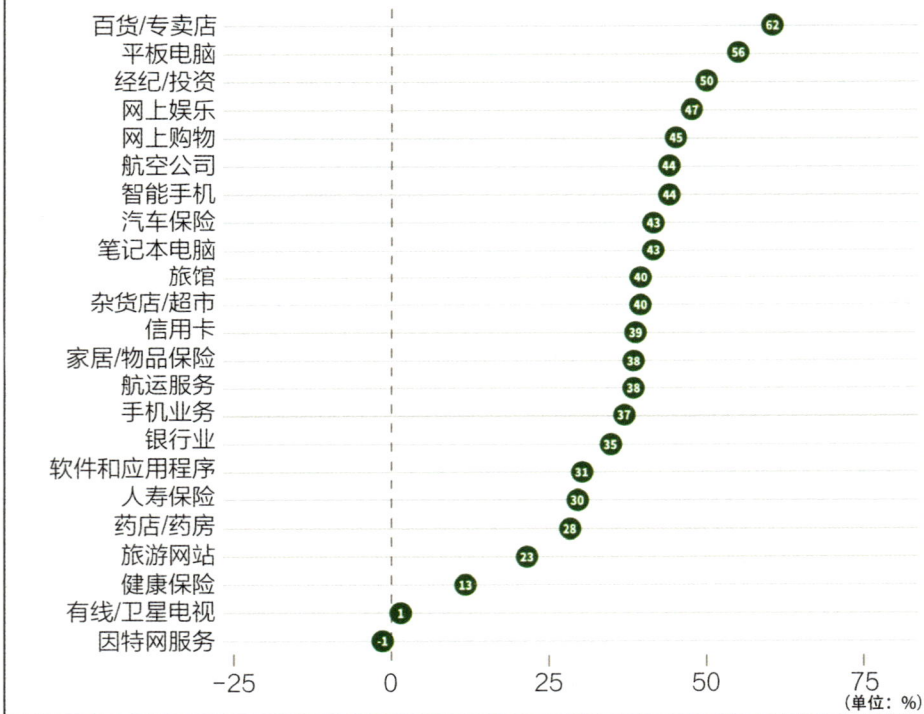

行业	净推荐值
百货/专卖店	62
平板电脑	56
经纪/投资	50
网上娱乐	47
网上购物	45
航空公司	44
智能手机	44
汽车保险	43
笔记本电脑	43
旅馆	40
杂货店/超市	40
信用卡	39
家居/物品保险	38
航运服务	38
手机业务	37
银行业	35
软件和应用程序	31
人寿保险	30
药店/药房	28
旅游网站	23
健康保险	13
有线/卫星电视	1
因特网服务	-1

（单位：%）

图 2-9　Satmetrix NICE 2018 年行业平均净推荐值

资料来源：Satmetrix

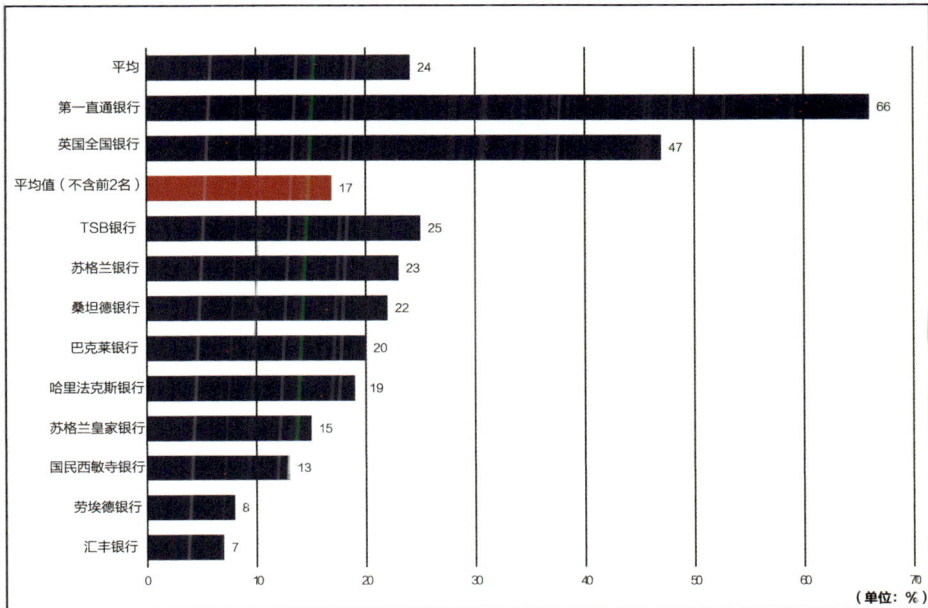

图 2-10　2018 年 11 家英国银行的净推荐值及平均净推荐值

　　这种巨大的差距是英国市场独有的吗？从贝恩公司 2018 年的一份报告来看，似乎在美洲、亚洲、欧洲、中东和非洲的大多数市场，忠诚度领先者和落后者之间存在很大差距（du Toit et al.，2018）。贝恩公司的研究表明，这些领先者的净推荐值可以超出其他银行 20 个百分点。虽然样本的统计意义不足以对这一点作出明确的结论，但**直销银行**[①]**比传统银行拥有更高的净推荐值**。在加拿大，橘子银行（Tangerine）是一个明显的净推荐值领先者。在美国，领先者是 USAA，在澳大利亚是 ING Direct，在韩国是 Kakao Bank，在法国和西班牙是 ING Direct，在英国是 First Direct。同一份报告还显示，忠诚度领先者比落后者有更快的净利息收入增长的迹象。

　　那么为什么做好这么难呢？我提出了几个围绕增长和利润的关键原

①　贝恩公司将没有分行的银行称为直销银行。

因——与产品而不是客户相一致的结构；组织高层缺乏对细节和业务流程的关注。

大多数银行确实在年报中宣称客户很重要，但看看他们的记分卡，你会发现**大多数银行把创收、利润和降低风险放在首位，而不是客户体验**。他们中的大多数的关注点仍然围绕产品组织，如存款、信用卡和个人贷款、住房贷款、投资、保险等。它们的关键绩效指标（KPI）通常不以体验或宣传为标准，它们的组织结构是以产品为导向的，它们员工的口头禅是销售更多的产品。然而，如果它们对详细讨论直接影响客户的业务流程不屑一顾，它们就成了没有实质性地归属于客户或专注于客户的组织。在体验业务中，对细节的痴迷是罕见的。这就是净推荐值达到 60% 及以上的公司寥寥无几的原因。

当我们打开手机的控制中心的手电筒时，灯会按照应该的方式直接打开，不知你们是否注意到了手电筒图标上的开 / 关按钮也随之打开 / 关闭呢？图标的细节如何？谁在你的组织的高层为细节定下基调？**这就是得到高净推荐值的公司所需要关注的。**

很少有银行会在细节上下功夫，以在用户体验方面出类拔萃。如图 2-11 中的左侧所示[①]。许多银行发送短信验证码时并不把验证码放在消息的顶部。这意味着每次你需要输入验证码时，必须去短信中记住号码，再回到应用程序中输入号码。最好把短信验证码放在警告信息之前，这样你就在不将应用程序切换到后台的情况下直接查看它。最好的甚至更好。如图 2-11 的右侧所示，你所要做的就是点击 "From Messages 149990" 来填写验证码。左右两个例子的区别是什么？**好吧，一切都是关于细节和设计的。**

[①] 我故意隐去了银行的名称，但是如果您在那里工作并且正在阅读本书，则应该采取一些措施来解决它。不只是一家银行——不少银行都有这个问题。图 2-11 中的右侧示例并非来自银行。

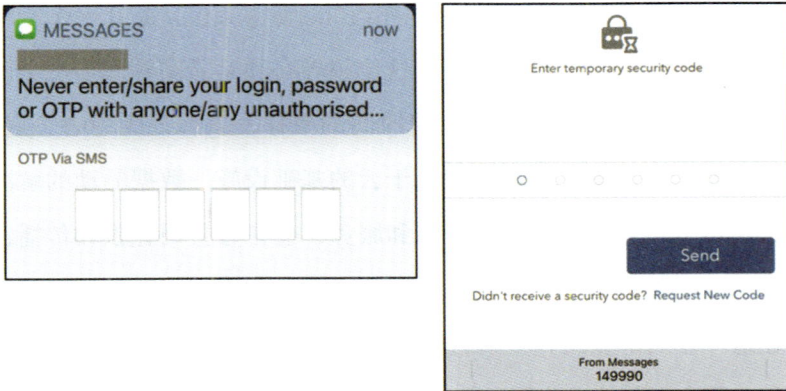

图 2-11　输入验证码的细节和设计

互联网的主要影响是把权力掌握在客户手中，所以你不能把任何数字化努力与成为客户和像客户一样思考的需要分开。然而，大多数组织仍然坚决以组织为中心，而不是以客户为中心。事实上，他们发现"以客户为中心是完全怪异和违背直觉的"（McGovern，2013）。他们不相信对客户体验的痴迷会带来更强劲的利润增长，因为在短期内，这可能不会，直到你找到了完善流程的方法，并专注于完善体验所需的细节。

此外，如果你的净推荐值很高，但你的创收模式是错误的（例如，你专注于吸收存款，但没有发放足够的贷款），那么单靠更高的净推荐值可能不会为你带来更高的利润。换言之，它是一个必要的标准，但不是一个充分的标准。当你把所有这些因素综合起来考虑时，任何银行都痴迷于客户和利润。

如果你是一位在任的传统银行首席执行官，你需要怎么做呢？尝试和更换航空母舰的风险太大，成功的概率太低。如果你不这么做，那么你还有什么选择？

或许，你可以与一家可以注入不同做事方式的公司建立**合资企业**（joint venture，JV），但该公司将在一定的区域内运作，因此，该公司带回新的方法并将其嵌入母舰（母公司）将更加困难。这甚至还没有考虑到通常困扰合资企业的观点和目标的差异。

另一种选择是启动**一个在母公司内部的颠覆性单位**，并让一个变革性的高级领导人从内部承担变革的责任。这位领导必须是最高管理委员会的高级成员，直接为首席执行官工作。随着时间的推移，以客户为中心、扁平化、基于任务的新工作方式，包括新的基于云的基础设施、数据驱动的解决方案和算法，可以低成本地提供大量参与和服务，会在母公司扎根和传播，因为领先者证明了新模式确实可以蓬勃发展。现有业务将逐步转移到新的颠覆性部门，创造一条内部振兴和更新的道路。

我认为很少有其他方法可以替代后一种方法，但没有多少银行已经开始或创造了这样一个部门成功所需的条件。收购一家数字银行可能是另一个选择，但考虑到新实体和母公司之间不可避免的文化冲突，如果合并，成功率可能很低；如果它们保持独立，其经营状况将类似于合资企业。如果能找到一个合适的内部领导，我相信这种模式就非常值得投入额外的成本，尽管很可能会发生混乱。这不再是一个做与不做的问题，而是一个何时做以及是否还有时间做点什么的问题。

⚷ 重 | 点 | 摘 | 要 |

* 如果你通过提供更好的数字交易银行体验来吸引客户并打造数字银行，那么你的净推荐值（或任何其他衡量指标）必须显著高于现有竞争对手。

* 2018 年关于美国网络推广者得分基准的研究显示，金融服务的平均净推荐值为 35%。

* 贝恩的研究表明，领先者的净推荐值可以超过其他银行 20%，而直销银行（贝恩对无分行银行的术语）比传统银行拥有更高的净推荐值。

* Kakao Bank 在净推荐值方面领先于其他韩国银行，而且，在现有银行中没有一个明确的领先者来挑战它。

* 对细节的关注是建设高净推荐值银行所必需的。

* 大多数组织机构仍然坚持以组织为中心，而不是以客户为中心。事实上，他们发现"以客户为中心是相当怪异且反直觉的"。

* 尝试和改变航空母舰的风险太高，而成功概率太低。

* 合资企业可以投入不同的做事方式，但带回新方法并将其嵌入母公司将更加困难。

* 在母公司内部启动一个颠覆性的单位，并让一位变革性的高级领导人承担从内部变革的责任。

* 如果能找到一位合适的内部领导，我相信这种模式就非常值得投入额外的成本。

* 这不再是一个做与不做的问题，而是一个何时做以及是否还有时间做点什么
的问题。

Key takeaways

2.5　体验始于参与

许多银行和银行家说，银行需要变得更加无形，这样客户就可以花更少的时间在银行本身，而花更多的时间在银行带来的好处上。我同意，消费银行需要继续消除银行业的摩擦，不要询问客户银行对他们的了解，并根据客户的行为和情况定制用户体验。例如，当客户只有一个账户可以借记时，不要问客户想从哪个账户付款（就像 TMRW 所做的那样）。然而，如果银行没有找到提高参与频率的方法，这种行动只会使银行业进一步商品化，而随着银行业越来越成为一种公共服务，利润将进一步下降。

因此，银行需要通过许多**数字微对话**（digital microconversations）的形式让客户参与进来，这些对话可以帮助客户养成更好的金融习惯，并满足他们的需求，达到传统银行尚未达到的水平。

从本质上讲，银行确实只履行三项职能：①客户对话；②收集完成客户交易所需的信息，并确保遵守法规；③根据交易或新数据而改变数字。第三项职能已经实现，因为自 1955 年美国银行引入 ERMA 以来，所有银行的后端基本上都实现了计算机化。至于第二项，许多银行已经引入不需要人工干预的数据收集和输入数字化的方法，而更进步的银行已经不再向客户询问他们已经掌握的信息。因此，银行之间的竞争肯定会转移到第一项：与客户对话。

银行业的**新目标将是数字化参与**。未来的数字银行每年将能够进行数十次对话，最成功的银行将进行数百或数千次对话。他们将为每个客户分配一个参与度指数，以衡量他们的参与程度（Warden，2019a）。他们将明白，通过交易生成更多数据将提高他们的系统性能，这样他们就可以生成更多的对话，与客户深入接触。参与的客户将从这些银行购买更多的产品，并进行更多的交易，从而推动一个良性循环，并带来**长期持续性的利润**。虽然这已经出现了一段时间，但我相信所有必要的组件最终都已经到来，它们可被用来构建明天的数据驱动的数字银行。**对话的数字化对每个银行来说都是一个根本性的拐点**。如今，银行业务通过私人银行等方式，只为高净值客户提供个性化服务。客户关系经理提供个性化服务，为客户屏蔽银行的复杂性。这种服务成本昂贵，因为这些过程不一定是自动化的，较小的私人银行的成本收入比约为 90%。如果上述三个银行功能现在都可以被数字化，未来的数字银行将实现**低成本服务**。再加上智能手机价格下降到 50 美元以下，世界各地越来越多的青年专业人士可以得到数字银行的服务。这些客户代表着未来的巨大利润池，它将推动比以往任何时候都更多的金融包容性，从而允许数字银行迅速扩大规模，同时提供与过去的银行业截然不同的银行体验。

银行应根据两个核心指标来衡量参与度。第一个指标评价谁才是活跃客户。在数字银行中，通常将"活跃"定义为一个渠道指标，即如果你登录，在数字银行渠道上查看你的账户，那么你就被认为是活跃的。但这对数字银行来说是不够的。因为数字银行的"活跃"指标首先需要**基于交易，而不仅仅是活动**。因此，银行应该更关注客户的交易活动。例如，只有当 TMRW 客户人均月交易至少四次时，我们才认为该客户是活跃的（Warden，2020）。

客户的交易频次是非常重要的因素，因为银行甚至不能与免费游戏相比。在免费游戏中，玩家尝试并不必购买，但随着玩家沉迷程度提升，最终将为更强大的武器、没有时间限制、没有广告等高级物品付费（"Making 'Freemium' Work"，2014）。相较之下，银行是**"免费试用"**（try for free），在你使用贷款产品或忘记支付信用卡账单之前，银行基本不会向你收费。由于竞争和新的数字银行的进入，许多存款产品不再有跌破收费（fall below fee）①，或有非常低的跌破余额门槛。

第二个指标是活跃客户的参与程度。显然，你不能让那些简单地注册了

---

① 跌破收费，指存款低于某余额而收取的费用。——编者注

"试一试"服务然后就休眠的客户参与进来。由于 TMRW 应用程序中的智能洞察系统，可以根据客户和使用频率采取的行动来跟踪和衡量 TMRW 的参与度（Warden，2019a）。

为什么参与度很重要？我相信，只要有时间，所有领先的银行，无论是传统银行还是新兴银行，都将能够提供非常好的交易银行用户体验。因此，数字银行将针对参与度展开竞争。它回答了银行如何在无形和可见之间保持平衡的问题。

银行可以选择哪些领域来吸引客户？从前，银行一直在更大的金融交易中提供建议，如住房贷款负担能力、保险和投资。即便如此，这样的建议也倾向于提供给高净值或高净收入的客户，以及通过关系管理进行管理的客户。**但是，交易建议并不是真正由任何人提供的，而且绝对不应该只为大众市场甚至大众富裕阶层提供**。交易建议应该始终伴随你账户的进进出出。尽管这很容易做到，但今天大多数银行仍然不会告诉你上个月与前一个月相比，你的现金余额或投资余额增加或减少了多少。

另一个领域——个人财务管理，其新形式为 PFM 2.0，侧重于**最低限度的前期工作和高度的实时可操作性——也是银行可选择的领域**。大华银行的 TMRW 率先引入实时费用跟踪，你可以轻松地为某一类别的支出设定金额，每次你在该类别中支出，TMRW 都会让你知道你对目标的执行情况。这被证明是一个有效的功能，因为大多数测试用户发现确实有益和易用。[①]虽然这种参与度的提升并不能像使用优惠券或使用促销一样立刻带来利益，但它提供了在朝着更大利润率压缩的方向发展的行业中竞争的方法，而不需要持续让利于客户。毕竟，让利的行为很容易被竞争对手复制，因此往往会减少整个行业的利润。

另外，提高参与度的方法还有**用户界面（UI）设计方式的突破**。在

---

① 泰国此后推出了实时费用跟踪（Efma，2021）。

TMRW，我们删除了尽可能多的一级菜单（Warden，2019b）——因为我们提供的是针对青年专业人士的简单产品，而这些客户只有一个交易账户可以用来支付账单，所以他们不需要指定从哪个账户支付，这就减少了操作的一个步骤。当客户有多个交易账户时，这就不再那么简单了，但我们还可以在用户界面设计中根据特定的部分定制菜单。

很多设计者使用的 UI 方法通常涉及许多烦琐的步骤。设计者需要先收集关于体验不佳或出错位置的信息，其主要来源有客户的反馈、焦点组、分析服务中心投诉建议等。然后，一组设计师、产品负责人和客户体验人员将筛选反馈，并构思一个新的用户界面体验。他们通常会创建几个选项，然后与客户一起测试，看看哪一个的吸引力最大。

Glassbox[①] 和 Tealeaf[②] 这两个供应商提供了记录用户界面体验的软件。然而，目前它们主要解决客户问题，并了解客户在代码中可能遇到的问题。我认为，这样的数据完全可以用来**根据客户喜欢的不同导航方式来划分客户，并调整用户界面以适应他们的导航偏好**。

例如，用户可能会在查找某项较少使用的设置（例如检查其转账金额的上限）时遇到问题。这个功能的入口通常被安置在应用程序的设置功能中。对用户导航数据的分析将揭示客户在寻找此功能时的困难，并且在下一次登录时，在最高菜单级别为用户分配一个特定的快捷方式，以便下次需要时访问此功能。另一个例子是，一些用户可能希望在支付前后看到余额信息。这可以从他们的导航模式和数据中推测出来，并且我们就可以**只向这些用户显示这些信息**。

选择列表中的选项也是打造差异化的一个领域。目前这些选项是静态的，因此，如果客户要为某些收款人使用特定账户，则始终必须向下滚动到

---

① Glassbox 是一家以色列软件公司，它出售会话回放分析软件和服务。
② Tealeaf 提供网络与移动应用分析解决方案。

该收款人。那么，我们为什么不通过导航数据检测这一点，并将该选项作为列表中的第一个？此外，我们还可以根据月份和账户被借记的顺序来排序。这些基于数据的界面设计能力可以为已经处于顺滑用户界面设计前沿的银行提供一条走出当前平台的途径，进入用户界面开发的新 S 曲线，以通过**主动预测客户的需求**来吸引客户。我相信这是一个可以使银行在竞争中占据主导地位的有效手段。

在以上吸引客户的方法中，数据是任何银行都需要利用的主要成分。这一认识引发了 ATGIE 飞轮商业模式（Collins，2020），它概述了以参与为中心的商业模式中的不同步骤，我们将在 3.5 节中进行详细讨论。

O—= 重 | 点 | 摘 | 要

* 消除用户体验摩擦的行动只会使银行业务进一步商品化，导致利润进一步下降，因为银行业务越来越成为一种公共服务。

* 关键是通过许多数字微对话来提高参与度，这些对话可以帮助客户养成更好的金融习惯，并满足他们的需求，达到传统银行尚未达到的水平。

* 通过交易产生的更多的数据可以提升银行的系统性能，这样他们就可以产生更多的对话，与客户深入接触。

* 参与的客户将从这些银行购买更多的产品，进行更多的交易，从而推动良性循环。从长远来看，这将带来持续性的利润。

* 传统上，银行一直在更大的金融交易中提供建议，如住房贷款负担能力、保险和投资。

* 交易建议并不是真正由任何人提供的，也绝对不应该只向大众市场甚至大众富裕阶层提供。交易建议应该始终伴随你账户的进进出出。

* 今天，大多数银行仍然不会告诉你，与前一个月相比，你的现金余额或投资余额发生了多少变化。

* PFM 2.0 将侧重于最低限度的前期工作和高实时性的行动能力。

* 提高参与度的一个方法是用户界面设计方式的突破。

* 将来，通过分析客户日志来了解用户在导航方面的问题，数字银行可以依据客户喜欢的导航方式来划分客户，并相应地调整用户界面。

Key takeaways

2.6　传统银行应该怎么做

当我与传统银行高管交谈时，我总是不可避免地会被问到"我们应该做什么"或者"董事会需要讨论如何应对"。但他们认为威胁并不直接，因为大多数数字银行没有赢利。

一场行业转型显然正在进行中。在前文中，我介绍了几条关于未来变化的重要线索。

第一个转变是银行竞争方式的改变，**从"6P"到只剩"1P"：流程（process）**。我提供的证据表明，这将是一个巨大的转变，因为流程是在排名靠后的三分之一的现任玩家中完成的。如果没有强大的流程能力和对细节的关注，银行将无法与之竞争，也无法在开户、信贷审批、交易银行和服务等方面创造顺滑的体验。这些能力将为银行业的"无形"部分提供动力，甩开没有赶上的现任者。

第二个转变是**利用数据**来吸引客户。以数据为中心的数字银行将利用这一能力更好地为客户服务，与他们进行对话，并帮助他们更好地实时管理个人财务。数据也将是向东南亚许多零售和中小企业客户提供信贷的关键，当前这些客户被拒绝信贷，仅仅因为没有他们的数据，无法对他们进行风险评估，也无法识别他们是否有能力偿还。由于做好这件事需要一条陡峭的学习曲线，没有开始尝试用外部来源补充数据以提供与客户更丰富的互动的银行很可能会落后。这些能力为银行业"看得见"的部分提供动力，并将成为未来的战场。

第三个转变是从纵向集成结构向**横向配置结构**的长期转变，它类似于计算领域发生的转变，但缺乏标准化程度，无法让计算领域的新横向参与者在10年内超越现有参与者。如果标准能够加快落地，无论是在开放银行方面，还是在方法和程序方面，允许横向参与者有效地履行银行职能，如客户尽职调查，进行与银行相同的审查，但在新技术的帮助下降低成本，那么这种转变可能会加快。

第四个转变是利用客户亲密关系和云技术的新数字银行实现了比现有银行**高 3 倍的净推荐值和低至八分之一的成本**。我相信这只是一个起点——差距会越来越大，而不会越来越小。这些能力使挑战者银行能够服务传统银行历来回避的领域，如农村零售和许多东南亚国家的微型和小型中小企业领域。

第五个转变是现有银行的**文化**和工作方式很可能会抵制和阻止必要的变革，新的文化是充分以客户为中心，与当今进入银行业的规模较小、更灵活的竞争对手竞争。

我们研究了看似简单的事情不容易改变的复杂原因——它们需要组织和文化的转变。我们还研究了目前挑战者银行和新银行的赢利能力，发现它们存在的不足，只有少数几家银行有能力以低成本迅速扩大规模。微众银行、网商银行和 Kakao Bank 很好地利用了它们的 DNA，并迅速赢利，但它们的市场份额仍然很小，因此它们在未来需要开辟更大的市场。如果去掉这些异常值（其中也包括 Tinkoff），你就会发现**剩下的大多数数字银行还没有赢利**。这类数字银行中又有一些银行从一开始就建立了贷款能力的，它们专注于高质量地获得客户，并积极降低获得成本、运营和服务成本。像斯特林这样的银行可能会比其他类别的银行更快实现赢利，即那些追求巨额获客数量而不痴迷于赢利的银行。我们将在 4.3 节"赢利路径"中更详细地研究这一点。

接下来，我们借助**颠覆理论**（disruption theory）的强大视角，来了解银行业内部的干扰因素。在银行业这样以技术为核心的行业，在位者已经屈服于来自新进入者的颠覆性攻击——抢走其价值最低、利润率最低的客户和产品。随着时间的推移，以及挑战者的技术提升，在位者发现自己放弃的越来越多，直到没有什么可以给的了——很少有被颠覆性创新者攻击的公司还能蓬勃发展。

我认为，所提出的证据十分有力，以至于任何人都可以得出同一结论，即变革已经到来。传统银行被颠覆只是时间问题，即这些变革何时（而不是是否）将导致现有传统银行的市场份额和生存能力发生重大变化。

现有银行该怎么办？图 2-12 试图回答这个问题。在纵轴上是当前客户的平均运营成本；"较低"和"较高"是指低于或高于行业内的竞争对手。横轴上是当前的净推荐值代表当前的客户体验。该矩阵将当前传统银行分为四个象限：有竞争力的（客户平均运营成本低且当前净推荐值高）；缺乏竞争力的（客户的平均运营成本高且当前净推荐值低）；以客户为中心但成本高；以产品为中心，但成本低。不确定该做什么的现有银行应该首先独立确定自己在这个矩阵中的位置。

图 2-12　传统银行应该做什么

具有竞争力的银行的选择最多。它们可以选择通过专注于第四代核心银行平台来进一步降低成本，并从根本上简化产品、服务和流程的旅程。它们还可以分拆一个单独的单位（单独或合作），以获取没有银行或银行不足的金字塔底部机会（包括青年专业人士，他们应该得到更好的服务和经验，但目前被视为大众市场客户）。这个单元最好单独设置，以便快速获得数据和构建生态系统。或者，他们还可以在现有公司内部建立一个新的数字银行部门，以进一步降低成本和提高净推荐值。这是在现任者内部进行的，可方便转让知识和经验。

缺乏竞争力的银行目前几乎没有选择。他们应该在现任者内部组建一个新的数字银行部门，向首席执行官报告，并逐步将越来越多的部门转移到新的部门，直到孩子将来长大成人。这些银行没有其他选择，因为他们目前没有竞争力。

以客户为中心但成本过高的银行可以选择设计一个新的核心银行平台，同时优化整个银行的流程以提高效率，并在平台成熟后逐步将现有产品转移到新平台（如果不合理化和简化传统产品结构，这样做是没有意义的）。由于成本更高，以客户为中心，这些银行的能力弱于从底层防御或发起颠覆性攻击的银行，直到进入竞争象限。

最后，**以产品为中心但成本低**的现有银行可以选择以客户为中心，向左边转移，并利用一个新的内部数字银行部门来实现这种转变。或者，鉴于它们的低成本结构和产品专业知识，如果它们获得替代信贷能力和生态系统伙伴关系，它们就有能力发起颠覆性创新，为未开设银行账户的人服务。与从具有高净推荐值的银行手中争夺客户相比，这种转变不太需要以客户为中心，并且可以在现任者或剥离者内部进行。

O┅ 重 ┃ 点 ┃ 摘 ┃ 要 ┃

* 行业转型显然正在进行中，其推动因素是：银行竞争方式的改变，从"6P"到只剩"1P"：流程（process）；利用数据吸引客户；银行业从纵向一体化结构向横向配置结构的长期转变；新的数字银行利用客户关系和云技术，实现了比现有银行的净推荐值高 3 倍，成本低至八分之一；现有银行的文化很可能抵制和阻止以客户为中心进行竞争所需的变革。

* 如果你去掉离群值（微众银行、网商银行、Kakao Bank、Tinkoff），你会发现大多数数字银行还没有赢利。

* 在银行业这样以技术为核心的行业，在位者已经屈服于来自新进入者的颠覆性攻击——抢走其价值最低、利润率最低的客户和产品。

* 很少有被颠覆性创新者攻击的公司还能蓬勃发展。

* 所提供的证据太有力了，以至于任何人都能得出变革已经到来的结论，这是一个何时的问题，而不是是否的问题。

* 具有竞争力的银行拥有最多的选择。

* 没有竞争力的银行应该在现有银行内部成立一个新的数字银行部门，向首席执行官报告。

* 以客户为中心，但成本太高的银行可以选择创建一个新的核心银行平台。这使得他们能够在平台成熟后将越来越多的现有产品移植过来。

* 以产品为中心但成本较低的现任者可以选择以客户为中心，建立一个新的内部数字银行。通过获得替代信贷承销和生态系统伙伴关系的能力，这类银行也可以选择为未开设银行账户者服务。相比于从高净推荐值的银行那里争夺客户，这种方式不太需要以客户为中心，可以在现任者或剥离者内部进行。

Key takeaways

第 3 章

数字化转型的基本知识

CHAPTER 3

本章旨在解答常见的疑问。这些疑问不仅仅存在于金融服务业以外的人的脑海中，**经验丰富的银行家也常常相信**它们。构建数字银行所需要的是对客户体验的痴迷，识别业务模型中所需更改的地方，以及设计优异的流程并将其自动化的能力，这种能力能让它们更迅捷、模块化、可伸缩，并且很少失败。要做到这一点具备相应知识，很少有银行确保他们的员工有足够的基础来在这种新的动态中运作。因此，在我们开始谈论如何建设数字银行之前，我们必须把数字化转型的基本知识搞清楚。除 3.4 节和 3.8 节是特别针对银行业之外，第 3 章的其余内容适用于任何行业中面临此类挑战的公司。

我们首先在 3.1 节中了解技术的作用。消费银行并不是一个很深的技术领域。你在银行技术领域所做的大部分都是不能申请专利的。银行通常没有能力制造或生产他们的软件；他们只是软件解决方案的集成商，就像建筑商是住建解决方案的集成者一样。如果你被委托建造镇上最好和最适合居住的建筑，你不会首先指定建筑商。因此，说数字就是技术，或者说建立数字银行就是为了找到合适的技术人员，显然是错误的。你确实需要一个优秀的技术人员，但如果没有一个优秀的产品、服务和新的银行业务模式的设计师，这个技术人员也无用武之地。

你还需要一个高超的流程团队——否则，如果流程被打破，技术就无能为力了。因此，设计主管、流程主管和技术主管的作用都是同等重要的。我们不能将太多重点放在技术主管身上。建立软件工厂，必须**由设计主管、流**

程主管和技术主管共同负责。作为数字化转型的负责人或首席执行官，这便是你需要介入并让这些功能协同工作的地方。一旦软件工厂创建并顺利运行，你的技术主管就可以将重点放在降低技术拥有、维护和升级的成本上——这才是真正的成本所在，并构建高度模块化、可伸缩和能够长久有效运作的解决方案。

在设计一栋建筑时，你需要室内设计师，你需要将室内配色方案与家具和装饰相匹配。但是建筑师在设计中的作用不止于此，它几乎是至高无上的。这个角色需要设计银行的业务模式，以及随之而来的产品和服务。所以，设计是关于**银行的整个设计和架构的**，它需要使用第 4 章和第 5 章中提到的新技术——一种结合了商业管理、战略和设计的技能。我的建议是，如果最高执行官不精通所有这些领域，那么应该成立一个由主要负责的执行官、首席设计官、首席流程官和首席技术官组成的委员会来监督它。在开始构建之前，你必须把它做好，这对于你的成功至关重要。

3.1 建设数字银行仅仅靠技术吗

如果你被委托建造一座会成为镇上谈论的新建筑，那么你不应该首先指定建筑商，而应该从寻找合适的建筑师开始——一个既能设计华丽的外部，也能设计非常适合居住的内部的建筑师。建筑师会根据客户的喜好、品味、空间使用、色彩偏好等来设计。

同样，构建数字银行首先需要设计——找到合适的设计师，他们可以构建一个提供卓越体验的银行，这种体验由快速、几乎没有错误或没有错误的过程支持，并且成本非常低。**建筑师相当于你的设计主管，土木工程师是你的流程主管，建造工是你的技术主管。**就重要性而言，我会把设计和流程放在第一位，之后才是技术。然而，今天，技术总是得到最多的关注。

银行业的技术是一个引擎，它跟踪你的账户的来龙去脉及其对你余额的影响，没有出错的余地，也有最严格的隐私规则。银行是软件的使用者，却几乎不是软件的生产者。除了最大的全球银行之外，大多数银行传统上都使用软件供应商提供的解决方案。这些解决方案也被称为 B2B Fintech，软件越来越多地不是购买而是租用，并在软件即服务（SaaS）模式上运行。

由于银行业从未出现过占主导地位的软件公司，所以银行的后端系统往往是**一系列软件解决方案**，每个解决方案可能来自不同的供应商，这意味着交易账户、信用卡、个人贷款、抵押贷款、财富管理、保险、信贷管理、客户关系管理（CRM）、客户认证、客户尽职调查、财务管理等可能有不同的解决方案。集成、管理、淘汰、维护和扩展这 50~100 个系统，导致了困扰大多数主要银行的**成本和速度问题**。

此外，随着传统交易型产品的商品化，银行业差异化的因素逐渐集中在给客户更多的"收益"或利益上，而不是解决痛点，因为许多明显的痛点已经得到解决。

　　这对后端系统的复杂度产生了多米诺骨牌效应，进而增加了将软件升级到最新版本的难度，因为可能需要重新开发和测试以前的所有增强功能才能发布软件的新版本。随着嵌入后端系统的逻辑变得越来越复杂，测试也成为一个问题。旧的核心银行平台不通过分层来隔离代码，因此代码是单一的，每次更改代码之后都需要重新测试。而当这些因素与全渠道服务方法结合在一起时，复杂度就会成倍增加。此外，银行内部运行的软件又高度依赖于外部软件提供商，再加上银行降低风险的倾向，你就能够理解为什么成本在上升，工作队列在变长。

　　除了不用背负这一遗产，新生银行在**利用云计算**的能力方面也有明显的优势。我相信，不仅云将成为承载银行后端解决方案的可靠平台，领先的核心银行软件提供商也将采用行业标准应用程序接口（API），这将使核心银行与面向客户系统的连接不仅更容易，而且可更换。这将降低实现、可伸缩性、冗余和安全性等方面的成本，从而减少信息技术方面的资本支出，并创造更小的年度固定成本。如果现有银行不在自己内部建立类似的试点和项目，它们就会很难达到这一水平。

　　此外，向**基于体验的竞争**的转变也能减少数字银行走导致产品爆炸的路线的可能性，这种路线困扰着传统银行。这一点加上更新和更先进的核心银行解决方案的可配置性将意味着更少的编码，从而更容易扩展和测试软件。

　　在数字银行的发展中，技术可以在许多领域发挥作用。然而，为了成功地部署技术，**卓越的设计能力和杰出的流程能力是至关重要的**。如果你没有这两种能力，任何技术都救不了你，不管你雇用哪位技术大师。就像最好的建筑商无法补偿能力较差的建筑师和土木工程师一样。

　　那么终端用户应用程序的开发呢？我从构建 TMRW 中学到的是，如果你花时间建立软件工厂，开发将会顺利得多，并且你会犯更少的错误。你需要的不仅仅是一个程序员团队，而是一个清晰的策略来驱动你对导航和内容的设计，以使得应用程序友好并易于使用。密切关注实现过程，以鼓励高效但可维护的代码的生产，并利用基于总体设计系统的公共例程库，也将是成功的关键。

当你将设计良好的银行与最新的核心银行技术结合起来（3.8 节），并作出正确的设计选择时，你应该实现成本优势，显著降低边际成本，这样你的总运营成本才能被有效使用，即使你是一家传统银行。图 3-1 展示了这一优势，并指出这种做法会导致**成本基础降低** 60%~70%。

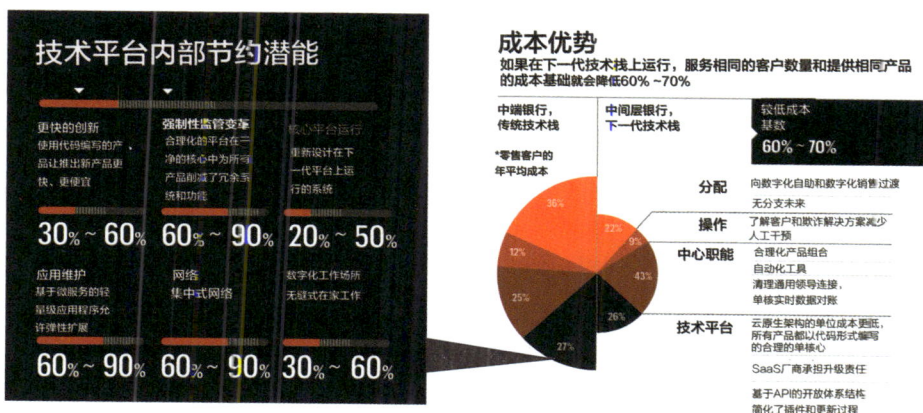

图 3-1 下一代银行与传统银行的成本优势

资料来源：贝恩

虽然数字银行的这一数字高于 25 美元，但对于现有的中端银行来说，仍是一个显著的进步。这将使这类中端银行能够在竞争对手因成本较高而不愿渗透的地方建立最初的滩头阵地，例如青年专业人士、未充分享受银行服务的人，甚至未开设银行账户的人。

技术可以帮助你充分发挥数字银行的潜力，拥有现代化的核心平台和世界级的客户体验。它必须与设计和过程一起完成，而非单独完成。技术显然很重要；它只是不比设计和过程更重要。好的技术还可以导致更好的设计，以及在发生变化时改进初始设计的更好能力。因此，更好的技术也会影响设计，就像设计会影响技术的选择一样。因此，拥有了解技术的业务设计人员和了解业务的技术设计人员是决定转型方案成功与否的因素之一。

最后，技术对客户的平均运营成本有很大的影响。重塑成本结构的一个方法是在现有公司内部建立一个数字银行，并在实践中学习。这降低了将整个银行移植到新的云解决方案的风险。之后，这些经验可以逐渐转移到母公司，就像 TMRW 的情况一样。

○━━ 重 | 点 | 摘 | 要 |

* 建筑师相当于你的设计主管，土木工程师相当于流程主管，建造工相当于技术主管。

* 银行是软件的使用者，而很少是软件的生产者。如果他们是生产者的话，该软件可能只会有一个专属客户。

* 由于银行业从未出现过一个占主导地位的软件公司，所以银行的后端系统往往是一系列软件解决方案，每一项都可能来自不同的供应商。

* 产品复杂性对后端系统的复杂度产生多米诺骨牌效应，进而影响将软件升级到最新版本的难度。

* 除了不用背负这一遗产，新生银行在利用云计算的能力方面也有明显的优势。

* 云将成为承载后端解决方案的可靠平台，银行核心银行软件和供应商也将采用行业标准应用程序接口，使核心银行与面向客户系统的连接更加容易。

* 基于体验的竞争也应该减少数字银行走导致产品爆炸路线的可能性。

* 然而，要成功地部署技术，卓越的设计能力和杰出的流程能力是至关重要的。

* 如果你花时间适当地建立了你的软件工厂，开发就会顺利得多，你也会少犯错误。

* 与传统银行相比，下一代银行的成本基础会降低 60%~70%，能够在现有银行因成本较高而不愿渗透的地方建立滩头阵地。

Key takeaways

3.2　设计在体验商业中的作用是什么

以客户为中心其实很难做到。大多数人只是口头上说，因为嘴上说你以客户为中心比真正以客户为中心要容易得多。设计，或者更具体指设计的一部分——设计思维，有助于培养以人为中心或以客户为中心的解决问题和构思的方法。这一点很重要，因为在技术中，有太多的注意力被放在想法或解决方案上，因此你总是冒着没有人愿意为你提供的解决方案付费的风险，而以人为中心的设计是一种避免这些代价高昂的错误的方法。

设计也可以被看作更大的"软件工厂"（更准确地说是"软件集成工厂"，因为银行更经常集成解决方案，而不是从头开始构建软件）的一部分。在这里，设计是"设计方法""旅程和数据映射""敏捷瀑布式软件开发"三位一体的一部分（参见第 5 章）。这三个组件适当地组合在一起，可以成为新型数字银行的**强大的软件生产 / 集成引擎**。

设计在体验业务中是至关重要的，因为大多数体验业务并不依赖于重大的技术突破。相反，它们依赖于对细节的高度关注来修复在用户体验中产生摩擦的小问题，其中没有一个问题严重到足以更换提供商。我们以自行车为例进行对比，当第一辆"安全自行车"在 1885 年发明时，它不包括刹车，但具备了今天标准自行车的基本特征（Andrews，2018）。

但随着功能效益程度降低，**重点从创新转向体验**。这并不是说没有任何创新，而是说每一项创新的影响都较小，必须结合在一起才能使整体体验比以前好得多，并对客户产生很大的影响。

大多数银行都不是为设计而组织的，它们中的多数始终在寻找问题的解决方案（在 3.3 节中有更多相关内容）。为了避免这种情况，你需要知道客户在做他需要做的事情时所面临的问题，这类顾客通常被称为**要完成的工作**（Christensen et al.，2016）。第一步是明确服务的部分，因为不同的部分有不同的工作要做。如果你忽略这些差异并假设所有部分都是一样的，这将影响以后的情况。第二步是详细了解问题。在这里，最大的障碍往往是财务目标，因为你越倾向于实现财务目标，你就越有可能以产品为中心，而不是以客户为中心。第三步是尽可能多地获取一些新的洞察，给自己注入一些新鲜的观点。

例如，当我们作为新加坡人在泰国建立 TMRW 数字银行时，我们不太了解泰国青年专业人士（YP）和青年专业人士家庭（YPF）面临的问题。所以我们在每个国家选择了一些青年专业人士进行种族研究，并在他们方便的地方访问他们，从曼谷市中心一个电脑游戏玩家租来的一居室公寓到雅加达的一位青年的旧办公室。一位受访者对这样的访问非常满意，他会炫耀自己的吉他演奏技巧和收藏的动漫手办。这些对客户生活的**深入体验**帮助我们理解如何才能创造真正以客户为中心的服务体验。

这类客户往往会不遗余力地绕过麻烦的银行费用，例如在三家本地银行开立银行账户，以避免跨行转账费用，或从一家银行的自动柜员机取款，然后在隔壁另一家银行的现金存款机存入，以达到相同的目的。对于"千禧一代"客户来说，储蓄的概念非常不同。通常，储蓄的行为，而不是实际储蓄的金额，足以让他们相信他们控制着自己的财务。这些收集来的洞察让我们创建了针对青年专业人士的**储蓄游戏**"TMRW 之城"，这也是对 TMRW 交易费用的一次重新思考。

这些细微差别，加上我们已经知道的"千禧一代"特点（精通互联网、优先移动、以聊天为导向），成为 TMRW 银行产品设计的灵感。它还提供了一个框架，以帮助我们重新思考 TMRW 如何使银行业务更简单、更有吸引力和更透明。请记住，设计职能的作用是确保 TMRW 团队保持以客户为中心，而非以产品为中心。

一旦要做的工作以及遇到的问题明确了，团队就应该起草初始**客户价值主张**（customer value proposition，CVP）。客户价值主张陈述了你将带来的新价值，这样你的客户将体验到一个不同于和优于今天存在的任何东西的服务。一旦这被写在纸上，该行动就进入下一个阶段，在这个阶段中，需要反复了解：竞争解决问题的程度，并将其与问题的规模和对客户的重要性同步，以及他们围绕这些问题的解决方案制定价值主张的能力。

设计的作用在用户界面中也是至关重要的。这经常被误解为屏幕生成练习，一组人讨论他们对各种屏幕原型的好恶。其实，这是一个复杂的过程，需要设计战略导航和应用程序的用户体验，以确保高度消除摩擦。我在 TMRW 中学到的经验是，**必须先进行战略导航设计**。

事后看来，这是因为我定下了一个目标：**开发一个没有菜单的应用程序**。就像太多的按钮妨碍了消费电子设备的使用一样，菜单也是用户界面中的摩擦点。因为菜单实际上是一家公司迫使你按照他们希望的方式导航，而非按照你真正想要的方式导航。因此，战略导航设计应该从尽可能少的一级菜单开始。实际上，一个完全无菜单的界面几乎是不可能实现的，但这一理想为整体设计提供了一个指路明灯（图 3-2），将其与其他银行 App 区分开来。

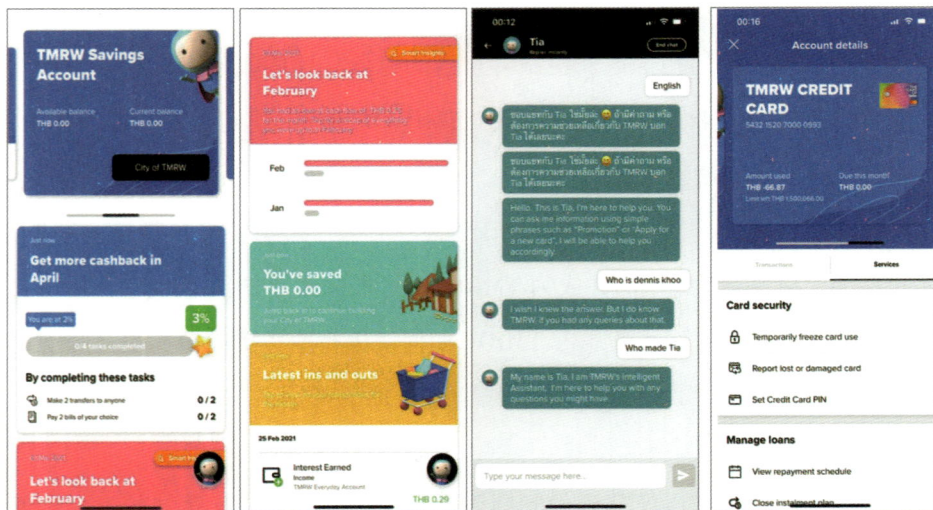

图 3-2　TMRW（泰国版）界面

在这一步之后，我们就开始制定设计系统。这包括建立一个**集中的辑录**，包含计划纳入战略导航设计的所有主要导航功能以避免让每个设计者和程序员编写他们自己的导航函数，因为这会导致混乱的情况，即以后不能进行全局更改来纠正任何函数中的错误。你一定不希望遇到这种情况——在以后的开发过程中一个接一个地替换导航函数。这就好比在建筑建成后，很难移动管道一样。

我的建议是，**如果设计不够好，不能产生你需要的体验突破，就不要公开发布**。你可以先向一小群客户推出，并停留在测试阶段，以不断改善体验，直到你的净推荐值达到你设定的目标。在设计 TMRW 时，我们花了近10 个月的时间来完成总体设计，然后花了更多的时间来完善细节。我们学到的最有指导意义的事就是：除非你所在国家的数字银行标准低到不存在，否则在建立数字银行时没有最小化可行产品。用净推荐值替换最小化可行产品，并将重点放在以最低的净推荐值进行发布上。

O━ 重｜点｜摘｜要

* 设计在体验业务中是至关重要的，因为大多数体验业务并不依赖于重大的技术突破。

* 这些业务依赖于对细节的高度关注来修复在用户体验中产生摩擦的小问题，其中没有一个问题严重到需要立即更换提供商。

* 在你的设计旅程中，第一步是明确服务的部分，因为不同的部分有不同的工作要做。

* 一定要有一些新的洞察，给你一些你以前不知道的视角。

* 设计职能的作用是确保团队保持以客户为中心，而不是以产品为中心。

* 设计用户界面是一个复杂的过程，你需要设计应用程序的战略导航和用户体验，以确保高度消除摩擦。

* 菜单实际上是一家公司强迫你按照他们想要的方式导航，而不是按照你真正想要的方式导航的方式。

* 如果设计不够好，不能产生你需要的体验突破，就不要推出。

───────────────────────────────── **Key takeaways**

3.3 从解决方案入手还是从问题入手

本节讲的是"爱上问题而不是解决方案"的必要性。你公司的一些高级主管可能参加了一个简报会，回来后说："我们必须实现人工智能。"这是一个典型的先有解决方案才有问题的案例。很多数字化转型的失败缘于没有真正了解客户问题，这类转型往往从解决方案入手而非从问题入手。

科技公司倾向于这样运作，因为它们是以发明为导向的。他们接受一个新发明，完善它，然后尝试为它找到一个引人注目的用例，并证明投资于该发明是合理的。在晶体管发明之初，没有人意识到它最终会组成微处理器。事实上，它最早的商业应用之一是晶体管收音机。许多科技初创企业无法成功，因为当新技术被用于常规业务时，它根本不能很好地工作，而常规业务的目的不是发明，而是使用发明来解决日常业务问题。

有两种一般的方法来改造一个企业。你可以**从一个想法开始**，让这个想法发挥作用，然后看看它解决了什么问题。例如，3M 便签的诞生源于胶水的发明出了差错。直到研究人员将他们的解决方案应用到一个问题之前，这个非常黏的胶水都没有用武之地。你还可以**从手头的问题开始**，例如"如何重复使用一张便条"，且不至于对粘贴的表面造成损害。

每种方法都有自己的特性和局限性。从问题开始有助于了解客户所处的环境，以及什么可能有助于解决他们在生活或工作中遇到的问题。但对问题的详细理解，也可能引入偏见。而从想法开始可以让你摆脱这些约束，但你可能不清楚它是否真正解决了客户的关键问题。

表 3-1 说明了这两种方法之间的区别。两者不一定相互排斥，可以结合使用。例如，你可以先从理解问题开始，然后再从想法入手，导出更好的解决方案。

表 3-1 从理解问题入手 vs 从想法（解决方案）入手

准则	从理解问题入手	从想法（解决方案）入手
抓手	针对一个问题，例如，为什么人们不进行更多投资？	针对一个想法，例如，让每个人都在网上投资
特性	这是一个尚无解决方案的真实问题	这是一个也许尚无问题的潜在全新解决方案
未知	有这个问题的人够多吗？	是否有足够多的人需要这种解决方案？
限制	可能导致过度同情客户，并受到限制	可能会带来指数级的突破，但也有这样的风险：解决方案不能解决任何人都会为此付费的问题

在需要大量深度、科学和数学来得出解决方案的行业中，没有这些洞察和专业知识的人更难参与解决方案。在消费银行和其他零售业务中情况并非如此，在这些业务中，每个人几乎都是客户，每个人都经历了他们认为其他人可能会遇到的问题。关键不在于想法，因为一个有效的创新需要很多想法；关键在于是否有足够多的人认为，这个想法创造了足够的价值，并愿意为它付费，或者切换提供商。

与随着科学进步推出许多新解决方案的行业相比，银行业的技术发展并不太快。如果技术进展不是很快，那么技术进步带来 5 倍或更多突破性解决方案的可能性就很低。相较之下，关注问题并收集足够多的问题，使体验变得优越是更容易的事情。

⚬┅ 重│点│摘│要

* 你可以从一个想法开始，让这个想法发挥作用，然后看看它解决了什么问题。

* 你还可以从手头的问题入手，想办法解决它。

* 技术公司接受一项新发明，完善它，然后尝试为它找到一个引人注目的用例，从而证明投资于该发明是合理的。

* 这种方法在常规业务中根本不起作用，因为常规业务的目的不是发明，而是以最有效和高效的方式解决日常业务问题。

* 从问题入手有助于在客户的环境中理解客户。

* 对问题的过度理解，也可能引入局限和偏见。

* 从想法开始可以使你摆脱这些约束，但你可能不清楚它是否真的解决了客户的关键问题。

* 在需要大量深度、科学和数学来得出解决方案的行业中，没有这些洞察力和专业知识的人更难参与解决方案。

* 关键在于是否有足够多的人认为，这个想法创造了足够的价值，并愿意为它付费，或者切换供应商。

———————————————————————— Key takeaways

3.4　选择中小企业，还是消费银行

如果你顾虑资本要求和消费银行初期的运营风险，而不再为大公司服务，那么建立数字银行的真正目的在于为小公司或消费者服务。虽然我们需要针对具体国家来了解为这些细分领域市场服务的壁垒，但我想概括地说，**小企业的商业银行业务仍有很大的消除痛苦的空间**，而消费银行业务的空间更小。随着贷款数量的增加，为小公司服务的利润动态也会更好。当然，不利的一面是坏账也会更高。

零售客户中很大一部分是受薪客户，而不是自营职业者，因此，除非发生导致失业率大幅上升的经济冲击，否则银行已经在其偿债比率中增加了一个更高的利率作为缓冲，以更现实地考虑个人以更高利息水平偿还的能力。相较之下，小公司的创收能力可能具有更大的变异性和波动性，从而在其偿还能力方面引入更大的不确定性。为了减轻这种情况，银行通常要求查看其6个月内的银行余额，以确定手头现金，并以此作为**计算偿债额的代理**。然而，在这一计算中缺少了中小企业获得了哪些其他贷款的重要数据，而这通常由商业信贷机构提供。

在东南亚，中小企业征信机构并不发达。亚洲开发银行研究所（Asian Development Bank Institute）的一份报告显示，"在亚洲银行主导的金融体系中，中小企业难以获得廉价融资"（Yoshino & Taghizadeh-Hesary，2018）。报告强调了日本和泰国的全国性中小企业征信机构的例子，但报告的结论是："很多国家和地区缺乏这种系统来积累和分析信贷风险数据，并准确衡量每个中小企业的信贷风险。"因此，大多数银行仍然根据银行对账单和抵押品评估信贷，而**中小企业由于无法提供此类资产便无法获得流动资金贷款**，尽管这些贷款对其生存和增长至关重要。贝恩公司的一份报告显示，在大多数市场中，中小企业仍然是一个未充分享受银行服务的群体。大约 80% 的中小企业受访者表示他们需要借款，但无法获得负担得起的信贷（Bain & Co、Google & Temasek，2019）。

中小企业征信的情况似乎不会很快明显好转，因此一些最进步的银行正将注意力转向**会计系统**，以获得为中小企业客户提供担保所需的关键数据。Starling、Tide 和 Mettle 等英国数字银行都支持与基于 SaaS 的会计软件 Xero 和 FreeAgent 的连接。Starling 和 Mettle 也支持 QuickBooks，而 Tide 支持 Sage。会计系统和数字商业银行之间的本地连接未来可能成为标准操作。

这里的关键在于会计信息的使用。银行存款余额是目前最常用的评估指标，但仅凭该指标，人们很难预测中小企业偿还流动资金贷款的能力。这就是我所说的三阶数据，也就是说，当你获得了从三阶（银行余额）到二阶（每月利润）再到一阶（应收账款与应付账款）数据时，可预测性会变得更好。这些二阶和一阶数据在大多数公司的会计系统中都存在。

使用会计数据进行承保的问题之一是如何**从欺诈条目中辨别合法条目**。我有机会与一家英国银行的高级管理人员交谈，他深度参与了为微型和小型企业服务的数字中小企业银行的设计和开发。他的观点是，他们没有遇到虚构条目的重大问题。在这个问题上，陪审团可能还没有定论，为了避免道德风险问题，银行可以而且应该通过与时间、日期和进行入账的人等进行比较来确定交易的真实性。

目前，有越来越多的银行连接 SaaS 会计软件，而不是信贷承销。这是数字中小企业银行的发展趋势。这将代表着在向无法产生现金流以显示足够银行余额的企业发放贷款的能力方面的一个重大突破，它对整个行业来说也是一个重大突破，因为银行将**根据应收账款和应付账款的变化动态调整其运营资本限额**。根据公司的业务速度自动调整限额的能力将允许节省资本（因为资本需要与未提取的限额相对应），并在业务放缓时创造一种减少限额的方法，这样为运营资本预留的资金就不能用于其他目的。事实上，这种技术不仅限于中小企业，它还适用于其他企业，我认为，它将改变全球银行向企业放贷的方式。

中小企业数字银行还可以帮助小企业**提高运营效率**。运营效率低下对小公司来说是一个问题，而对零售客户来说通常不是问题。造成运营效率低下的一个原因是在订购或制造所需产品或解决方案的费用支出与他们从客户那里收到付款之间有延迟。迟开发票、延迟付款、信贷期限长都加剧了这种时间不匹配，所以中小企业需要用流动资金贷款来弥补这一缺口。将数字银行的支付能力与会计系统相结合，可以消除银行在会计和数字银行平台中双重分录的需要。此外，自动为每张发票分配唯一的子账号可以大大减少对账的工作，这样，系统就可以在不对账的情况下区分谁支付了，谁没有支付。系统还可自动向逾期付款人发送催收通知和催款通知。系统的其他功能还包括发送发票，付款人可以点击发票付款。这些都是中小企业数字银行为小企业去除痛点的机会。

建立面向中小微企业的数字银行的最后一个原因是，在许多消费者数字银行已经达到较高水平的国家，**中小企业数字银行往往严重滞后**。银行常常将消费者和企业银行业务作为其数字化转型举措的优先事项。在这些领域进行了大量投资后，它们通常对中小微企业数字银行缺乏进一步投资的兴趣。到目前为止，我们所探索的领域几乎都适用于针对中小微企业的业务，例如利用颠覆性创新从底层攻击的相同机会、专注于创建数据支持的数字银行以帮助中小微企业进行业务和财务管理、显著改善银行体验、降低运营成本。

最后，让我们回答本章开始时提出的问题——如果你必须在中小企业和消费银行之间作出选择，你会选择哪一方？我会选择新加坡等较小市场的中小企业，因为那里的消费银行池规模有限，而且渗透得很好。这并不意味着消费银行不能对体验、宣传和数据挖掘产生重大影响，这只是意味着在一个小市场上很难赢利。在一个更大的市场，我会说，为什么选择？如果你有资源，就两个都做。但在这个更大的市场上，如果消费银行已经有了许多根深蒂固的数字银行竞争对手，那么成立一家中小企业银行对你来说可能会更加可行。

重 | 点 | 摘 | 要

* 小企业的商业银行业务仍有很大的消除痛点的空间，而消费银行业务的空间更小。

* 随着贷款数量的增加，为小公司服务的利润动态会更好，但坏账也会更高。

* 亚洲开发银行研究所 2018 年的一份报告得出结论：亚洲缺乏积累和分析信用风险数据以及准确衡量每个中小企业信用风险的系统。

* 大多数银行仍在根据银行对账单和抵押品评估信贷，无法显示此类资产的中小企业无法获得对其生存和增长至关重要的流动资金贷款。

* 贝恩公司的一份报告得出结论，在大多数市场上，中小企业仍然是一个未充分享受银行服务的群体。大约 80% 的受访中小企业表示，他们需要借款，但无法获得负担得起的信贷。

* 进步的银行正将注意力转向会计系统，以获得为中小企业客户提供担保所需的关键数据。

* 使用会计数据进行承保的问题之一是如何辨别合法条目和欺诈条目。

* 与 SaaS 会计软件的集成是一个重大突破，使中小企业银行能够向无法产生现金流以显示银行账户中足够余额的企业提供贷款。

* 使用会计数据还将增强根据应收账款和应付账款的变化动态调整运营资本限额的能力，这对整个银行业来说是一个重大突破。

* 中小企业数字银行可以帮助小企业提高运营效率。

* 将数字银行的支付能力与 SaaS 会计系统集成，可以消除在会计和数字银行平台中双重分录的需要。

* 自动为每张发票分配唯一的子账号可以大大减少对账的工作。

Key takeaways

3.5 数据及其在数字银行中的角色

银行一直拥有丰富的数据宝库，但它们很难将这些数据用于造福客户。这可以归因于分门别类的交易系统、缺乏统一的数据存储、数据的时效性差（这使得有用的操作变得困难），以及缺乏使用数据来简化客户生活的执着。

尽管有这么多困难，但为了生存，银行将不得不**提出数字解决方案来利用数据造福客户**，并做得出色。数据需要随时可用，有些是实时的，并被全天候输入机器学习算法，以搜索模式并产生相关的洞察。洞察的例子包括缺失付款、超支、信用卡支出分析、异常金额、新商户、净现金增长或每月下降。这样的洞察将帮助银行与客户更好地接触。

很少有业务像数字银行（或银行业务）那样数字化。由于银行是支付和融资的中介，它们并不直接参与商品和服务的实际生产，只是协助商品和服务的交换。无论是以便利付款、吸收存款或随后将这些存款出借的形式，这些交换最终都被归结为簿记或分类账分录中纯粹的数字。这些数字最初存储在纸上，然后在计算时代，以数字形式存储在磁盘驱动器中，现在越来越多地存储在云中。

换句话说，**银行不过就是数据**。这些数据传统上被用来帮助银行更好地经营其业务，例如，通过使用它来优化存款余额和贷款数量，或者帮助目标客户在交叉销售活动中购买更多的产品，或者它被监管者用来监控银行的健康状况。

但那都过去了。在 TMRW 中，我们设想了一个未来，更多的数据将产生更多的洞察，这将成倍增加吸引客户的能力。2.5 节确定了参与在争取客户体验的战斗中所起的关键作用。实现这一目标的关键因素是数据，即数据驱动的参与。为了推动这一变化，**数据飞轮**（Collins 2020）应运而生，它也被称为 ATGIE，代表获客、交易、生成数据、洞察和参与（图 3-3）。让我们依次查看每个组件。

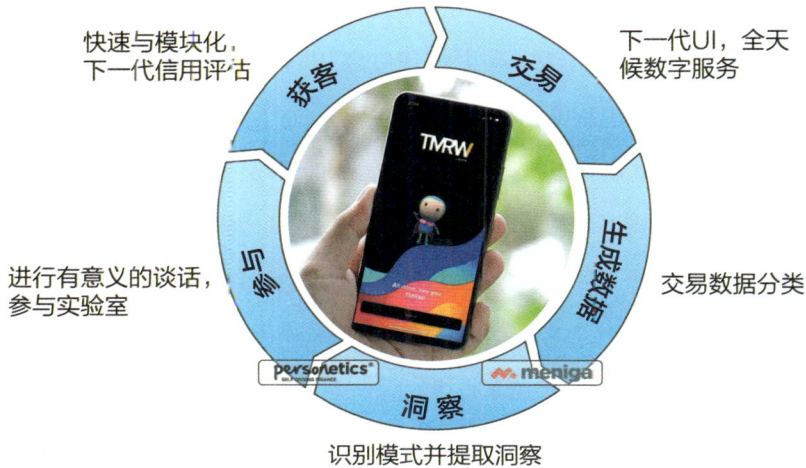

图 3-3 TMRW 的 ATGIE 飞轮模型

资料来源：大华银行网站，2020 年 12 月

获客。传统上，客户必须在实体银行排长队和提交大量文件才能开户——这是客户办理业务过程中的一个痛点。在 TMRW，我们使用了生物特征识别（如指纹和面部识别）技术，重新设计了流程并减少了字段数量等，因此用户可以在方便的时候注册产品（Lam & Koh，2020；Fintech Singapore，2019）。在印度尼西亚，这一过程可以完全在线上完成。

此外，在印度尼西亚，TMRW "利用 Avatec 的人工智能驱动的信用评估引擎，使用另类数据和机器学习来评估客户在开户阶段的信用价值"（Ho，2020）。这将使 TMRW 能够更肯定地评估潜在客户的信贷质量。

交易。大约 90% 的数字银行交易由资金转移、账单支付和查看账户交易和余额组成。在 TMRW 应用程序中，这些操作都能完成，并且用户界面非常简单，不需要下拉菜单。

通过应用聊天机器人，TMRW 也在重塑客户服务体验。它不仅使整个过程更快、更简单、更容易访问，而且还保存聊天记录，因此客户不必重复他们的查询。传统呼叫中心经常被投诉的一个问题是，每次客户被转移到不同线路时，他们经常不得不重复他们的查询。但是 TMRW 的聊天机器人可以创建所有以前聊天的电子链接，聊天代理可以访问这些链接，所以重复你的诉求最终可能成为过去（Tech Wire Asia，2019）。

生成数据。TMRW 存储从基本客户信息到日常交易数据的所有客户数据。这是了解客户和预测客户需求的基础。不是所有的银行都有中央数据存储来保存必要的信息——或者至少，不是所有的银行都会在基础设施上投资来维持这样的操作。构建一个中央数据存储对于这种业务模型至关重要。Meniga 等金融技术解决方案就有助于清理和分类所有这些数据，使其更加有用。

洞察。通过生成的数据，TMRW 利用预测分析来理解和预测客户的需求。客户完成的每一个动作和交易都会被创建成一个数据点，而这些数据点被用来改善客户体验。大华银行与 Personetics 合作，从交易数据中获得洞察，可以选择利用地理定位来吸引客户，也可以利用银行自己的交易数据。我选择从后者开始，因为银行拥有丰富的交易数据，但没有被充分利用。

参与。这是 ATGIE 商业模式的核心。

在这里，TMRW 通过与客户进行小型对话、预测他们的需求并提供有帮助的解决方案来个性化和增强银行体验。这些微对话可以推动客户朝着正确的方向前进，帮助他们实现目标，无论这意味着更好地储蓄还是消费。

这是 TMRW 正在试点的差异化服务。一旦成熟，它就有可能使 TMRW 降低获客成本，增加未来的赢利能力。通过吸引客户，TMRW 创造了更多的交易，从而产生更多的数据，使银行能够更好地为客户服务。如果客户得到很好的服务并感到高兴，他们就会向朋友和家人推荐 TMRW。这反过来又扩大了客户群，并将长期推动交易和客户的增长。

为了发现更多吸引客户的最佳方式，你可以选择建立参与实验室。该实验室汇集了来自不同职能单位和学科（分析、数据、决策科学、行为科学、通信、营销）的从业者，并使用参与度指数来帮助确定不同参与举措的影响（Warden，2019a）。

ATGIE 飞轮是未来银行需要采用的模式。银行再也不能仅仅把交易数据作为记录来保存了。将大量未标记的数据倾倒在"数据湖"中，并希望出现有用的东西更是不可行的。在银行中，数据必须被提升到**与资本同等重要的水平**。

为此，银行必须严格和完整地处理数据。数据存储和检索的设计考量应规定，数据必须在源处得到充分描述，要求新数据的应用程序的创建者必须在首席数据官（CDO）制定的指导方针和程序范围内确保这一点。此外，最高管理层需要通过一个数据委员会或理事会来加强这一点。正确的数据管理，加上利用数据的文化和心态，将是数字银行成功的关键。

⚬━ 重 | 点 | 摘 要

* 未来不投资于这种能力的银行将不得不依靠规模和效率来竞争，并致力于成为成本最低的提供者。

* 为了生存，银行将需要提出数字解决方案来利用数据来造福客户，并做得出色。

* 通过吸引客户，TMRW 创造了更多的交易，从而产生更多的数据，使银行能够更好地为客户服务。

* 如果客户得到很好的服务并感到高兴，他们就会向朋友和家人推荐该银行。这反过来又扩大了客户群，并将长期推动交易和销售的增长。

* 为了发现更多吸引客户的最佳方式，你可以选择建立参与实验室。

* ATGIE 飞轮是未来银行需要采用的模式。

* 在银行中，数据必须被提升到与资本同等重要的水平。

Key takeaways

3.6　另类信用评分及其作用

无担保贷款将是利润产生的关键。因此，你可以放贷和控制坏账的程度将决定你的赢利能力。在 TMRW，我们从一开始就意识到，虽然我们需要增加存款来产生贷款负债，但真正的利润将通过无抵押贷款获得。

这一假设在 TMRW 的过程中得到了证实，因为与独立交易账户相比，交易账户和信用卡捆绑创造了更多的收入。当我们访问 Kakao Bank 时，仅占客户基础 10% 的无担保个人贷款似乎就能够产生足够的收入，使整个银行赢利。我们最初的想法是在泰国的银行成立并运行后开始实践。然而，2017 年年中，我们在对四川希望银行[①]的访问时发现，他们能够通过**自动化信用风险评估系统**提供即时贷款。回新加坡后，我与大华银行首席风险官和零售信贷主管进行了讨论，并决定加快利用非传统数据承保无担保贷款的能力。

客户偿还贷款能力的最佳指标是他们的债务总额（无论是快速增长还是放缓的）、过去的还款历史，以及根据收入偿还债务的能力。这就是为什么传统贷款人需要借款人提供收入证明和所有债务的声明。信用机构履行了第二项义务，而第一项义务仍在通过书面方式（工资单、雇主信件等）履行。如果该机构没有完整的借款人信息，或者借款人从未向征信机构提供过借款信息，那么**来自电信甚至社交媒体等替代来源的数据**也是有效的，我们仍可以通过它根据申请人的偿还能力对其进行风险排名（Wei et al.，2014）。

如果没有这些新的信用评分数据来源，机器学习算法的应用不太可能改善风险排名输出。鉴于东盟新兴国家**巨大的小额贷款机会**，这一点将非常重要。

与此同时，对另类数据重要性的认识、对数据保护的日益重视以及从移

---

① 现名为新网银行。——译者注

动电话中窃取数据的非正统方法等，可能会限制此类数据的提供，或增加经同意合法获取此类信息来源的成本。

一旦获得了大量的另类数据，就需要**改进算法**，使用传统的逻辑回归和决策树方法，辅以神经网络算法或深度学习技术（本质上是三层以上的神经网络，包括输入和输出）。深度学习是机器学习的一个子集，它具备通过模式检测对输入进行聚类和分类的能力。这些技术加上丰富的另类数据，以及传统的申请人数据（如果有的话），有可能提高借款人的风险等级，从而减少假阳性（不应放贷，但未被发现）和假阴性（应放贷，但被拒绝）。

表 3-2 说明了信用评分中常用的一些算法。

表 3-2　信用评分中常用的算法

名称	类型	描述	优势	缺点
线性回归		通过所有数据点的最佳拟合线	易于理解 可以清楚地看到模型的最大驱动因素是什么	有时过于简单，无法捕捉变量之间的复杂关系 模型有过拟合倾向
逻辑回归		线性回归在分类问题中的应用	易于理解	有时过于简单，无法捕捉变量之间的复杂关系 模型有过拟合倾向
决策树		使用分支方法来匹配决策的所有可能结果的图	易于理解和实施	不经常单独用于预测，因为它通常太简单，对复杂的数据不够强大
随机森林		取许多决策树的平均值。每一棵树都比完整的决策树弱，但将它们结合起来，我们会得到更好的整体性能	一种"大众的智慧" 倾向于产生非常高质量的结果 训练快速	相对于其他算法，输出预测可能较慢 预测不易理解

续表

名称	类型	描述	优势	缺点
梯度提升		使用更弱的决策树，越来越多地关注"硬例子"	高性能	未来集合或训练集合中的一个小变化可以在模型中产生根本性的变化 预测不易理解
神经网络		模仿大脑的行为。神经网络是相互连接并传递信息的神经元。深度学习使用多层相叠的神经网络	能处理极其复杂的任务。在图像识别方面，没有其他算法能与之媲美。	因为层数多，训练时间很长 需要很大的算力 预测几乎不可能理解

资料来源：medium.com

每种技术都有其优缺点。

预防欺诈是贷款的另一个关键考虑因素。犯罪团伙经常攻击贷款过程中的弱点，例如使用被盗的身份申请贷款。在这种情境中，来自电信系统的另类数据，或来自申请人手机中的数据，可以帮助银行确定申请人是否真的在公司地址工作或在提供的家庭地址居住。

数据的共享方面也有一些问题。例如，虽然在模型开发中使用的数据可以将唯一识别客户的标记去除，但客户是否同意将其数据与第三方共享的问题可能不那么明确。

对于**大型生态系统**（例如电子商务生态系统）的所有者来说，为购买的商品提供贷款具有协同作用，因为它增加了电子商务平台上的销售额。许多大型生态系统参与者也在考虑如何将他们从消费者和商家的交易中建立的另类数据资产货币化。

2018年，大华银行与金融服务提供商品钛科技控股公司（PINTEC）合作成立合资企业，推出 Avatec.ai。这是一家合资公司，帮助银行和其他金融机构**根据电信数据、电子商务数据、位置数据等另类数据评估潜在客户的信贷质量，包括那些新接触信贷的客户**。

可以看出，另类数据是提高银行无担保贷款能力和将**不良贷款率控制在1.5% 以下**的关键。网商银行和微众银行在 2017 年报告的不良贷款分别为1.23% 和 0.64%（CBNEditor，2019），这无疑展示了另类数据在借贷方面的力量。

O┈ 重 | 点 | 摘 | 要

* 无论对于中小企业部门，大众市场部门，还是青年专业人士细分领域，无担保贷款都将是利润产生的关键。

* 客户偿还能力的最佳指标是他们的债务总额（无论债务是快速增长还是放缓）、过去的偿还历史，以及他们根据收入偿还债务的能力。

* 如果征信机构关于借款人的信息不完整或缺失，那么来自电话甚至社交媒体等替代来源的数据也是有效的。

* 东盟新兴国家蕴含着巨大的小额贷款机会。

* 一旦有了大量的另类数据，就需要对传统的逻辑回归和决策树方法进行改进，并辅以神经网络算法或深度学习技术。

* 来自电信系统的另类数据，或来自申请人手机中的数据，可以帮助银行确定申请人是否真的在公司地址工作或在提供的家庭地址居住，从而降低欺诈风险。

* 网商银行和微众银行在 2017 年报告的不良贷款分别为 1.23% 和 0.64%，这无疑展示了另类数据在借贷方面的力量。

──────────────────────────────────── Key takeaways

3.7 设计流畅的开户体验

对不同文化和国家的开户客户的试验是 TMRW 最大的挑战之一。TMRW 的主要功能之一就是客户无须走进实体银行即可注册账户，这需要我们在**客户的便利性和安全性之间寻找平衡**。

在安全方面，传统银行通常采用客户尽职调查（customer due diligence，CDD），或了解你的客户（know your customer，KYC）身份验证过程。软件和系统到位之后，银行就可以执行自动检查了，这个过程需要借助大量内部和外部数据库进行。除了技术手段，银行还加倍培训分行员工，让他们识别潜在的欺诈者，并判断新客户提供的信息是否虚假。不用说，通过移动设备或互联网**远程执行 KYC** 更具挑战性。

KYC 流程由银行需要客户提供证据的三个关键领域组成：

1.**你是谁**：例如，客户必须出示他们的脸与身份证照片相匹配的证明。

2.**你有什么**：例如，客户必须确保他们的指纹与储存在身份证芯片内的指纹相符。

3.**你知道什么**：例如，当被问及安全问题时，客户必须给出正确的答案。

对上述任何一个问题给出不令人满意的答案通常是一个危险信号，此时银行就需要异常处理过程来验证客户的身份。好的 KYC 依赖于**真实来源**验证数据。这类来源通常以国家数据库或平台的形式出现，实体可在此核实居民身份证号码或护照号码。在印度尼西亚，我们能够申请访问这样一个数据库，以执行所需的验证（WE Online，2021）。在泰国，我们能够确认输入的详细信息与编码在泰国身份证芯片上的信息，以及所出示的泰国身份证是否有效。

然而，有时这个来源也不完全准确。一些泰国人认为改名能给自己带来好运。有些人会在一年内改几次名字。

为泰国客户开户时，银行会收集客户的泰语和罗马字版本的姓名。然而，后来人们发现，虽然泰国人有罗马字版本的名字，但他们并不经常使用它，且拼写方式并不固定。因此，当客户在开户过程中输入他们的名字，而信息与国家数据库的数据不匹配时，这些申请就会被拒绝。这对我们来说是一次教训，随后我们将检查英文名的限制删除了。

泰国的客户的开户用户旅程模型经历了**多次迭代**。我们与来自各个部门和专业领域的利益相关者（从产品团队到合规专家和系统所有者）一起参加了无数次研讨会。这些讲习班使我们能够讨论意见上的分歧，并迅速产生想法。在此过程中，我们充当了对抗者，质疑为什么每个字段都被收集，它的目的以及对于 TMRW 这样的数字银行来说是否必要。如果他们想囊括一个其他人认为对开户过程没有帮助的信息字段，各自的小组必须解释和捍卫他们的理由。通过这些研讨会，我们能够将捆绑产品的流程的长度减少 50%，减少到 22 个字段，从而将在移动设备上完成该流程所需的时间缩短到 10 分钟以内。

TMRW 的一名负责开户体验的主要高管回忆道："由于语言和文化差异，与包括法律和合规团队在内的各种利益相关者的在线讨论并不是最有效的。结果，我们不得不先后四次重新开发一个特定的组件，而正是这四次开发导致产品发布推迟了两个月。"面对面地讨论事情要好得多。在新冠疫情肆虐时期，除了在线讨论之外，他们别无选择，这也意味着他们可能需要花费更多的时间，经历更多的挫折。

"我还了解到泰语单词可以很长，泰语没有标点符号的概念。由于屏幕显示空间有限，一些泰语单词在错误的地方会被分成两行。在某些情况下，在不同部分被切断的词语会产生不同的含义。只有当我们面对面地与本地化工作组交流时，我们才能设法解决这些问题。我们为他们做了高保真的模型，一屏一屏，一行一行。这并不容易，但对我们来说是很好的经验。有了这些经验，我们在印度尼西亚能表现得更好。"

"TMRW 有一个地区性的愿景，它也带来了地区性开户平台的复杂性。为了标准化和加快开发时间，我们经常问自己什么是必须的，什么是好的。我们必须确保我们的开发符合当地的法律法规和政策，同时平衡一致、创新和卓越的客户旅程的需求。这无疑是一项挑战。"

O━ 重 │ 点 │ 摘 要

* 对不同文化和国家的客户进行开户试验是遇到的最大挑战之一。

* 通过移动设备或互联网远程执行 KYC 的过程设计比面对面进行更具挑战性。

* 好的 KYC 依赖"真柜来源"验证数据，这类来源通常以国家数据库或平台的形式出现。

* 开发开户用户之旅时，需要全力以赴，优化客户体验。

_____ Key takeaways

3.8　核心银行业务及其演变

　　核心银行业务系统主要包含客户账户交易中的贷方和借方的分类账，这在过去十年中有了显著的发展。我相信，今天，我们刚刚到达这样一个阶段，一个新的数字银行可以**在云上运行一切**，而不需要拥有自己的基础设施，但比拥有自己基础设施的现有银行更好地实现正常运行时间、模块化和可扩展性。这就是国际数据公司所说的**"第四代"核心银行业务**，如图 3-4 所示。第四代核心银行是完全数字化的，也是最能满足设计优先的方法的。虽然你可以在任何一代中执行一些有限的核心转型，但只有第四代提供了一个完全数字化的银行，该系统可以很容易地更新，同时保持很少技术债向前推进。

图 3-4　第一代至第四代核心银行

资料来源：国际数据公司

星普思集团（Synpulse Group）在亚洲实施了第四代核心银行解决方案。我与该集团首席执行官伊夫·罗斯（Yves Roesti）进行过交谈。他建议："在评估这些新的下一代核心银行解决方案时，需要警惕那些产品基于遗留的第三代架构，但声称是第四代或伪云原生架构^①的供应商。"这些第三代核心银行提供商中的许多都在迫切地重新设计他们的解决方案，同时努力不失去市场份额。如果你选择这样的提供商，**你的第四代功能，如真正的云原生架构、超伸缩性计算^②和完全解耦架构^③可能会受到损害**。

虽然有可能通过卓越的设计、丰富的体验和支持体验的伟大流程来实现高净推荐值，但**不可能通过坚持现有的核心银行解决方案来降低成本**，即使是 20 世纪 90 年代的第三代解决方案。国际数据公司估计，亚太地区前 150 家银行核心银行的平均年龄为 20 岁。大约 65% 使用第二代解决方案，30% 使用第三代解决方案。由于系统中有大量的定制代码，他们根本不可能一次迁移现有的核心银行业务。但与此同时，继续在现有的遗留平台上构建新的业务只会让情况变得更糟。

因此，在一段时间内，银行将不可避免地需要**在实施现有传统核心的同时**施行新的第四代核心银行业务。所有的基础项目都应该使用新的核心银行解决方案来构建，然后，随着时间的推移，再将越来越多的现有应用程序转移到新的核心。

一套行业标准的出现促进了核心银行系统的升级。银行业架构网络（BIAN）是一个由来自全球的领先银行、技术提供商、顾问和学者组成的非营利合作生态系统。BIAN 正在定义**金融服务行业的第一套开放银行应用程序**

---

① 云原生是一种利用云计算交付模型的优势来构建和运行应用程序的方法（Patrizio，2018）。

② 在计算中，超伸缩性（hyperscale）指的是体系结构在系统中增加需求时进行适当伸缩性的能力。这通常涉及向构成较大计算、分布式计算或网格计算环境的给定节点或节点集流畅提供和添加计算、内存、网络和存储资源的能力。

③ 解耦架构是一种复杂工作的框架，它允许组件保持完全自治，彼此隔绝。

接口，并已经交付了第一批应用程序接口。BIAN 是真正的行业领先者，它的接受度很高，并被多个核心供应商采纳。如果势头持续下去，更多银行要求其核心银行系统供应商采用这套标准应用程序接口定义，那么它们将更容易取代老化的核心银行系统。

促进核心银行系统升级的另一个重要的发展是对分离个人、国家和全球代码的支持，但使用一组工具和标准提供互操作性。这将消除该行业目前的一个问题：许多银行对其核心银行系统进行的修改如此之大，以至于它已经成为自己的软件，除了名字之外，其他方面都是独一无二的，这使得它的升级变得非常困难。我们将越来越多地看到，**针对特定客户的修改**（例如不在目录中的新产品）、**针对特定国家或地区的修改**（例如连接到一个国家或地区独特的支付系统）以及**核心或全球代码**（例如每个人都收到的开箱即用的内容）。

有趣的是，伊夫提到这是"选择一个真正的第四代供应商……可能有它自己的一组成熟度挑战：前面提到的隔离，通常称为 3C 模型［核心（Core）/ 国家（Country）/ 客户代码（Client code）］，新一代核心银行提供商并不总是能有效地实施。这会使维护变得昂贵"。

除此之外，还有一些其他需要注意的体系结构要点。许多银行正计划在不止一个国家或地区推出他们的平台。这就需要一套完整的设计原则来实现所谓的多实体单实例（Multiple Entity Single Instance，MESI）原则。MESI 原则表明，该软件能够在单个物理服务器上运行多个逻辑租户（即业务单元）——前提是每个涉及的管辖范围的数据驻留法允许这样做。这不仅对代码和对象模型的一致性和跨单元的效率有影响，而且对区域操作模型也有影响。考虑到操作的可扩展性和执行效率，这些多租户特性是地区性数字银行非常重要的考虑因素。

当你将这些模块化功能与云提供的冗余性和可伸缩性（例如，在发薪日或高峰声明日具有更多的计算能力）相结合，在保证计算、内存和硬盘功率随时可用的同时，实现整个银行技术基础设施后端的成本将显著降低。有了更好的接口规范，互操作性将有望得到改善，以每个银行特有的方式集成解决方案的需求也会随之减少。

所有迹象都指向**后端的商品化**。竞争的战场已经转移到客户与银行的接口上。这是一个改善客户体验的最大挑战，失败者将随着时间的推移失去客户。如果现在的竞争不是关于带有大量内置异常的头条利率，而是更多的关于产品捆绑（比如在 TMRW，如果交易账户是活动的，信用卡上会有额外的现金返还），那么就有机会确保你需要的一切都可以通过配置实现，而不需要改动代码。这将使你能够继续根据需要定制核心银行系统，并使你能够专注于客户接口层。这意味着，如果你的最复杂的产品包可以通过配置来实现，那么你就可以最大限度地减少编写的代码量，从而提高你维护和升级系统的能力。这必须是所有数字银行的要求，并且是供应商很有可能实现的。

因此，在建设一个新的数字银行时，**一个核心银行软件的选择是至关重要的**，一个合适的软件既可靠，又能给你一条通往我上面描述的未来的道路。我相信这种转变会在未来发生。传统银行将越来越多地感受到更高技术成本的冲击。这就是现有银行应该经营一个单独的数字银行的原因之一，就像渣打银行打算与新加坡 NTUC 企业合作。这将使它们能够规划一条新的路径，为它们的核心银行需求提供**完全基于云**的解决方案。

重｜点｜摘｜要

* 一家新的数字银行可以在云上运行一切，而不必拥有自己的基础设施，但与拥有自己基础设施的现有银行相比，它的正常运行时间、模块化和可扩展性更好。这就是国际数据公司所说的"第四代"核心银行。

* 第三代核心银行提供商正迫切地试图重新设计他们的解决方案。

* 选择这样的"伪第四代核心银行"提供商，你可能会损害重要的第四代功能，如真正的云原生架构、超大规模计算和完全解耦的架构。

* 坚持现有的核心银行解决方案不可能实现非常低的成本。

* 随着 BIAN（银行业架构网络）这样的行业标准的出现，如果更多的供应商采用该标准，将使替换老化的核心银行解决方案变得更加容易。

* 分离个人、国家和地区、全球代码的能力，但使用一组工具和标准提供互操作性，对于降低全球核心银行解决方案的拥有成本至关重要。

* 目前的第四代核心银行在实施这种分离方面可能没有那么有效，这可能会使维护费用变得昂贵。

* 区域性数字银行在其核心银行设计中要求 MESI 原则（多实体单实例）是精益的。

* 所有迹象都表明后端正在逐渐商品化。竞争的舞台已经转移到客户与银行的接口上。

* 建设一个数字银行要做的关键决定是选择一个靠谱核心银行软件，既可靠，又能给你一条通往未来的道路。

* 现有银行应该运营一家独立的数字银行，这将使它们能够规划一条新的路径，以实现完全基于云的解决方案，满足其核心银行需求。

—————————————————————————————— Key takeaways

3.9　如何对待产品

这一节是最后写的，因为我最初认为没有必要。我的想法原本是讲述故事，而不进入关于产品的讨论。其理由是，虽然创收仍然来自银行产品的销售，你确实需要有竞争力的产品来吸引客户，但数字银行不是一个产品。

这是思想上的一次重大革新，尤其是对那些在银行业取得成功的人来说。在消费银行业务中，产品管理的角色是最重要的。在这个角色中，我学到了管理大型投资组合的所有基本知识、经验和技能。大多数成功的消费银行业务主管在升至高层的过程中都扮演了产品管理的角色。因此，在启动 TMRW 时我经历了一个几乎 180 度的转变："是的，我们的确需要一个有竞争力的产品，我们需要很好地管理产品盈亏和产品组合，但产品不能在数字银行中处于中心位置，因为客户已经占据了这个位置。"

然而，我觉得如果没有解释思维范式的转变，这个故事就不完整了，所以我决定增加这一节，让产品讲述它的故事。

让我们先谈谈总体方法。一如既往，我们的出发点是客户，所以我们需要确保彻底了解他们的需要。正如第 1 章所提到的，我们认识到东盟有不同的市场，有非常不同的文化和客户，因此我们希望通过 TMRW 的青年专业人士的视角来看看：他们是谁，他们的愿望、行为、习惯、未满足的需求，等等。我们总共与 3000 名客户进行了交谈（Finews.asia，2009），并围绕这些青年专业人士的需求构建了银行产品和数字产品。

我们了解到，客户经常在外国银行开立储蓄账户，使他们更难提款，这样他们就不太可能花掉账户中的钱。因此，我们构建了一个**扫描程序**，将钱从客户的交易账户转移到他们无法支付或转移的储蓄账户中去。

2017 年的一项研究显示，在管理个人财务方面，"'千禧一代'对有趣且不会让他们感到内疚的提示反应更好"。利用这些知识，我们设计了一个**储蓄游戏**——TMRW 之城（the City of TMRW），如图 3-5 所示。

储蓄账户的利率比交易账户的利率高，为了防止客户将所有闲钱转过来，我们引入一个柜台，指定下次可以再扫一次。账户持有者每投入一次钱。游戏中的虚拟城市就会有所发展。从一个小村庄开始，这个虚拟城市有可能发展成一个小城市。泰国青年专业人士客户认为 TMRW 的城市十分新颖，我们因此获得了很多赞誉。

此外，许多客户担心**信用卡超支**，因此最终的功能集包括降低信用额度、设置网上消费限额、海外使用限额或提现限额。这也有助于打击网络诈骗，因为你可以在消费后将限额设置为零。

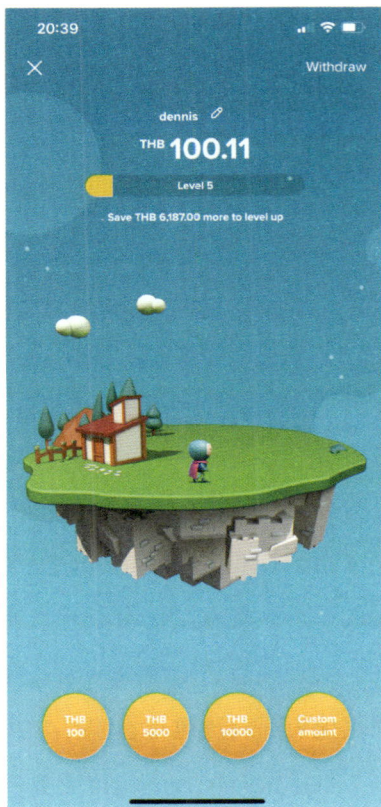

图 3-5　TMRW 储蓄游戏

客户还被要求能够定制他们的 TMRW 信用卡上的**现金返还**，我们将其包含在奖励中，如果客户每月在他们的交易账户上进行最低数量的交易，就可以获得奖励。我们从一开始的意图就是让客户从第一次关系中拥有一个捆绑包，而不是后来交叉销售。许多现有银行销售独立产品，然后尝试在后期向客户交叉销售下一个产品。这是昂贵的，也减少了银行的钱包份额。所以，为了成功，我们鼓励客户使用捆绑包中的两个产品——TMRW 捆绑包的设计是这样的，如果你使用你的交易型账户，你将获得更高的返现，并能够选择享受这种更高返现的返现类别。

如前所述，我们**不是为了参与而交叉销售，而是为了交叉销售而参与**。是的，交叉销售确实给你带来了更多的收入，但从长远来看，它会破坏你的商誉。我们希望的是当基数很小的时候，它能够有质量地增长。

你怎么能接触到数字银行客户来进行交叉销售？毕竟，他们不再去分行网点了。你应该在多大程度上推送广告、交叉销售，并损害将自己定位为与众不同的银行的长期可能性——为了得到 5% 的来访者，去激怒 95% 的客户。相较之下，接触数字银行客户对于一家想要改变银行业的挑战者银行来说要容易得多。这将永远是挑战者相对于现任者的优势。

从中长期来看，TMRW 需要提高挖掘交易型数据和通过对话收集更多数据的能力。这是一种范式转变，转向基于需求的方法，向真正需要的客户推荐有针对性的解决方案，而不是"轰炸"1000 名客户，以确保推荐的是最终会接受交叉销售提议的那 50 名客户。**通过对话收集数据**的能力是我感到兴奋的事情。在我的整个银行业生涯中，我一直想这样做，但始终无法获得这样做的平台。现在我们有了它，通往新范式的道路就在眼前了。对于那些在我之后的现任者，请继续努力，因为我认为这是一个值得为之奋斗的突破，即使其他人都奇怪地看着你。

数字银行和数字银行业务之间的另一个关键区别是，在数字银行中，产品是一部分（毫无疑问是重要的部分）但仍然是**整个体验的一部分**。有了它，再加上直观和流畅的用户界面，每次都提供优质的服务（无须客户重复），以及利用数据预测客户的需求并在客户知道之前实现这些需求，所有的体验拼图都汇集在一起，就能让客户积极交易、热爱体验、拥护银行。然而，数字银行业务的存在主要是为了服务于产品并为其提供一个渠道。

数字银行面临的一个难题是，拥有强大产品背景的领导者可能希望追求产品主导的方法。事实上，由于产品的商品化和市场上不同产品的激增，产品主导的方法实际上主要是向特定客户提供更多奖励和福利。当这样**一项卓越的工作已经由现任者以价格竞争的形式完成**时，我看不出这样做的意义。因此，虽然你的关键团队需要银行产品专业知识，但数字银行的设计师必须是确信获得正确的服务和体验比设计最有吸引力的产品更重要的人。毫无疑问，产品必须具有竞争力，但这并不意味着它必须是最有吸引力的。拥有**更简单、更常青的产品也意味着对定制核心银行系统的需求减少**——我们都知道定制核心银行系统对于现有银行来说已经成为一个多么大的问题。

现在，让我们谈谈**必须作出的权衡**。其中最重要的是，我们是否需要推出很多产品？这是现有银行面临的问题，也是微观细分领域的结果，因为它们试图通过向成熟市场的竞争对手提供为其量身定制的产品来赢得客户。但是，这是以拥有产品线和核心系统的复杂性为代价的。与之不同的是，青年专业人士客户只需现金账户、储蓄账户及信用卡这三种交易产品便可满足大部分目标分部的日常银行业务需求。

激励措施是一个无休止的讨论话题，也最能体现当今消费银行业的竞争本质。提高利率往往能吸引更多人开户，但我不想让 TMRW 成为利率最高的那一个，第二名或第三名就可以。我的理由很简单：在花费大量投资建立一家提供全新体验的银行后，我们不应该在拉新方式上落入俗套。你会发现，你很难说服你的上司，因为那些沉浸在现有银行业范式中的人对此并不认同。因此，如果你是负责建立新银行的最高执行官，你必须**从一开始就确保自己在这件事上有最终发言权**。不仅如此，你不应该仅仅为开户的客户提供奖励，而是要确保在奖励之前客户必须进行最低数量的交易。

我试图在市场上找到存款规模和存款利率之间的关联。在一个国家，确实存在关联，所以我们利用它制订了经营方案；但在另一个国家，关联不大，所以我们只是适当调整了利率。这是因为我们不想成为价格的领导者，是第二名还是第三名都可以，我们只想提供足够的激励措施来激励注册，而不是更多。对各种激励措施的联合分析可以帮助你优化成本和吸引力，这是非常有效的基于事实的决策。

作为一家外资银行，TMRW 的目标客户是具有较高生存期价值（LTV）的青年专业人士客户。他们最终的总体投资回报会更好。我们发现，这些客户最终会有外国银行的关系，为什么不早点开始呢？获客成本的上限也会提高，因为它们的生命期价值更高，这给了我们更多的回旋余地来吸引更高的利润池细分领域市场。不仅如此，我们还将市场营销和品牌亲和力发展调整为针对青年专业人士客户，以配合所选择的细分领域市场。

我多年来在产品管理中的经验和理解，都加入了这些考虑和权衡。具有讽刺意味的是，**只有具备必要的银行经验的人才会完全理解作出这些权衡的背景**。因此，你需要知道银行业的工作方式才能做到这一点。尽管你不能像过去那样经营企业，但你要找到一种新的经营方式，了解它的过去肯定会有所帮助。

无担保贷款对数字银行的早期收入增长和利润至关重要。这是因为贷款产品创造了大部分收入，尤其在利率较低的情况下。信用卡也能创收，但建立一个能够产生足够收入的投资组合需要时间。无抵押个人贷款的创收能力更快，因为它涉及的金额通常更大，而且通常没有免息期。低成本交易账户存款有助于提高利润率，但影响是长期的，因为这需要时间来积累。**我建议先推出个人贷款，然后很快推出与信用卡捆绑的交易账户。**这样做可以缩短增加收入的时间，因为贷款产品从第一天就准备好了。时间差距不能太大，因为个人贷款的参与率较低，因此新的数字银行仍需要庞大的信用卡基础，以通过捆绑和有针对性的交叉销售来刺激其个人贷款组合的增长。反过来，如果没有交易账户和信用卡等宽带产品，独立的个人贷款将无法实现大幅增长。

另外，挑战者银行可能难以筹集足够的存款来为其贷款提供资金，但如果信贷承销算法通过补充另类数据来改进，并且有可观的贷款数量，将不良贷款率控制在低于3%的水平，那么根据相关的贷款定价的竞争力，你就**可能有空间放弃更多的保证金，以吸引更多的存款**来为你的贷款提供资金。在同一牌照计划内设立数字挑战者银行的人，应可在初期利用母银行的存款，为数字银行提供更多空间，然后在中长期内增加低成本存款。

这是改善你的信用记分卡减少假阳性和假阴性的当务之急。如果你的目标客户希望只使用手机，而且更年轻，那么无担保信贷就可能是赢利的主要驱动力。而如果你的信贷承销算法要么让太多的偿还能力不可靠的客户进入，要么让只有最好的信用档案的借款者进入，那么你将注定无法从无担保信贷中获得大量利润。大华银行对 Avatec.ai 的投资正是为了在印度尼西亚做到这一点。

印度尼西亚也不要求个人为贷款申请提供收入证明，这使得银行可以在结账时或在电子商务体验中提供即时贷款。像 Kredivo 这样的 P2P 公司已经提供了后付贷款，但大多数银行还没有，因为它们的登入要求要高得多。提供这样的服务将有助于以更低的成本获得更高的贷款，获得更多的客户。近来这种情况有了新的名称——嵌入式金融科技①。

最终，一些青年专业人士将需要买房并需要抵押贷款。他们将有保险需求来抵抗养家糊口的人无法工作的风险。然而，除非有一种准确的方法能发现存在需求的机会窗口，否则，抵押贷款和保险不会有可观的规模。还没有一家银行有一个高概率的算法来解决这个用例。这强调并突出了**数字银行在某些需求窗口有时间限制的银行产品方面面临的挑战**，如抵押贷款和保险，或者能够说服具有更大的风险逆反心理的大多数人随着时间的推移进行更多投资。

另一个经常被问到的问题是，你是否需要一个单独的数字产品团队和银行产品团队？答案是肯定的。在消费银行，保利和投资组合的专业知识仍然存在于银行产品团队中。数字产品团队在设计和构建数字银行的新特性和功能方面具有丰富的经验。不幸的是，我们很难找到在这两方面都有专长的人。

TMRW 交易产品利用的是大华银行的核心银行平台，因为我觉得核心

① 2019 年，马特·哈里斯（Matt Harris）创造了"嵌入式金融科技"（embedded Fintech）一词，形容软件驱动的公司将如何将金融服务嵌入到他们的应用程序中，范围涵盖从发送和接收支付到启用贷款、保险和银行服务（Shevlin，2021）。

平台总是可以在以后升级的，不想在一开始就处理这个问题，这样，我就能将所有的精力都集中在与客户直接接触和接口的系统上，例如洞察提取、资金转移和易用性。未来在位的数字银行将越来越难效仿这种模式，而随着挑战者银行数量的增加，具有成本竞争力将变得与拥有良好的客户体验同等重要。

TMRW 产品是在区域范围内创建的，我们尽量保证在满足不同国家和地区的监管要求等的条件下，对产品作出的修改最少。在这方面一个很好的例子是资金转移过程。在新加坡和许多其他东盟国家，你要先指定汇入账户，然后指定汇出账户。但在泰国，顺序正好相反。

然而，TMRW 不会询问汇出账户，因为我们只有一个交易型账户，所以我们内置了智能来识别这一点。对于大多数其他变化，数字主管必须有力地证明为什么需要它。但如果你针对不同的国家和地区开发完全不同的产品，这就将大大增加维护和管理的成本。

重｜点｜摘｜要｜

* 有竞争力的产品很重要，但产品不能成为数字银行的主要吸引或考虑因素。

* 全面的产品方法应该从客户开始，彻底了解他们的需求。TMRW 的研究将我们与 3000 名客户联系在一起，我们围绕这些青年专业人士客户的需求构建了银行产品和数字产品。

* 至关重要的是，我们要让尽可能多的客户从第一次关系中拥有一个捆绑包，而不是后来交叉销售。

* 为了促进这一点，TMRW 捆绑包的设计是这样的，如果客户使用他的交易账户，他将获得更高的返现，并能够选择享受更高返现的返现类别。

* 我们不是为了参与而交叉销售，而是为了交叉销售而参与。"轰炸"式推送广告可能在短期内能带来更多的收入，但它是侵入性的，从长远来看会破坏你的商誉。

* 如果数字银行提高了挖掘交易数据的能力，并能够通过对话收集更多数据，那么数字银行的范式将得到转变，转向基于需求的方法，向真正需要解决方案的客户推荐解决方案。

* 在数字银行中，产品是整个体验的一部分，但数字银行主要是为产品服务的。

* 毫无疑问，产品必须具有竞争力，但这并不意味着它必须是最有吸引力的。你不必是价格领导者。

* 更简单、更常青的产品也意味着对定制核心银行系统的需求减少，因此它不会带来现有银行已经存在的问题。

* 在建立了一个体验令人惊叹的数字银行后，再向客户提供激励，让他们在与其他体验不一样的客户相同的水平上申请服务是没有意义的。

* 先推出个人贷款，随后推出与信用卡捆绑的交易账户。

* 数字银行仍然面临着在某些需求窗口有时间限制的产品的挑战，如抵押贷款和保险，或者说服风险不利的大多数人进行更多投资。

Key takeaways

第 4 章

建设数字银行

CHAPTER 4

我们现在准备深入研究如何设计和建立一个卓越的数字银行。4.1节"正确地设计它"涵盖了你所需要的基本知识，以确保你的新数字银行一开始的设计就是正确的。就像在任何建筑物的建造过程中，在一切完成后再改变电线、管道、照明等是非常困难和昂贵的。在建设数字银行中，有些事情你只有**一次机会来正确设计**。

正确设计是实现数字银行所需的目标成本/收入比率的关键杠杆，从而使成本能够针对当前在位者无利可图或利润微薄的细分领域市场。这些设计考量还包括成本方法、全企业和功能设计考量、数据、建立透明的风险登记册等。我们将讨论数字银行如何将其控制功能设置为服务中心和咨询中心。

在数字银行工作的人必须被教授和灌输新的工作方式，所以我们介绍了其中一些关键的方式，如设计思维、精益六西格玛[1]和敏捷。当这三种方法组合在一起时，它们就形成了软件工厂的基本构建块。**"概念到代码"软件工厂**的设计、设置和顺利运行对你的数字化转型计划的成功至关重要。你需要花时间去理解这些新的工作方式，因为它们会为你节省很多时间。如果没有这个，你几乎不可能设计和建造一个高净推荐值的银行。

设计数字银行需要经历三个阶段：

---

[1] 精益生产（准时生产、全员积极参与和改善）与六西格玛管理（减少失误、提升质量和效率、降低成本）的结合，其本质是消除浪费。——编者注

第一阶段涉及客户价值主张（CVP）的设计。在设计 CVP 时，找到正确的客户洞察是至关重要的。许多雄心勃勃的项目由于缺乏能够推动创造新体验的洞察而失败。如果你的洞察与你的抱负不符，你要么降低你的抱负（这可能会损害你的 CVP），要么通过花更多的时间和客户在一起来挖掘更多的洞察。

第二阶段关于旅程开发以及正确的客户旅程映射，连同映射所需的数据输入和输出。这是对现有实践的一个新的调整，可以减少仅在软件开发阶段由映射数据引起的错误率。

最后一个阶段需要使用敏捷软件开发方法来制造所需的软件代码，以提升你的客户体验。

4.1　设计正确无误

没有多少人有机会从零开始建立银行。当我在 TMRW 工作时，尽管我们没有改变核心银行系统，但我们几乎从零开始构建其他所有系统。从零开始构建数字银行不仅仅意味着定义和构建产品，它还是一个**建立高效银行**的机会。这一点至关重要，因为如果没有低的年度可变成本和固定成本，数字银行将无法有效竞争。

设计良好、兼顾效率和效益的业务流程将降低运营成本，这对你的银行瞄准服务不足的客户的能力至关重要，并且是你的机会所在。

根据我的经验，一个新的数字银行可以从一开始就专注于几个领域，然后在这些领域设计正确的业务流程，以便在运营时提高效率。如何适应开户时的频繁变化？如何确保你不会最终过度定制你的后端，然后成为软件唯一的所有者？如何确保在创建时完全定义数据？如何确保风险登记册的透明度？如何确保有一个定义良好的用户界面设计和编码的内部例程库？如何从根本上提高关系管理部门的效率？这些只是可以提升效率的几个例子。

我制定的目标是数字银行的**成本/收入比率最终应该达到** 30%，而典型的大型本地银行的成本/收入比率为 50%~60%。

如果新的数字实体不具有成本效益，它就无法获得现任者不感兴趣的客户，因为它会被认为太小。这是新的数字银行的主要攻击途径——从服务不足的人群开始，然后迅速升级。正如《孙子兵法》所说："攻其无备，出其不意。"因此，新进入者必须具有非常高的成本效益，这样它才**能进入那些被认为无利可图或对现有者来说只有微薄利润的领域**。

我们的首要任务是**正确地确定成本方法**。哪些成本要素是可变的，并将随着客户活动的增加而增加？例如，如果核心银行业务的软件即服务商业协议因交易而异，客户越活跃，银行所需的成本就越多，那么这将被归类为每个客户可变成本的一部分。此外，关乎运营、销售、服务、采购、交易的费用都是可变成本的一部分。接下来，你将考察固定成本，并将该成本按产品和客户细分领域分配。这将确保成本构成部分的规划是合理的。在理想情况下，我们应尽可能地接近**基于作业的成本计算**，此时，内部员工的活动和技术成本（这是数字银行的主要成本组成部分）可以被适当地分配。例如，技术成本可以分为后端成本、中间件或应用程序接口成本和前端成本，而前端成本则可能会进一步分配给开户成本、交易和支付、用户界面、参与等。

下一步是在整个银行的企业级和风险管理、数据、技术、运营、产品等主要功能单元方面**收集新数字银行的设计思路**。请注意，在银行的任何地方都不应该有不能与相关实体（例如部门、客户、客户公司等）连接的数据。避免这种情况发生的方法之一是确保在创建时充分描述所有数据。这需要你设计好元数据（关于数据的数据），例如数据字段的名称、字段描述符、目的、计算、公共索引键等。这一过程将由专人（也许是首席数据官）管理。在数字银行中，数据等同于资本，因此你要给予它同样的关注。

图4-1说明了数字银行有效运作所需应对的许多**设计挑战**中的两个。在第一个层次上看起来很简单的目标（获得正确的数据/元数据和消除纸张）在下一个层次上需要考虑更多，到了第三个层次，事情变得非常混乱。

这是一个例子，它说明了在数字银行中进行正确的设计所需的绝对细节水平。这是因为数字银行属于初创企业，它们需要**简单的战略和出色的执行**，这与那些拥有**出色的战略和简单的执行**的企业是不同的。专注于消费者和中小企业的数字银行属于前一类。

银行中的控制过程经常会减缓速度，因为它们需要时间来检查适当的控制是否到位。这反过来又有助于确保银行能遵守金融体系安全运作所需的条例、政策和指导方针。为了使这些控制程序更有效地运作，必须使**风险登记册**和确定控制措施完整性所需检查的必要细节透明，并提供给行动中的每个人。

源代码完全沿袭元数据的完整性

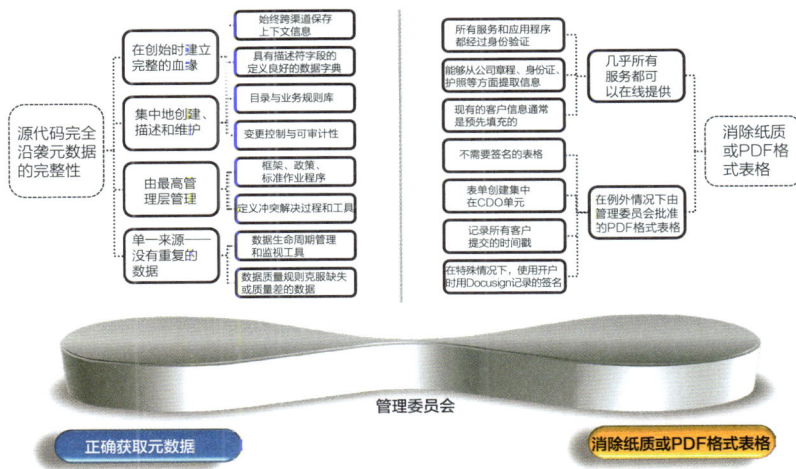

源代码完全沿袭元数据的完整性	在创始时建立完整的血缘
	集中地创建、描述和维护
	由最高管理层管理
	单一来源——没有重复的数据

- 始终跨渠道保存上下文信息
- 具有描述符字段的定义良好的数据字典
- 目录与业务规则库
- 变更控制与可审计性
- 框架、政策、标准作业程序
- 定义冲突解决过程和工具
- 数据生命周期管理和监视工具
- 数据质量规则克服缺失或质量差的数据

- 所有服务和应用程序都经过身份验证
- 能够从公司章程、身份证、护照等方面提取信息
- 现有的客户信息通常是预先填充的
- 不需要签名的表格
- 表单创建集中在CDO单元
- 记录所客户提交的时间戳
- 在特殊情况下，使用开户时用Docusign记录的签名

几乎所有服务都可以在线提供	消除纸质或PDF格式表格
在例外情况下由管理委员会批准的PDF格式表格	

管理委员会

正确获取元数据

消除纸质或PDF格式表格

图 4-1　数字银行的设计挑战

风险登记册会记录像银行这样的受监管实体所应该解决和减轻的关键风险。这些风险可能基于监管规定、操作风险规定、遵守主要的内部政策和控制措施等。大多数主要银行已采用标准化方法来评估这些风险的可能性和影响。如果一项风险被评估为中等或中等以上，一般不允许在不降到低水平或中低水平的情况下继续进行。

然而，评估和减轻风险的过程并不总是透明的。这导致人们有时可能会觉得组织只是对承担任何风险说不，标准模糊，解释不清楚，也没有提供帮助的解决方案。所以，我认为，数字银行的所有关键控制功能不仅要发挥风险控制功能，还要发挥如何缓解此类风险的**咨询功能**。这意味着，如果风险登记册的每一项被明确列出，并作为核对表在网上提供，供工作人员查阅和使用，那么风险是否得到充分缓解将非常透明。因此，风险控制职能部门应该主动提供缓解建议。

一个定义明确的风险评估和缓解过程将包括培训银行中的每个人评估风险的能力，并组建具备控制职能的部门，以审批风险评估和缓解措施的设计。在这方面，**控制职能必须作为服务中心来管理**——很像为客户服务的中心，但这是为内部工作人员服务的。

控制职能部门及时作出反应、在同意时签署风险评估、评估缓解措施，都是控制职能部门作为一个服务中心的职责。这很难实现，此类控制职能的候选人很难找到，而且在风险缓解职能中，人们普遍认为"控制"和"服务"之间存在脱节。当然，具备控制职能的部门也应确保部署的控制措施和缓解措施是稳健的，并充分控制所识别的风险。

设计数字银行需要使用设计思维来确保你非常以客户为中心，并理解客户需要完成的工作以及他们在完成这些工作时面临的问题。你不应该在一开始就指定所有的需求，而应该同时指定工作，从多个角度审查工作，并细化工作。然后，产品经过测试，投入内测或生产，或进一步打磨，以通过所有要求的质量检查，然后投入生产。本质上，这就是敏捷开发的全部。将以上步骤综合起来，设计、客户旅程开发和敏捷软件开发构成了任何数字化转型的软件工厂的基本要素，我称其为**"概念到代码"**的过程。图 4-2 显示了"概念到代码"工厂是如何由这三个不同但相互关联的阶段组成的。

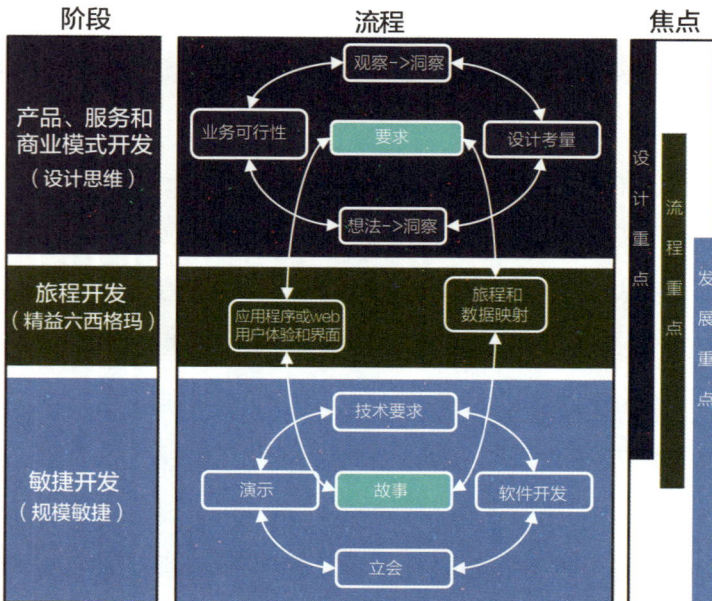

图 4-2 "概念到代码"工厂

· 第一阶段

软件工厂的第一阶段包括价值主张的设计，或者更具体地说，产品、服务和商业模式的设计。正如你在建设一家银行，你所建设的不仅仅是产品和服务主张；你也在建立数字银行的商业模式，例如，实现非常低的可变成本，在起点解决服务问题，等等。

在这个阶段中有四个相互关联的行动：业务生存能力和设计考量由观察和想法提供，你可以通过这些观察和想法，思索产品或服务如何帮助客户或业务模式改进如何帮助银行（Dalton，2016）。

大多数人认为这个阶段完全是以客户为导向的，但实际上它也需要以业务为导向，以便你以能够产生利润的成本创造客户愿意付费的服务。**业务可行性**是指该业务应与银行的业务目标、收入和利润、成本结构、时间框架和视野以及长期战略相一致。这需要与客户价值主张相一致，而客户价值主张是你从客户想做的工作和他们在其中遇到的困难中观察得出的，它还应该与客户如何更好地做这些工作的新想法相结合。

将观察和想法**转化为洞察是至关重要的**，但这也是经常被误解的部分。我所见过的洞察的最佳定义是，"洞察是对消费者行为的精辟观察，可以应用于解锁增长"（Drake，2012）。洞察让你发现客户在执行其工作时存在的问题，并消除这些痛点。让我举一个例子来说明：如果你观察客户使用智能手机的行为，你会发现他们在打字时，有时会按错键。观察客户的输入错误是否有模式，可能会允许你对用户的输入进行调整，以提高键入的准确性。例如，这种模式可能是由空格键太短造成的，如果你使用苹果手机，当你在电子邮件中点下"收件人"字段时，输入法的键盘就会弹出。

观察是"客户输入错误"，想法可能是"根据用户所犯的错误，将某些键变大"。但事实上，一旦你有了洞察，你就会发现这个想法其实偏离了轨道。当我将输入法的键盘并排放置时，这一点变得显而易见，如图4-3所示。洞察是"空格键太短，因为'@'符号和'.'符号出现了"，因此最好删除表情键（因为电子邮件地址不包含表情）或删除空格键（因为电子邮件地址通常没有空格）。

图4-3　不同长度的空格键

第一阶段的输出是**设计考量**，这需要你通过考虑关键驱动因素或想法，以及业务生存能力和可行性，在平衡客户问题的解决方案后，捕获你的产品的关键设计元素。

工厂过程的第一阶段以产品、服务和业务模型需求的文档化为结尾。请注意，业务可行性、观察、想法和设计考量这四个行动框可以相互影响，例如，如果发现一个想法太难转化为有利可图的创新，那么该想法就应该被放弃，你需要有更多的观察或想法来产生能推动进展的洞察。

· **第二阶段**

传统上，第二阶段**旅程开发**应与第一阶段相结合，由一个产品负责人负责这两个阶段。这并不是最理想的，因为你很难找到一个能够跨越这两个阶段的高级产品负责人（但如果你真的找到了这样的人，就没有什么可以阻止你给这个人这样做的自主权）。因此，在我在本书中介绍的工厂过程中，我将旅程开发单独作为一个阶段。

很难找到精通这两个阶段的人的一个原因是两个阶段**所需的技能不同**。在第一阶段中，技能与以人为中心的设计或设计思维有关，即询问关于客户及其行为的基本问题，以揭示体验和创新突破所需的洞察，这需要负责具备有关如何赢利的知识。在第二阶段中，首先，技能是关于设计实现过程的，负责人需要确定正确的输入和输出（主要是所需的数据点，以及为开户或处理这些输入所做的处理），并减少摩擦；其次，设计一个用户界面，体现了所设想的体验和过程。前者与精益六西格玛（Antony，2016）等方法较为一致，而后者是用户界面和体验设计技能。

因此，在我的概念到代码的方法学中，负责第二阶段的团队在解释第一阶段中生成的产品、服务和业务模型需求方面具有首要地位，该团队将它们转化为故事，从而允许软件开发团队以尽可能少的错误来生成与这些需求一致的代码。这通常包括**绘制旅程图，识别决策所需的正确数据输入和任何输出，以正确的顺序询问信息，并确保向客户显示的指示和输出是清楚的**。一旦旅程图定义得足够好，用户界面设计就可以并行地开始，但两个工作流之间需要始终保持紧密的同步。

最后，我的方法不同于传统的过程，它要求**在第二阶段进行数据映射**，而不是第三阶段。让我用一个例子来说明原因：在为印度尼西亚设计 TMRW 时，一个错误引起了我的注意。在我们登录旅程进行了大量的讨论和改进之后，我发现我们在构建完成后才在地址字段中检测到一个错误。如果你是从零开始使用一个新的核心银行系统，你应该不会有这个问题——登录屏幕中的字段长度比后端系统中的长，因此地址被截断。为什么会这样？因为数据映射不是在第二阶段完成的，而是在编码阶段完成的。如果它在第二阶段完成的话，我们在设计阶段就会发现这个问题。因此，我的最后一个建议是将有经验的用户界面软件工程师嵌入 UX/UI 设计团队中，因为这将缩短设计复杂性的发现时间。

· **第三阶段**

第一阶段的输出提供了作为第三阶段输入的故事。如果第一阶段是关于客户和业务（利用设计思维）的，第二阶段是关于内部流程和用户界面优化（调用精益流程）的，那么第三阶段就是关于软件开发（特别是**敏捷软件开**

发）的。

作为任何行动或变革的数字领导者，理解设计思维、精益和敏捷的基础是至关重要的。乔尼·施耐德（Jonny Schneider）的《理解设计思维、精益和敏捷》（*Understanding Design Thinking, Lean, and Agile*）一书是帮助你做到这一点的很好的资源（Schneider，2017）。图 4-4 是迄今为止我所遇到的三种方法之间差异的最好说明。

图 4-4　设计思维、精益和敏捷

更详细地探讨这个迷人的领域超出了本书的范围，但我认为引用乔尼·施耐德对三种方法的定义会很有用：

"宏观地说，**设计思维**是一种在充满不确定性的世界中探索复杂问题或寻找机会的心态。它是对意义的探索，关注人类的需求和体验。设计思维利用直觉和诱因推理，探索和质疑是什么样的问题，然后想象创新和创造性的未来解决方案可能是什么。"

"**精益**是一种管理哲学，它利用是科学思维来探索我们的信念和假设在改进系统时的正确程度。精益实践者使用深思熟虑的实践来检验他们的假设，观察实际发生的事情，并根据观察到的差异进行调整。对于组织来说，就是设定他们的路线，边做边学，并决定在取得成果的下一步该做什么。"

"**敏捷**的核心是构建卓越的软件解决方案，以优雅地适应不断变化的需求。敏捷从问题而不是需求出发，交付一个优雅的解决方案。敏捷思维模式承认，今天正确的解决方案可能不是明天正确的解决方案。它快速、迭代、易于适应，并通过持续改进专注于质量。"

对我来说，设计思维在以产品为中心的行业和组织中尤其重要。精益源于制造业，对我来说，它的力量在于减少手工操作，并找到最有效的方法来做某事。当你将这一点与设计思维相结合时，你就得到了一个更快、更低成本、客户更容易欣赏和理解的流程。

使用敏捷**将开发分解成模块**，而不是一次性开发整个代码，这是传统的软件开发方式——在一个版本中开发所有代码，然后测试、调试，下一个版本将以"瀑布"的方式重复整个过程，一年中开发的版本较少。相较之下，敏捷方法的强大之处在于它能够在前进的道路上进行调整，这在不确定的环境中非常有用，在这种环境中，你不断地根据客户反馈、竞争对手的反应和行业变化进行改进和调整。这比瀑布式开发更适合当今商业环境中的高度竞争情况，并且具有额外的优势，即能够在一年内支持许多频繁的较小版本，降低风险并更快上市。

在敏捷开发中，需求和编码、测试的某些部分是并行的，而不是串行的。用 TMRW 首席技术官胡安·何塞·塞布赖恩的话来说："改变游戏规则的是我们可以在多个团队并行工作的情况下以小增量交付工作软件。这使得我们可以从前端到后端交付端到端的工作软件包，缩短了时间并提高了交付能力。"

团队并非按顺序看事物，团队是多学科的，包括来自业务、信息技术、运营服务等的人员。他们作为一个跨职能单位作出决定，以交付所需的结果。在这个从"概念到代码"的方法中，团队有更多的自由来采取实验性的方法，而你不需要谎称你知道需要构建的一切。然而，为了平衡这种灵活性，我们必须将更多的焦点放在流程上，以便平衡灵活性与健壮性，这确保了开发工作不会成为拖延问题的借口。

O━ 重│点│摘│要│

* 从零开始构建数字银行不仅仅是定义和构建产品，它还是一个建立银行以提高效率的机会。

* 我制定的目标是数字银行的成本 / 收入比率最终应该达到 30%，而典型的大型本地银行的成本 / 收入比率为 50%~60%。

* 新的数字银行需要具有非常高的成本效益，这样它们才能进入那些被认为无利可图或对现有银行来说利润微薄的领域。

* 首要任务是正确地确定成本方法。

* 尽可能地接近作业成本法，将内部员工的活动和技术成本适当地分配给正确的成本动因。

* 下一步是在整个银行的企业级和主要职能部门收集新数字银行的设计考量因素。

* 在银行的任何地方都不应该有不能连接回相关实体（例如部门、客户、客户公司等）的数据。

* 数字银行需要应对许多设计挑战才能有效运作。

* 设计方面的挑战，如获取正确的数据 / 元数据和消除纸张，到了第三个层次，细节就变得非常困难和混乱。

* 设计挑战的另一个例子是构建一个始终更新的透明的风险登记册。

* 控制职能必须作为服务中心来管理——很像为客户服务的中心，除了这是为内部员工服务的中心。

* 设计、客户旅程开发和敏捷软件开发构成了任何数字化转型的软件工厂的基本要素。

* 软件工厂的第一阶段包括产品、服务和商业模式的设计。在这里，通过观察和想法揭示洞察是至关重要的。

* 第一阶段的输出设计思维通过考虑关键驱动因素或洞察以及业务可行性，在平衡客户问题的解决方案后，捕捉产品的关键设计元素。

* 第二阶段旅程开发是一个独立的阶段，包括绘制旅程图，识别正确的数据输入和输出。

* 设计思维是一种在充满不确定性的世界中探索复杂问题或寻找机会的思维定式。它是对意义的探索，通常关注于人类的需求和体验。

* 精益实践者使用深思熟虑的实践来检验他们的假设，观察实际发生的事情，并根据观察到的差异进行调整。

* 敏捷的核心是构建卓越的软件解决方案，以优雅地适应不断变化的需求。

* 敏捷方法的强大之处在于它能够在前进的道路上进行调整，这在不确定的环境中非常有用，在这种环境中，你不断地根据客户反馈、竞争对手的反应和行业变化进行改进和调整。

* 团队有更多的自由来采取实验性的方法，在那里你不需要谎称你知道需要构建的一切。

* 我们必须将更多的注意力放在流程上，以便平衡灵活性与健壮性相平衡。

Key takeaways

4.2 选择并熟悉你的细分领域市场

选择细分领域市场将影响获取利润的时间和路径，而且目标市场在一定时间内很难被改变。瞄准**更年轻、更精通数字的客户**自然意味着你可以更容易地获得以客户为中心的良好数字体验。然而，在他们生命的这一阶段，他们创造利润的潜力较小，因此创收将主要来自无担保信贷，除非能够获得额外的信息，以提高批准率和减少欺诈事件，并良好地控制坏账，否则损失率将较高。瞄准具有**较高创收潜力**的群体是有一定问题的，因为这些客户通常需要更好的服务，有更复杂的需求，因此可能不太容易被独立的纯数字服务所吸引。

了解细分市场切换提供商的倾向有助于你选择自己的目标细分市场。表 4-1 显示了 2018 年瑞银在多个国家和地区的在线调查结果，涉及 2 万多名参与者。正如你所看到的，**转换银行的倾向并不高**。这是一把双刃剑，因为让一个人转换银行可能要花费成本，但一旦他们转换了，其他银行想要挖走这些客户同样是有难度的。

表 4-1　转换银行的倾向 [①]

	2015 年	2016 年	2017 年	2018 年	同比绝对变化率	移动率
印度	18%	18%	16%	24%	7%	8%
中国	8%	6%	21%	14%	-7%	2%
巴西	7%	9%	7%	11%	4%	3%
美国	8%	9%	18%	10%	-8%	4%
墨西哥		10%	8%	10%	2%	2%
印度尼西亚		7%	9%	8%	0%	2%
土耳其		6%	5%	8%	3%	3%

	2015 年	2016 年	2017 年	2018 年	同比绝对变化率	移动率
英国	5%	6%	6%	8%	2%	3%
全球	6%	6%	8%	8%	0%	2%
丹麦				7%	不适用	3%
法国	5%	8%	8%	7%	−1%	2%
澳大利亚	3%	5%	10%	6%	−3%	2%
俄罗斯	7%	4%	6%	6%	1%	2%
南非	6%	5%	6%	6%	0%	2%
瑞典	4%	4%		5%	不适用	1%
新加坡	4%	4%	4%	5%	1%	0%
西班牙	7%	5%	4%	5%	1%	1%
挪威				5%		2%
德国			7%	5%	−2%	1%
瑞士			5%	3%	−2%	0%

注：空白表示在此期间未进行调查

资料来源：瑞银证据实验室

英国提供了一个主要账户"黏性"的好例子。2013 年，BACS（英国负责自动支付的组织）推出了一项经常账户转换服务，提供 7 天的转换程序（Choose，2019）。这项服务是免费的，它将所有进出的款项从旧的活期账户转移到新的活期账户。尽管这项服务很容易，但转换率一直很低。估计值每年在客户群的 7% 至 11% 之间变化，排除二级账户之后，估计值甚至低至 3% 至 5%（Skinner，2021）。事实上，与该规定出台之前相比，情况似乎没有太大变化（Insley，2010）。

上述原因导致许多银行家认为"我们是安全的"。但我不这么看。因为当数字银行获得正确的体验时，转换已经发生了。例如，自成立以来，Kakao Bank 已经成功地从传统的韩国银行吸引了 1200 万个客户，其净推荐值领先于行业，没有竞争对手。一旦客户更换了，他们可能不再将现有银行视为他们的主要银行，而且永远不会。因此在位者的地位的确危险，尤其是在新加坡这样的国家，那里的平均净推荐值较低，而在那里，高净推荐值的进入者可能会使这种转变发生，而当净推荐值水平被拉高时，在位者将发现很难恢复这种关系。

2019 年埃森哲全球研究（Gera et al.，2019）确定了一个对现有银行提供商**忠诚度最低**的细分领域市场。这一群体由 18~34 岁的年轻消费者主导，他们更容易冒险，更精通技术（87% 的人说他们的智能手机是他们在线交易的三要设备），其中近一半人属于高收入阶层。他们转换的主要原因是**价值更高的产品和服务**，但三分之二的人还表示，**企业社会责任**将影响他们对新供应商的选择。

总而言之，虽然大多数人不想转换他们的主要银行账户，但**年轻客户（如"千禧一代"或青年专业人士）却有可能这样做**。有研究机构所做的研究表明，这主要是由于他们希望避免支付 ATM 和低余额管理费，而且他们的单信道（仅限于移动）需求使切换更容易。

在 TMRW，我们专注于**青年专业**人群，因为他们年轻、精通数字的客户，他们虽未充分享受银行服务，渴望单频道移动体验，但由于他们的教育水平和更好的工作机会，他们的收入在未来可能增长得很快。这确实需要耐心和长远的眼光，否则最初的投资不会随着时间的推移产生相应的结果。

重 | 点 | 摘 | 要

* 选择细分领域市场将影响获取利润的时间和路径，而且目标市场在以后很难改变。

* 瞄准更年轻、更精通数字的客户意味着你可以用良好的以客户为中心的数字体验来获得他们，但代价是他们早年创造利润的潜力较小。

* 瞄准具有较高创收潜力的群体，如富人，会带来一些问题，因为这些客户需要很好的服务，而没有大的激励措施的纯数字服务可能是不够的。

* 2018 年，瑞银对多个国家和地区的 2 万多名参与者进行了一项调查，发现人们转换银行的倾向并不高。

* 让一个人转换要花很多钱，但一旦他们转换了，任何人把他们带走都同样昂贵。

* 当数字银行获得正确的体验时，转换已经发生，例如 Kakao Bank。

* 年龄在 18~34 岁的年轻消费者更容易接受风险，更精通技术，他们最有可能转换，其中近一半人属于高收入阶层。

* 因此，虽然大多数人可能不想转换他们的主要银行账户，但年轻客户（如"千禧一代"或青年专业人士）却有可能这样做。

Key takeaways

4.3　赢利路径

在大约 200 家各种形式的数字银行中，无论是初创企业还是在任银行，我发现只有四家银行在 2019 年赢利：Kakao Bank、微众银行、网商银行和 Tinkoff 银行。我的统计并不详尽，所以我相信可能还会有几家更赢利的银行，但大多数研究都证实了只有少数几家是赢利的（Choi et al.，2021；Weng，2020）。我的研究表明，前三家银行由于与母公司（分别为 Kakao Talk、阿里巴巴和腾讯）有关联，获得和激活成本较低，从而获得了巨大的好处，因为母公司拥有大量数字银行可以利用的潜在客户和数据。

我曾在 2020 年 2 月的一次访问中询问 Kakao Bank 成功的最重要的因素是什么，他们列举了两个：独特的股权和时机，并指出当他们在 2016 年推出时，还没有真正可信的韩国移动银行 App。因此，在运营的第一个月，他们就签下了 100 万个客户。截至 2020 年 3 月，他们拥有 1200 万个用户，其中有 1000 万个活跃用户（Crisanto，2020）。

从一开始，Kakao 就利用了其母公司 Kakao Talk 的巨大人气和信誉——Kakao Talk 是超过 90% 的韩国人使用的移动消息应用，因此他们能够吸引大量的客户。在银行的应用程序和借记卡上显示 Kakao 好友在早期吸引客户方面帮助很大。虽然 Kakao 表示，它的目标是 30 至 50 岁的人，因为他们更有利可图，但截至 2019 年 6 月，韩国《每日经济新闻》（*Maeil Business News Korea*）报道称，"Kakao Bank 的客户 32.1% 是 20 多岁的人，31.2% 是 30 多岁的人，21.0% 是 40 多岁的人。"（Goh & Paul Raj，2019；S.Lee & Kim，2019）。

在我看来，**大多数数字银行不会有 Kakao Bank 那样的好运**。它们不会这么快赢利，也没有像 Kakao Talk 这样的平台来帮助他们加快客户捕集。

相反，对于大多数数字银行来说，赢利始于理解边际成本和固定成本。如果边际赢利能力为负值，企业就会亏损。考虑这个问题最简单的方法是对你获得的下一个客户进行数学计算。如果该客户当前的年收入小于其获客成本和年服务成本，则该业务的边际赢利能力为负值。这意味着**随着业务的扩大和获得更多的客户，它带来的损失将越来越多**。但在传统银行，新产品的赢利能力与银行现有现金牛的赢利能力混合在一起，因此传统银行很少像初创企业那样考虑边际赢利能力。

毫无疑问，人们会很早就考虑巨大的创收潜力。但这是错误的，因为通往成功数字银行的所有途径都需要首先**获得正的边际贡献**。这也意味着你需要将你的获客成本和服务成本保持在低水平，并将你的年度固定成本控制在你的客户群的能力范围内。即使是微众银行和 Kakao Bank 也会首先完成这个阶段——只是他们能更快地达到这一点。Kakao Bank 在推出后 18 个月内就做到了（Kim & Park，2020；Sendingan，2019）。

如果有耐心的投资者愿意用较小业务的短期利润换取长期市场份额，以建立更大的业务，那么公司维持负边际贡献的空间可以让它从容应对这些损失。如果人口众多，没有银行的客户很多，规模会降低获取和服务的成本，并将每年发生的固定成本分散到更大的客户基础上，那么在隧道的尽头可能会有光，以维持亏损，然后建立更大的业务。在这种情况下，成本需要与创收能力相称。

赢利路径与所选细分领域的创收潜力之间存在明显联系。如果团队已经决定进军更年轻、更精通数字的人群的细分领域市场，那么就需要与他们较小的创收潜力进行斗争。因此，从一开始，我们就要将**重点放在成本上**——特别是获得一个活跃客户的成本和每年为该客户服务的成本。

你需要决定**你准备让数字银行维持负边际赢利能力多久**。银行对份额获取的关注度越高，维持负贡献的意愿就越大，因为他们对大量非银行客户，对青年专业人士，对未来几年的收入抱有期待。鱼与熊掌不可兼得，请从一开始就告诉你的董事会。

你还必须关注**活跃的客户**。根据我的经验，拥有一个较小的高度活跃客户基数比拥有一个很小比例活跃客户的大基数客户要好。因为如果你拥有 200 万个活跃率只有 10% 的客户，那么你实际上只有 20 万个活跃客户，这和拥有 50 万个活跃率只有 40% 的客户是一样的。但从成本的角度来看，情况可能会大不相同。如果在你的 200 万个客户中，有 80% 的客户有资格获得你为吸引他们申请而悬赏的 25 美元奖励，那么你可能已经花了 4000 万美元，即以每个活跃客户 200 美元的价格获得了 20 万个客户。但在 50 万个客户中，同样有 80% 的资格，你的支出仅为 1000 万美元，即每个客户 50 美元。

如果这一部门的直接收入创造潜力很小，且没有承受多年的亏损，以获得最终回报（几乎所有现有银行都将面临这种情况）的能力，那么你就**不应该为获得活跃客户支付大量费用**。这就需要我们将支出集中在初始构建上，以确保体验非常好并自我推销，而不是节省支出，然后导致银行无法达到所需水平。因此，最低限度可行的建议实际上是确保净推荐值之类的宣传指标足够高，从而使采购成本降至所需的价格点，以在目标年产生正的边际利润所需的特征和体验。

因此，我对设立银行的建议是，不应该首先设定一个推出目标日期或客户目标；相反，最重要的 KPI 之一是现有竞争对手和你即将推出的服务之间的客户体验差异。例如，新加坡前七大零售银行的 2019 年净推荐值不超过 20%，因此，为了产生影响，我建议将净推荐值目标设定为它的 2 倍。这意味着**只有当你能达到 40% 的净推荐值时，你才能推出你的新零售银行**。

如果你要在净推荐值达到 20% 时推出，你必须**花更多的钱来吸引客户并使其保持活跃**。新加坡的银行家知道，在东盟国家中，新加坡的客户最擅长从各种银行产品中获取最大的利益。在我担任消费银行业务主管期间，我发现新加坡的客户通常甚至比银行的产品经理更了解这些条件。因此，对这类用户实施激励措施直到你的净推荐值变得更好的策略的成本巨大，或许不在新加坡开展业务才是明智之举。

以 TMRW 为例，我们于 2019 年 8 月在泰国推出。在接下来的 6 个月里，我们非常努力地将净推荐值提高了许多倍，达到 33%（Khoo，2020）。我们验证了净推荐值与获得活跃客户的成本之间的反比关系。

仅仅使用谷歌或脸书（Facebook）[1] 平台来获取客户是一项昂贵的工作。一项研究显示，2018 年，澳大利亚广告商每花费 100 澳元（1 澳元 ≈ 4.68 元），就有 49 澳元流向谷歌，24 澳元流向脸书（Chua，2021）。因此，在没有客户注册的情况下为点击付费是对成本的一种浪费。我建议所有数字银行设计只能为活跃客户付费的解决方案。当然，**每次获客成本（cost per acquisition，CPA）模型**比**每次点击成本（cost per click，CPC）**更昂贵，但它对于你最终拥有的活跃客户数量影响更大。

最后，我们改进了系统，以便我们能够区分只注册了存款账户的客户和注册了存款账户和信用卡的客户。由于后者产生了更多的收入，我们准备投入更多的钱来争取他们。

我强烈建议，从一开始，你就应该只为已注册的客户付费。你的系统还应该允许你知道**客户是通过哪个合作伙伴获得的**，这样你就可以绕过像谷歌和脸书这样的中间商，并用该合作伙伴的货币（例如，由该合作伙伴发行的代金券）支付获客成本。这些步骤将帮助你从一开始就尽可能地降低获客成本。

一旦你实现了正边际贡献，首先记得庆祝！这是成功的第一个标志。在这个重要的里程碑之后，后续的战略将取决于你所选择的细分领域市场的潜在规模和你想要的客户份额。在一个更大的市场中，更大的客户数量可以弥补较低的客户平均利润，当然设计也需要支付更高的成本，以保证银行在更高的净推荐值水平上推出更优越的体验，从而获得更多的客户。因此，为了提高获取水平并继续有正的边际贡献，**净推荐值必须随着时间的推移而进一步提高**。

---

[1] 现已更名为元宇宙（Meta）。——编者注

这组简单的数学给了你一个视角。如果你每年为每个客户赚取 5 美元的收入，而你的获客成本是 10 美元，那么在 5 年中，你的年获客成本将是 2 美元。假设你为每年的服务成本增加 1 美元，那么你每年将为每个客户作出 5-2-1=2 美元的边际贡献。如果你有 500 万个客户，这将相当于 1000 万美元的总贡献。因此，如果你想在总成本基础上实现盈亏平衡，你每年的固定成本需要低于 1000 万美元，这是在假设你可以获得 500 万个客户的基础上。所以，客户越多，你能承受的年固定成本就越高。很可能在边际贡献为零的时候，你的客户总数远小于 400 万个，比如说只有 100 万 ~ 200 万个客户。此时，你需要进一步扩大规模，但不要进一步增加你的获客成本，因为这可能会导致你倒退到边际贡献为负的境地。因此，你的净推荐值必须增加。我的建议是**在发布时将净推荐值提高 1.5 倍**。然而，如果你每年的固定成本是 800 万美元，那么你每年的固定成本就能被获得的 400 万个客户的边际贡献所覆盖。

数字银行的固定成本主要包括人员成本和技术成本。如果你的年固定成本在上面的例子中远远大于 1000 万美元，那么即使你的边际贡献值为正，你也不能使总利润为正，毕竟，目标客户数量超过 500 万个是一个太大的挑战。这就需要我们尽力提高**运营效率**：如果从一开始，流程就被设计成主要是自动化和直通式的，就能削减人员数量，进而降低人员成本。这样做，你将用更低的劳动力成本换取更高的技术成本，但你也需要确保每年的技术成本不会超支，所以你需要优先考虑最有卖点的功能的开发，这样你才能收回成本。

在一个人口结构更好、客户随年龄增长可支配收入急剧增加的市场中，可以说持续更多的损失最终会让你获得更大的利润。如果 2000 万美元是确保你的净推荐值不断上升以降低你的获客成本所需的持续年度固定成本，那么以前面提到的 2 美元的边际利润从 500 万到 1000 万个客户将抵消所需的 2000 万美元年度固定成本基础。你需要一定时间才能达到 1000 万个客户的基数，在你跨过这条线之前，你将无法完全收回你的年度固定成本，因此你将在固定成本视角中亏损，但在可变成本视角中赢利。如果你想要更积极地发展，这是一个很好的地方。请注意，在这个阶段，我们甚至没有谈论收回启动银行的初始投资——启动一个新的数字银行是一个长期战略。毕竟，这是一项依靠投入大量初期成本[1]，希望在未来许多年建立一个具备稳定收入流的业务。

另一方面，在像新加坡这样的小市场中，你很可能负担不起 2000 万美元的成本基础，因为即使你占领了 100% 的市场，也没有 1000 万个客户来分散你的固定成本。正如前面提到的那样，走出去并不能完全解决这个问题。在这种情况下，**一个绝妙的设计是必不可少的，它能够让你以较低的初始投资创建和启动一个银行，同时实现净推荐值突破提升所需**。一旦确定了最初的体验差异，就需要更多的小心和谨慎来改进或只启动在成本和额外的净推荐值提升方面有良好回报的东西。这可能是为了保持当前的获客势头，对抗竞争对手，也可能是为了加速获客势头。

一旦基础足够大，你就可以开始挖掘它来获得额外的收入，利用从最初的客户基础上收集的数据来激励用户的参与，从而促进额外产品的交叉销售。过于关注短期客户的产生可能导致引进不活跃的客户，只为提高获客数量而服务，而没有相应的收入增加，或者可能因为贷款风险太大而导致更高的坏账率。在你选择目标细分领域市场时，客户短期内的最大收入潜力就已经设定。现在你还能控制的是如何花费成本，以及为获得活跃客户所支付的金额。

总而言之，赢利路径要求你**同时、整体地管理三项指标**：

---

① 传统银行将建立内部基础设施，因此这一成本将是在一定年限内折旧的固定成本的组合，但对于运行在云上的数字银行来说，该成本可能是主要的年度运营成本。

1. 活跃客户的绝对数量

2. 宣传指标，例如净推荐值

3. 获客和服务的成本

活跃客户的绝对数量需要不断上移。而净推荐值的起点必须高于你要吸引客户的竞争对手银行（假设你是从有银行的客户开始，而不是没有银行的客户），并从这一点继续上升。它需要以多快的速度提升是你增加活跃客户数量的雄心的一个函数。你越想增加活跃客户数量，净推荐值需要增加的速度就应该越快。这与获客成本有关，因为如果净推荐值没有随之增加，获客成本就会随着你收购的客户数量的增加而开始上升。另外，服务成本与获得的客户数量不太直接相关，但你仍然必须找到降低服务成本的方法，以便使总的边际成本（获得成本和服务成本）低于未来目标阶段每个客户的收入。

○━ 重│点│摘│要

* Kakao Bank、微众银行和网商银行因其与母公司（分别为 Kakao Talk、阿里巴巴和腾讯）的关联使其获得了较低的获客和激活成本，这些母公司拥有大量数字银行可以利用的潜在客户和数据，从而使其获得了巨大的好处。

* 大多数数字银行不会像 Kakao Bank 那样幸运，也不会像 Kakao Bank 那样快速赢利。

* 对于大多数数字银行来说，赢利从理解边际成本和固定成本开始。

* 如果企业的边际贡献为负值，企业就会亏损，这意味着随着企业的扩张和客户数量的增加，它会招致越来越多的损失。

* 通往成功数字银行的所有途径都需要首先获得正边际贡献。

* 愿意用较小的短期利润换取长期市场占有率的耐心的投资者可能需要在更长的时期内保持负边际贡献。

* 如果已经决定开发更年轻、更精通数字的细分领域市场，那么团队就需要与他们较低的收入创造潜力进行斗争。

* 从一开始，重点将放在成本上——特别是获得一个活跃客户的成本和每年为该客户服务的成本。

* 对份额获取的关注度越高，维持负贡献的空间就越大。

* 如果该部门的直接创造收入的潜力很小，并且没有足够的空间来维持多年的亏损，那么就不要为获得活跃客户支付大量费用。

* 将花费集中在最初的构建上，以确保体验非常好并自我推销，而不是节省花费，然后达不到以较低成本产生足够活跃客户所需的水平。

* 我的建议是以你们行业平均净推荐值的 2 倍发布。

* 仅仅使用谷歌或脸书来获取客户是一项昂贵的工作。

* 从一开始，你就应该只为注册的客户付费，最好是活跃的客户。

* 一旦你实现了正边际贡献，首先记得庆祝！这是成功的第一个标志。

* 为了提高采购水平以抵消每年的固定成本并继续有正的边际贡献，净推荐值必须至少是启动时净推荐值的 1.5 倍。

* 在数字银行中，每年的固定成本主要包括人力成本和技术成本。

* 从一开始，流程就必须被设计成自动化的和直通式的。这将降低人力成本，但你也需要避免不必要的年度技术成本。

* 在一个人口结构更好、客户随年龄增长可支配收入急剧增加的市场中，持续的损失最终可能会让你获得更大的业务。

* 在一个小市场中，一个让你创建和启动一个只需较少的初始投资的银行，同时帮助你实现净推荐值突破提升的设计是必不可少的。

* 这意味着只改进或启动在成本方面有良好回报的项目，而不是额外的净推荐值提升。

* 过于关注短期客户的产生可能会带来不活跃的客户。

* 放贷风险太大可能导致更高的坏账率。

* 赢利路径要求你同时全面地管理三个指标：活跃客户的绝对数量，宣传指标（如净推荐值），以及获客和服务的成本。

──────────────────────────────── **Key takeaways**

4.4　服务在数字银行中的角色

在银行呼叫中心接到的电话中，高达 70% 与申请或交易的状态、豁免、尚未答复的查询有关。然而，数字银行客户与传统银行客户的服务需求截然不同。客户不会致电联络中心或访问分行网点进行交易查询，只会通过银行 App 以数字方式进行操作。

因此，在为数字银行设计服务时，设计者会假设没有客户会打电话询问余额，因为他们可以自己登录并查看。服务重点应该是"非绿色"流程，即非完全自动化的流程、数字银行应用程序上无法提供的交易状态查询，或者无法自动处理的减免费用请求。

不提供高利率的一个原因是，高利率会吸引年龄较大和较富裕的客户，这类客户可能不想只通过数字银行获得服务，他们可能会经常致电联络中心，而这会大大增加银行的服务成本。

提供自动化服务（例如聊天机器人）和人工协助（通过聊天或语音）的直观组合的能力将成为评价数字银行客户体验的新指标。随着社交平台的使用率呈指数级增长，我们预计未来的客户**与银行的服务互动都会在聊天工具中进行**。

TMRW 的重点是自助，因此我们试图以自助的形式提供几乎所有的东西，以更低的成本提供快速和持续的良好服务。

TMRW 的数字应用程序服务设计侧重于为客户提供最快和最有效的方式来执行查询任务，这取决于其操作性质和感知的紧迫性。例如，TMRW 的聊天机器人 Tia 由 Personetics 提供动力，可以作为一个智能助手，通过数字对话找到正确的回答，或者如果客户愿意，它也可以通过智能搜索提供响应。当与 TMRW 的联络中心互动时，客户可以同时在线聊天，这样他们就可以被引导进入解决问题的流程。

银行服务问题的独特之处在于，它们的**信息不明确**，但不涉及对不起作用的银行功能进行故障排除。未来，聊天机器人将在自然语言处理能力方面取得显著进步，并将能够接管当今联络中心处理的大多数常规服务对话。

在不久的将来，客户将无法判断他们是在与机器人还是人类交谈。聊天机器人将能够在检测到挫折感之后，将客户从机器人转接给人工客服。客户与聊天机器人的互动预计将提供对对话模式和行为的丰富洞察，银行可利用这些模式和行为来加强互动，并确定最合适的机会，在不打扰或咄咄逼人的情况下介绍相关产品或服务。此时，联络中心将成为**关系中心**，被用于监测客户关系。

我还认为用户界面设计会进一步改善，它将大大消除客户与银行服务代理就产品、服务或促销信息进行交互的需要。此时，所有的服务功能的可用性将成为服务规范，以帮助**客户自助操作**，当客户在数字银行应用程序中遭遇服务中断时，该应用程序会通过自助弹出窗口解决客户的问题。数字银行的客户服务差异将体现在它们解决社交媒体的服务问题的能力上，这些服务平台包括聊天机器人和联络中心。

随着银行成为体验型公司，优质的服务变得势在必行。服务中最先进的思想是设计它，以便**问题在发生时立即得到解决**，而不是事后让客户打电话。当客户输入信息比平时延迟更长时，或者当他的导航模式表明找不到东西时，可以触发应用内自助软件的帮助功能。这类软件解决方案的一些例子是 WalkMe[1] 和 inSided[2]。

传统银行将聊天机器人作为一个**独立渠道**（例如，其网站上的独立功能）或作为**现有渠道的补充功能**（例如，其联络中心交互式语音应答上的呼叫转接功能）来实现。这种实现的固有缺陷是，它为客户创建了多个不同的通道，这导致用户在通道之间切换时需要重复查询。

---

[1] WalkMe 是一家美国跨国软件即服务公司，总部位于加利福尼亚州旧金山。其数字采集平台（DAP）在 Everest 集团对 DAP 供应商的 PEAK Matrix Assessment 中被认可为领先的 DAP 产品。

[2] inSided 是一个提供客户自助服务解决方案的公司，为高增长公司扩大支持，并为客户成功提供动力，总部位于荷兰阿姆斯特丹。

在 TMRW 中，我们通过**将聊天机器人 Tia 作为客户服务交付的协调者来避免这个问题**（Digital Banker，2020）。在接收到客户的输入时，Tia 可以引入各种功能——例如多语言响应管理、通过文字和语音提供的人工支持、便于使用的交互的深层链接、应用内网页常见问题解答支持、用于响应的情感判断和智能路由逻辑，以提供流畅体验（图 4-5）。

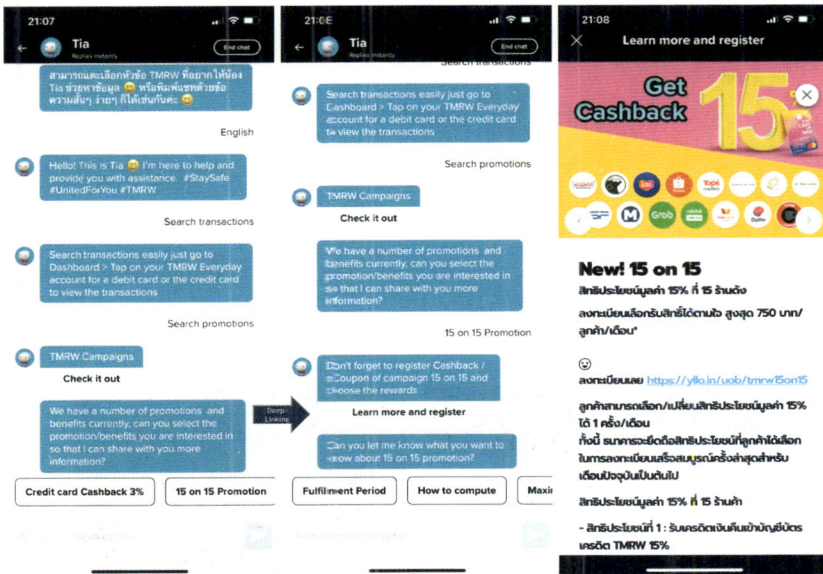

图 4-5　对话中的深层链接示例

我们提供**三种可用的服务功能**：客户可以与聊天机器人聊天，与现场客户服务代理聊天，或通过 TMRW 应用程序使用数据呼叫与人工客服交谈。TMRW 的客户服务中心是这样设计的，以便客户有常见和容易回答的问题，可以从聊天机器人获得即时服务。但是如果聊天机器人不能完全解决他们的问题，一个人工客服将能够接管对话。如果问题严重，客户也可以选择跳过聊天机器人，直接与客服交谈，比如在丢失卡或欺诈交易的情况下。

我们知道 Tia 不可能回答所有的问题，尤其是在开始的时候，因为人工智能驱动的聊天机器人需要从过去的对话中学习。因此，如果一个客户问了几次问题，但没有得到答案，他将被自动转移给一位人工客服。人工客服最终如何解决问题的反馈又被用于训练 Tia，直到 Tia 更好地理解常见问题、专业术语，甚至语言中的细微差别。但是，我们必须在一开始就进行正确的投资，以便将之后的业务和程序变得更容易、更精简和更具成本效益。

后来，我们发现泰语对于聊天机器人来说是难以理解的；我们不得不与聊天机器人解决方案提供商 Personetics 合作，修改自然语言，以提高其性能。

TMRW 的数字客户服务模式**在泰国和东盟银行业中拥有许多首创**。这是第一个数字服务模式，它使用聊天机器人来协调各种形式的客户服务的交付，而不必退出 TMRW 应用程序。它也是第一个完整的泰语自然语言处理能力聊天机器人，Tia 实现了很高的理解准确率，能处理泰语 95% 以上的交互。同时，它也是首款具备双语言响应能力的聊天机器人，允许客户在泰语和英语之间无缝切换，如图 4-6 所示。Tia 有助于提高用户对人工智能主导的对话能力的信心，因为它能以准确和高效方式回答客户的问题。

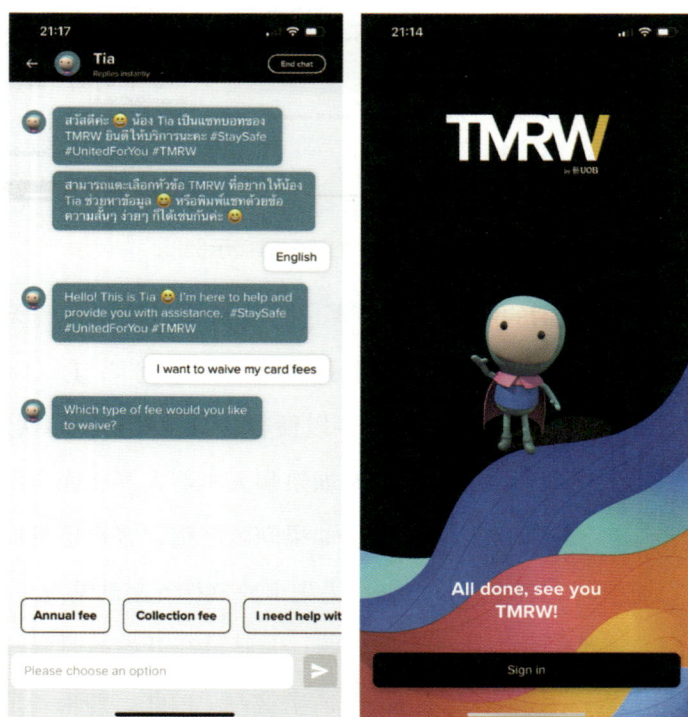

图 4-6　Tia 的双重语言功能（图右包含 Tia 的形象）

为了强调服务的重要性，每个月我都会亲自主持服务评审，我们会查看实时聊天程序，并审查服务成本预测与实际的对比，以降低服务成本。此外我们还查看通话成本、卓越中心（COE）成本和TMRW内成本。这使我们能够准确地找出这些呼叫的根本原因。

我们也会每月跟踪净推荐值，我们通过不断推动更好的**首次呼叫解决率（FCR）**来推动净推荐值的改善。热线的FCR位于前两个十分位数，2020年3月，TMRW的实时聊天FCR首次超过热线FCR。然而聊天机器人的FCR仍然不高——大多数负面体验都围绕着聊天机器人对客户行为的理解，但我们仍然努力训练它，期望它随着时间的推移能够越来越好。在发布前，团队花了8个月的时间使用25000个泰语短句训练Tia。上线后，升级持续到每月超过10000个短句，用于训练的词汇和短语的总数超过100000个。

我确信，持续专注于在使Tia能够高质量地处理越来越多的客户查询方面取得小而稳定的进展将会产生质变。这将允许TMRW以非常低的服务成本提供非常高的服务体验。大华银行的数据显示，聊天机器人的FCR超过80%，聊天机器人的净推荐值为45%。[①]我们知道这是可能的，因为微众银行的同类工具可以处理98%的客户查询（Huang，2018）。

---

① 2021年4月大华银行在高盛虚拟会议上的简报。聊天机器人在转接给人工客服前的FCR（首次解决率）>80%，聊天机器人的净推荐值在2021年1月提高到了45%。

⚬━ 重 | 点 | 摘 | 要 |

* 数字银行客户不会致电联络中心或前往分行网点进行交易查询。他们通过银行应用程序以数字交互方式进行。

* 数字银行的聊天服务是为应用程序上不可用的交易状态查询以及任何其他不能自动处理的交易或请求提供的。

* 随着社交消息平台的使用率呈指数级增长,我预计未来的客户与银行的服务互动都将使用聊天工具进行。

* 客户与聊天机器人的互动预计将提供对对话模式和行为的丰富洞察,银行可以利用这些模式和行为来加强未来的互动。

* 服务中最先进的思想是在问题发生时发现问题并立即解决问题,而不是事后让客户打电话。

* 传统银行的聊天机器人是独立的或补充渠道;其固有缺陷是当切换渠道时,用户需要重复查询。

* 在 TMRW 中,我们通过使我们的聊天机器人 Tia 成为客户服务交付的协调者来避免这个问题。

* Tia 可以引入多种功能(如多语言响应管理、通过聊天和语音提供人工支持、用于方便使用交互的深层链接、应用内网页常见问题解答支持、用于响应的情感判断和智能路由逻辑),以提供流畅体验。

* 随着时间的推移,Tia 会学习和发展更高的理解准确率,客户的平均人工客服的数量应该会下降。

* 我们知道这是可能的，因为微众银行使用的与 Tia 相似的工具可以处理 98% 的客户查询（Huang，2018）。

———————————————————————————— **Key takeaways**

4.5　如何做到与众不同

我被问到最多的问题是："TMRW 有什么不同？"这个问题频繁出现的事实表明，该行业是多么商品化，并揭示了金融服务缺乏能够推动快速变化的深刻技术变革。

我的经验表明，差异化的竞技焦点正在转向**业务流程改进**。在全渠道时代，差异化在于人、地点、产品、促销和流程。如果流程不强，人们仍然可以在别处弥补。但在未来 10 年或更短的时间里，大多数客户将通过数字渠道办理银行业务，以满足他们的交易需求。在这个阶段，人、地点和产品大多会失效，**让流程成为体验中最重要的元素**。人仍然被需要，但他们将越来越多地参与设计，而不是现场服务。

然而，在当今大多数银行中，流程并不被纳入最高管理层的议程，它本应该像对待风险、收入、利润、资本等一样被认真对待，但事实并非如此。然而，如果没有世界级的业务流程能力，传统银行将无法显著提升客户体验。如果数字世界中剩下唯一的"P"是流程（process），这些银行将如何自处？公司的文化很难改变。流程是一个复杂的主题，需要关注大量的细节。

因此，"TMRW 有何不同"这个问题的答案在于**把客户放在第一位，设计、实施和维持一种易用、直观和顺滑的体验，从而使以客户为中心的主张成为现实**。仅仅这一点，如果实现了，就会成为它自己的差异化优势，因为这种差异对任何人来说都很难复制，它需要文化的改变和对细节的关注，但这是很难激发的。我相信传统银行家还是离不开人（people）、产品（product）、位置（place）、价格（price）、促销（promotion）导向，但这并不是说他们不能做一些差异化的功能或促销优惠。**问题是这些是英雄还是配角**。TMRW 的功能解决了青年专业人士遇到的一些问题，例如，允许他们不需要到自动取款机提现、在线消费和信用卡限额，以更好地控制他们的支出，引入储蓄游戏和储蓄账户，使账户内的钱更难花出去，能够设置支出预算，并在支出时实时收到提示，等等。

如果你认为关注客户和流程是最重要的，那么你可能仍然会问："那么这种关注会导致什么呢？"图 4-7 显示了不同数字银行的关键区别。

图 4-7　如何做到与众不同

1. **顺滑直观**的银行业务是竞争最佳数字银行的优势。它需要深入了解客户可能遇到的小问题，然后用大流程和对小细节的关注来解决它们，以创造一个绝佳的体验。此外，你需要能够判断你是否可以对某客户发放信贷。在征信机构无法可靠地对客户进行风险排名的国家，能够使用另类数据来降低你的风险变得至关重要（见 3.6 节）。

2. 下一个区别是**令人愉快的优质服务**。从产品信息到说明、费用减免、促销机制等，你需要尽量减少可能导致服务呼叫的任何内容，如果不能，则需要尽可能在中断发生时解决它，并在事后尽量减少服务联系。同样，以客户为中心，拥有良好的流程和对细节的关注是提供优质服务的重要能力。

3.最后一个区别是**数据驱动的数字参与**——使用交易、位置和其他数据来预测客户的需求，并在潜在问题发生之前解决它们。例如，如果客户有定期付款，但他的余额低于要付款的金额，银行实际上会提前知道将会发生什么。这意味着银行可以与客户就从预计付款失败到实时跟踪他们的支出等话题展开对话。

在大华银行的案例中，另一个关键的区别是 **TMRW 品牌**本身。我们必须问的第一个问题是：我们应该以大华银行的品牌进入市场，还是应该创建一个新的独立品牌？大华银行以前从未创建过独立品牌，这对每个人来说都是新的。我们向大华银行集团首席执行官黄一宗（Wee Ee Cheong）提出了建立一个独立的品牌并以不同的方式做事的想法，几周后，我们得到了他的许可。他补充道："如果我们不尝试，我们就不会学习。"

这个品牌是 TMRW 营销主管的创意。它的设计是从零开始的，它的客户定位是泰国的青年专业人士。泰国 TMRW 品牌发布会的主题是"不同的世代，不同的解决方案"（Different Generations，Different Solutions）——本质上是向泰国的"千禧一代"传达一个信息，即他们不必选择与父母相同的银行。我们观察到，在没有干预的情况下，孩子们通常会与父母在相同的银行开立我们设计了一个活动来传递这样一个信息，即他们可以自由选择，我们提供的只是另一种选择：一个从头开始设计的银行，只为他们。

这场运动引起了泰国"千禧一代"的共鸣。一段视频描述了一名青年专业人士在她的手机上做笔记，她的领导误认为她没有集中注意力。另一幅画描绘了一位母亲在儿子上班的第一天因他的耳环和发型而惩罚他，并告诉他不要在老板面前离开办公室。这些情况对于青年专业人士代入感很强。要查看其中一些视频，请访问 TMRW 泰国的脸书页面，进入"视频"选项卡并滚动到底部。

图 4-8 显示了 TMRW 品牌活动的成果，我们的主题曲获得了 3200 万次观看，该曲由泰国前三名当地艺术家表演——这是东盟各银行的第一次。

不同的世代，不同的解决方案

01 **3200万浏览量**
本地三大艺人音乐录影带

03 **1200万覆盖度**
140位顶级社交媒体影响者，700条内容

02 **1500万浏览量**
介绍TMRW的创意在线视频

04 **2500名参与者**
发起活动及音乐会

图 4-8　TMRW 品牌活动成果

资料来源：大华银行网站，2019 年 5 月 15 日

这些青年专业人士用户觉得这不是一个为他们父母设计的应用程序，而是一个专为他们量身定制的应用程序。他们还评论了漂亮的 UI 设计和 TMRW 明亮品牌颜色。泰国的"千禧一代"客户喜欢 TMRW 之城储蓄游戏，在游戏中，你通过储蓄建立了一个虚拟城市，这让他们想增加储蓄。参与和洞察也作为差异点带来了优势。客户认为 TMRW 在他们的支出上升时作出了有效提醒。对我来说，最令人鼓舞的是我们获得了**改换银行的客户**，一些人将大量资金和交易从泰国主要银行转移到 TMRW。

2020 年年初，TMRW 的净推荐值上升到泰国银行的前三名，为 33%（Khoo，2020a）。当我们充分利用泰国的成功经验并在 TMRW 印度尼西亚 App 中交付时，它在 2020 年实现了 60% 的净推荐值。

〇━ 重｜点｜摘 要

* TMRW 的差异化是把客户放在第一位，设计、实施和维持一种简单、直观和顺滑的体验，以客户为中心的主张将成为现实。

* 三个重点领域是数字银行的关键区别：

■ 顺滑直观的银行业务是非常基本的，但也很难做到。 它需要深入了解客户面临的小问题，然后以出色的流程和对细节的关注来解决它们，以创造出色的体验。

■ 令人愉悦的优质服务。从产品信息到说明、费用减免、促销机制等，你需要尽量减少任何可能导致服务呼叫的内容。如果不能，那么你就需要尽可能在中断发生时解决它。

■ 最后一个区别是使用交易、位置和其他数据来预测客户的需求，并在潜在问题发生之前解决它们。

* "不同的世代，不同的解决方案"向"千禧一代"传递了一个信息，即他们不必与父母选择同一家银行。他们有了另一个选择：一家为他们从头开始设计的银行。

* 客户认为 TMRW 的品牌印象非常有吸引力——青年专业人士客户觉得这不是一个为他们父母设计的应用程序，而是一个专为他们量身定制的应用程序。

* 在 TMRW 城市储蓄游戏中，可以通过你的储蓄扩张一个虚拟城市，让客户想增加储蓄。

* 参与和洞察也作为一个区别出现，TMRW 会提醒客户何时他们的支出增加了。

* 截至 2020 年年初，TMRW 的净推荐值升至泰国银行前三名，为 33 分。

* 当 TMRW 印度尼西亚 App 中实现泰国最佳实践时，它在 2020 年实现了 60% 的净推荐值。

———————————————————————————————— Key takeaways

4.6　学习做变革者

如今，竞争者模仿的速度之快可能是前所未有的。领先不再是重点，保持领先才是重点。这就把我们引向了如何通过**不断的学习**来不断增强以客户为中心的差异化的主题。如果你要把学习作为日程的重要一项，你就需要适应这样一个事实，即不是你尝试的每一件事都能奏效，否则学习就不会那么重要了。在启动后，完成向客户学习的需求会变得更加困难。

在某种程度上，收到客户的抱怨要比客户不抱怨然后直接放弃使用你的应用程序更好，因为你至少还能收到改进系统所需的反馈。TMRW 的学习机会之一是研究服务中心的投诉和反馈。每月的回顾涉及聊天、呼叫中心和运营人员——因为他们是最接近客户，却没有足够的时间与管理层面对面的人，并经常产生许多关于首先解决哪些服务问题这样有价值的信息。

学习的环境设置也很重要。通常，人们倾向于在不经成熟的思考的情况下就开始部署。一个已知的可能出错领域的列表（**已知的已知**），以及一个对团队来说是新的但对团队以外的人来说不是新的领域的列表（**已知的未知**），如果在思考过程中被列出，就可以快速帮助人们清除明显的错误（图 4-9）。

在这之后剩下的通常是学习，即未知。一个学习型组织必须不断探索和获取知识，这有助于它在竞争中领先一步。

图 4-9 如何正确接受失败

要学习的内容不仅仅局限于知识，还包括流程应该如何改进。这在敏捷开发中尤其重要，否则敏捷开发就会变成**"稍后修复"**的借口，从而导致高缺陷率。TMRW 中敏捷过程的改进之一是引入根本原因分析和缺陷归因。这造成了一个持续改进的良性循环，以逐步降低缺陷率。缺陷归因必须以改进为目的，而不是以责备为目的。如果你遵循上面描述的已知和已知未知方法，这就容易得多了。

我希望 TMRW 有一个陡峭的学习曲线，因为任何低学习曲线都意味着它很容易被竞争者复制。我们在深入挖掘之后，意识到参与将是关键的差异点。它有很大的学习空间，是创建一个不仅仅是实用工具的银行的驱动因素。为了提高和集中 TMRW 的学习能力，我们创建了一个**参与实验室**，这是一个由沟通、分析、内容和行为科学专家组成的多学科团队。"实验室"一词被用来代表我们需要进行的学习旅程，以使参与战略取得成功（Chiew，2018）。

持续学习的另一个要素是数据。通过存储在 TMRW 系统中的数据，我们能够密切关注客户情绪、评估业绩，并确定我们可以改进的关键领域。更重要的是，我们可以跟踪客户行为随时间的变化，并适应这些变化。通过使用数据和参与实验室，我们能够测试理论，并**消除某些关乎客户行为的迷思**，这些是我们此前无从考虑的。

例如，传统观点认为，你为完成一项任务提供的奖励越多，人们就越有可能完成这项任务。为了测试这一点，我们进行了一个实验，在这个实验中，我们为一组客户提供了更高的奖励，为另一组客户提供了更低的奖励，以执行同样的任务。令人惊讶的是，获得较低奖励的小组的接受率是前者的两倍。在与客户交谈后，我们才意识到：他们觉得奖励金额更高的优惠一定有某种隐藏的陷阱。即使我们告诉他们事实并非如此，他们也习惯于假设任何太好的事情通常都不是真的。

另一个迷思是，迎合年轻受众的数字银行如果使用有趣的内容基调，将会蓬勃发展。但我们发现，TMRW 推送的一些有趣的内容的阅读量排名低于"你的信用卡账单到期"的消息。通过实验和测试，我们发现客户只会阅读一些与他们个人行为相匹配的洞察卡；没有上下文的内容对他们来说毫无意义，甚至可能令人讨厌。我们在某个节日再次尝试通过**上下文化内容**来迎合不同的情况。这次活动最终成为该银行成立以来最受欢迎的活动之一。这个实验告诉我们，传统智慧无法解释真实的人类行为，银行也不能仅凭智慧作出假设运作。这就是数据和实验的用处。

О― 重｜点｜摘　要

* 如今，我们的重点不再是简单的领先，而是保持领先。

* 保持领先的关键因素之一是不断学习。

* 如果学习是你议程上的一个重要项目，那么你就需要适应这样一个事实，即并不是你尝试的每一件事都能奏效。

* 每月的学习回顾应该让你的一线员工参与进来——因为他们是最接近客户，却没有足够的时间与高级管理层见面的人，学习回顾经常会产生很多关于首先解决哪些服务问题这样有价值的信息。

* 学习的环境设置很重要。

* 学习如何正确地接受正确类型的失败，而不仅仅是任何失败，对于控制可预防错误的数量至关重要，同时，接受一些不可预防的错误也是学习过程的一部分。

* 一个学习型组织必须不断探索和获取知识，这有助于它在竞争中领先一步。

* 学习不仅仅局限于知识。还有通过引入根本原因分析和缺陷归因来进行过程改进的学习。

* 参与也需要学习，它是创建一个不仅仅是实用工具的银行的驱动因素。

* 为了提高参与度的能力，你可以创建一个参与实验室，这个实验室是一个由市场营销、沟通、分析、内容和行为科学专家组成的多学科团队。

Key takeaways

4.7　培育创新文化

虽然设计和建设数字银行不是那种可以产生 5 倍改进的大创新突破，或者我们可以称之为"大 I"[①]，但培养创新文化或"小 I"对成功来说至关重要。这是为了创造一个积极的工作环境，让员工无论职级都能作出贡献，并在辩论和讨论中有足够的活力。这些小的创新可能体现在决策的方式上，或者体现在思想的小转变上。我们将探讨其中的一些表现形式。

只有当有一种组织文化，让成员认为挑战领导的想法和决策是安全的，创新才能发生。没有人人都敢于挑战的氛围，最好的结果就无法产生。相反，你最终得到的将是平庸的结果。然而，创建这样的文化比听起来要困难得多，因为员工总是觉得挑战老板的想法是有风险的——层级制度是自由交换意见的主要障碍。

在 TMRW 为了克服这个问题，我鼓励每个人多问"为什么"并制定了一个规则，如果房间里职级最低的人问"为什么"，在场的最资深的员工就有责任回答这个问题；如果他没有答案，他就会发现这个问题很可能揭示了一条重要的调查路线，而这个调查路线可以导致积极的结果。这个简单的规则打破了等级壁垒。随后的健康辩论使我们能够恰当地充实手头的问题，并提出更多想法。

我们遇到的一个特别棘手的问题是，我们是否应该支持大华银行已经拥有的所有现有产品。虽然这看起来是一个非常平凡的问题，但它是最关键的

---

① 此处的"I"指代 Improvement（改进，提升），下文"小 I"（小的改进）同理。——译者注

设计决策之一，因为它影响到将要推出的每一个特性。团队成员们有许多赞成和反对的观点：不这样做意味着设计更加简单，但也意味着客户不能看到所有的产品，这是有问题的。这场争论持续了相当长的一段时间，因为这是一个重大的设计决定，一旦决定就很难逆转。在影响较小的地方迅速作出决定，在利害关系较大的地方经过深思熟虑和充分辩论后作出决定，这是创新者必须作出的取舍。

另一个取舍是采取哪个品牌方向。路径 A 在颜色和图标的使用上令人耳目一新，并有明显的区别，在沉闷的银行用户界面世界中有点突破和创新。然而，路径 B 将这一点发挥到了极致。它更加激进、大胆。两者都是创新的。

即使我对某件事有强烈的看法，我也觉得倾听反对的证据或意见很重要。你的职位越高，决策就越重要，因此如果决策失败，损害就越大。这种品质有助于作出更稳妥的决定，尤其是在风险很大的时候。我记得，我的营销主管温迪想选择路径 B，虽然我有许多充分的理由选择路径 A，但我仍然想通过多方论证确保这个决定是正确的，因为这是一个一旦作出就很难逆转的重大决定。

所以，我让温迪把这两条路都发展起来，在认真听了路径 B 的情况后，我最终决定走路径 A。团队中的一些人认为没有必要做额外的工作，但这是培养创新环境的一个例子：倾听你在重大决定中的不同声音。

我之所以这么做，是受到了"被微弱持有的强烈观点"——由斯坦福大学教授保罗·萨福（Paul Saffo）开发的框架（Ranadive，2017）——的启发。这是一个有用的框架，它告诉我们创新工作正在推动边界，在那里可能没有既定的文献来帮助你决定。如果你有一个更好的观点和论点，那么你就应该说了算，而应该因为你在层级制度中的资历而被阻碍。我们倾听另一种观点不是为了反驳，而是为了真正理解对应的观点，这至关重要。

另一个激发创新的技术是增加约束。"约束不是创造力的边界，而是创造力的基础"——布兰登·罗德里格斯（Brandon Rodriguez）的这句话说明了一切（Rodriguez，2017）。有时，设置**相互冲突的约束条件**会加速创新进程。TMRW 中的一个例子是给我们自己设定了设计应用程序的目标，这样我们就可以实现其易用性——但我们又增加了一个约束，即我们必须在不使用任何一级菜单的情况下完成这一工作。起初，这似乎是一个疯狂的想法。但相互矛盾的限制能引起突破——在设计雷克萨斯系列时，丰田公司首席工程师铃木一郎（Ichiro Suzuki）规定，新车需要比现有的豪华轿车更快、更轻、更省油，该命令乍看起来也是充满矛盾的 Murray & Johnson，2021）。尽管我们没有完成删除所有的第一级菜单（在 TMRW 中的 profile 选项卡下，你可以找到一些我们无法删除的菜单），但它仍然引出了在易用性和导航方面明显不同的界面和导航。事实上，TMRW 用户界面设计是客户首先会注意到的东西之一，从包含垂直滚动以获取信息和水平滚动以进行银行产品的战略导航，到由于缺乏一级菜单而显著降低复杂性。

如果不设置约束，那么创新可能很难实现——尤其是当你试图打造流畅、顺滑和直观的整体体验时。另一方面，如果你正在处理一项具有重大突破性质的创新，那么你可能会让一个已知难题的大部分创造性解决方案浮现出来。然而，在 TMRW，我们主要设计一系列针对棘手问题和常规投诉的解决方案，例如，解释和说明不明确、重复的服务请求仍未得到解决，因此需要重复、设计不良的导航、无法在线执行的功能。这些必须协调一致，这样一个变化就不会使其他事情变得更糟，不会影响整个体验。

未来的数字银行必须具备的文化可以用无等级、高度参与且坦率、缺少官僚作风、低自负但高抱负、明确的使命感和目标感这些表达来形容，层级不如实质重要。如果你在现有的复杂实体结构中构建它，那么你在大多数情况下都将失败。这就是为什么当人们问我数字银行是否应该是一个独立的单位，与主要业务分开时，我的回答总是肯定的。一旦它起飞了，不要试图将它与主要业务合并——这将摧毁它的文化，也会摧毁你吸引的那些想在这种文化中工作的人。相反，你应该确保这种文化产生的任何创新都与母公司共享，这是 TMRW 的哲学。

○━ 重 | 点 | 摘 要

* 虽然设计和建设数字银行不是那种可以产生 5 倍改进的重大创新突破，但仍然需要培养创新文化，这对成功至关重要。

* 只有当有一种组织文化，让成员认为挑战领导的想法和决策是安全的，创新才能发生。

* 如果房间里职级最低的人问"为什么"，在场的最资深的员工应该有责任回答这个问题。

* 健康的辩论可以让你恰当地充实手头的问题，并提出更多想法。

* 在影响小的地方快速作出决定，在利害关系大的地方经过深思熟虑和充分辩论作出决定，这是创新者必须作出的取舍。

* 你的职位越高，作出的决定就越重要，因此，如果作出有问题的决定，损害就越大。

* 为了创造一个培养创造力和创新的环境，你需要倾听你不同声音，否则，你会坚持己见。

* 如果有人提出一个更好的观点和论点，那么就应该说了算，而不应该被他在层级制度中的资历所影响。

* 倾听另一种观点不是为了反驳，而是为了真正理解，这至关重要。

* 一个激发创新的技术是增加约束。"约束不是创造力的边界，而是创造力的基础。"

* 如果你正在处理一项具有重大突破性质的创新，那么你可能会让一个已知难题的大部分创造性解决方案浮现出来。

* 当你要处理一系列棘手问题和常见投诉时，必须将它们协调起来，这样一个变化就不会让其他事情变得更糟，不会影响整个体验。

* 未来的数字银行必须具备的独特文化可以用无等级、高度参与且坦率、缺少官僚作风、低自负但高抱负、明确的使命感和目标感来形容，层级不如实质重要。

Key takeaways

4.8　人才：关键的用人决策

获得合适人才的能力是任何数字银行成功要素之一。由于设计和构建数字银行是一个相对较新的领域，大多数候选人都没有直接的经验，你如何才能找到合适的候选人？

对于关键职位候选人的选择，我建议采用**三阶段流程**，如图 4-10 所示。这是我作为一个财团的首席执行官，竞标新加坡三个数字批发银行（DWB）牌照之一时使用的方法。我们最终没有成功申办，但我们确实吸引了具有世界级资历的极具才华的人。在阅读完 11 份首席执行官候选人报告后，我们设法选出了 10 名候选人，每个候选人的筛选都必须经历这三个阶段的过程。

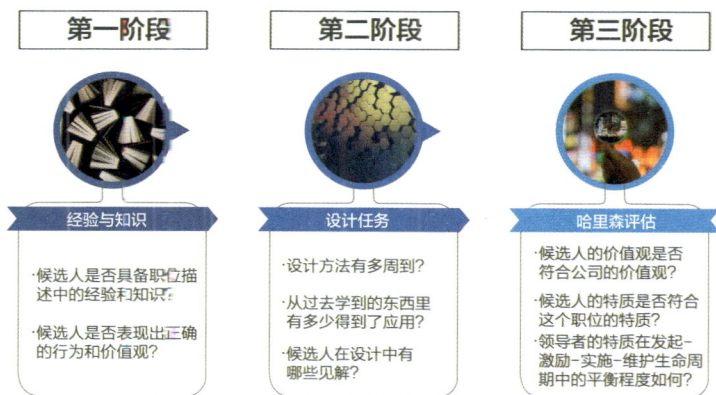

第一阶段	第二阶段	第三阶段
经验与知识	**设计任务**	**哈里森评估**
·候选人是否具备职位描述中的经验和知识？ ·候选人是否表现出正确的行为和价值观？	·设计方法有多周到？ ·从过去学到的东西里有多少得到了应用？ ·候选人在设计中有哪些见解？	·候选人的价值观是否符合公司的价值观？ ·候选人的特质是否符合这个职位的特质？ ·领导者的特质在发起-激励-实施-维护生命周期中的平衡程度如何？

图 4-10　三阶段稳健的招聘和评估过程

第一阶段：类似于传统的面试。这是与候选人的第一次会面，你在判断他与职位整体上是否适配。你的提问应该集中在动机，对应聘者经验的理解，以及它是否符合工作描述。没有写得很好的职位描述的职位，比如缺乏该职位所需的关键特征和素质描述，就不应该进行面试。你还应该关注应聘者从以前的经历中学到了什么，深入研究候选人如何管理失败和错误，了解是什么激励了应聘者，是什么让他想早点出现在工作岗位上。当我们计划创建一家新的数字银行时，我们花时间确保候选人真正理解我们希望新公司拥有的使命、愿景、文化和价值观。一份由鼓舞人心的演讲所带来的愿景和价值观清单，对即使是最持怀疑态度的候选人来说，也会产生很大的影响。

第二阶段：进入该阶段的候选人被要求完成一个设计任务。正如本书所述，构建数字银行的一切都关乎设计。它要求对设计中的所有细节给予高度关注，既有宏伟、大胆和鼓舞人心的外部工作，也有占用大部分时间的平凡的、在战壕里的工作。因此，了解候选人在设计中会考虑哪些因素、他们预测会面临哪些问题、他们将如何减轻这些问题、他们认为哪些关键过程至关重要等，在筛选过程中至关重要。

第三阶段：通过设计过程的候选人随后被给予评估完结。2019 年年底，我获得了哈里森评估公司的认证，并认识到它提供了出色的预测性人才分析工具，可以以其他工具无法做到的方式（我已经经历了相当多）揭示候选人的隐藏行为。在线评估需要大约 20 分钟，包括根据候选人的偏好对一系列陈述进行排序。然后我们制作了几份报告：一份关于应聘者是否符合公司价值观的报告，一份工作适合度评估，以及哈里森称之为"悖论图"的东西，它对 12 对看似矛盾但实际上是互补和协同的特征（另见第 5 章）进行了评估。

为了理解哈里森悖论图，我喜欢引用的一个很好的例子是我们如何评估候选人的组织能力。作为一家初创银行，我们正在寻找既有组织性又有灵活头脑的候选人。既有组织性又有灵活性似乎是矛盾的，但在现实中，你可以既有组织性——这是在一种情况下建立和维持秩序的习惯，又有灵活性，这是一种容易适应变化的能力。**初创企业具有异常混乱的组织形式，因为你把一群以前可能没有合作过的人聚集在一起，而在一个没有工作流程或系统的情况下，一切都必须从头开始。**因此，如果候选人没有被组织起来，他们将加剧混乱的趋势。但如果他们有高度的组织性，却不灵活，组织就会僵化。这是一个问题，因为在一个初创企业中，你必须准备好改变你的想法。不灵活的候选人不能很好地处理这件事。

悖论图有 12 个不同的悖论领域，可归结为 4 类：

1. **发起**（Initiating）：此类描述一个行动的概念阶段，处理诸如我们如何做，障碍是什么，我们如何减轻风险等问题。

2. **激励**（Motivating）：此类关于让人们接受想法或概念。在这里，平衡自尊和自我提升，平衡自我激励和压力管理，平衡强制与同理心。

3. **实施**（Implementing）：此类关于完成事项。在这里，描述了人们在沟通时是直截了当还是机智，人们如何尝试新事物和克服障碍，以及如何处理自我责任和协作。

4. **维护**（Maintaining）：此类关于让事情继续下去。在这里，平衡帮助他人和坚持自己的需求，描述了人们如何处理适应性和创建结构或组织，以及如何在意识到困难的同时抓住机会。

每个领域都用横、纵两个坐标表示两个特质的程度，处于第一象限，即在**两个特质上都得分很高**的候选人，更加平衡，更加多才多艺——这些特质对于初创环境异常宝贵。表现出这些最初看起来相互矛盾的互补和协同特征的领导者也更加平衡，更加多才多艺。

只有以上三个阶段全部通过的候选人才能被选中。这是一个强有力的评估和招聘过程，使我们能够筛选出我们需要的关键人才。

O— 重｜点｜摘｜要｜

* 采用一个分三个阶段的过程：定期面谈，以匹配经验、知识、文化和行为；设计作业，以了解候选人的思维过程；哈里森评估，深入研究候选人的行为和特征，而这些行为和特征无法通过询问来验证。

* 没有很好的职位描述，比如缺乏该职位所需的关键特征和素质，就不应该进行面试。

* 第一阶段提问从整体上判断候选人是否合适。你的问题应该集中在动机，对应聘者经验的理解，以及它是否符合工作描述。你应该关注应聘者学到了什么，以及他是如何履行他们以前的职责的，深入研究候选人如何管理失败和错误，了解是什么激励了应聘者，是什么让他想早点出现在工作岗位上。

* 花时间确保应聘者真正理解你希望新公司拥有的使命、愿景、文化和价值观。

* 一份由鼓舞人心的演讲所带来的愿景和价值观清单，对即使是最持怀疑态度的候选人来说，也会产生很大的影响。

* 第二阶段：由于构建数字银行与设计密切相关，它要求非常关注细节——既有宏伟、大胆和鼓舞人心的外部工作，也有占用大部分时间的平凡、深入的工作。了解候选人在设计中会考虑哪些因素、可能面临哪些问题、如何减轻这些问题、他们认为哪些关键过程是关键的，等等，在选择候选人的过程中至关重要。

* 第三阶段：哈里森评估提供了出色的预测性人才分析，可以以其他工具无法做到的方式揭示候选人的隐藏行为。

*　哈里森评估的"悖论图"是评估一个领导者的良好指标，它观察了 12 对看似矛盾但实际上是互补和协同的特征。

*　表现出这些互补和协同特征的领导者更加平衡和多才多艺。

Key takeaways

4.9　"生态系统"和伙伴关系

"生态系统"是当今常被滥用的词。这个术语最初被用在生物学中。而在如今的商业中，它已经被用来描述一群基本上独立的经济参与者，他们创造的产品或服务共同构成了一个连贯的解决方案（Pidun et al., 2019）。

有两种类型的生态系统：解决方案生态系统和交易生态系统（图4-11）。

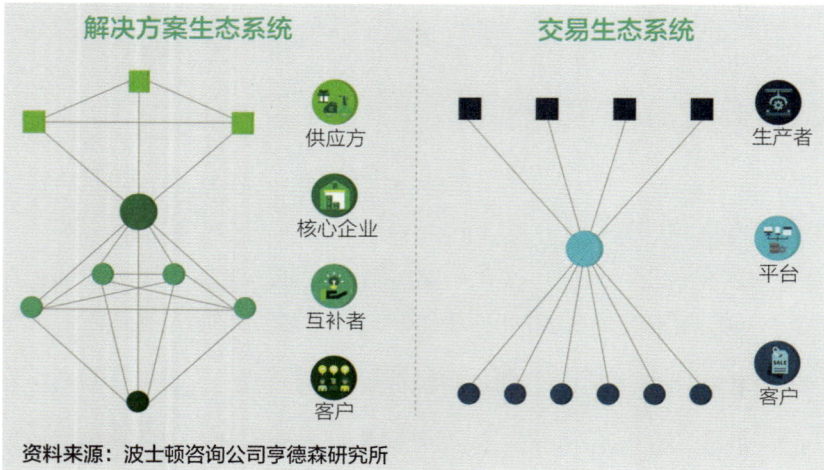

资料来源：波士顿咨询公司亨德森研究所

图4-11　解决方案生态系统与交易生态系统

在金融服务领域，**解决方案生态系统**的一个例子是债务发起和证券化。供应方是发起抵押贷款的银行。核心企业的例子是美国联邦国民抵押贷款协会（通常称为房利美）和联邦住宅贷款抵押公司（称为房地美）等实体。他们从银行购买抵押贷款，并将抵押贷款证券化，以抵押支持证券（MBS）的形式在债券市场出售。购买按揭证券的客户可能是散户或机构投资者。补充的一个例子是对MBS发行进行评级的评级机构。当你想购买解决方案而不是自己开发解决方案时，以及当法规不允许你参与客户可能需要的互补业务时，解决方案生态系统是有意义的。前者的一个常见例子是保险和银行之间的合作关系。保险公司提供保险解决方案，所以他们是供应商。核心企业是银行，而补充机构可能是推荐住房贷款期限缩短保险的房地产代理。

软件是另一个很好的例子。核心企业是销售软件即服务的 B2B 金融科技公司。长期以来，银行一直是软件供应商的客户，但现在，越来越多的软件不是买来的，而是租来的。互补者可以是系统集成商，他们定制软件以保证软件符合银行的规范。Fintech 的供应商可能是其他软件公司，它们生产 Fintech 不擅长的模块，比如信用卡处理模块，以对核心银行 SaaS 提供商提供的服务做补充。

解决方案生态系统是否适用于 B2B 金融科技？在这种情况下，核心公司将是银行，它向其财富管理客户提供，机器人顾问等服务，由 B2C 机器人顾问金融机构作为供应商。在一些国家和地区个人银行和财富管理是两个独立的业务，必须分开，以确保银行员工没有机会向普通零售客户交叉销售复杂的投资产品。在这种情况下，与已有业务的人合作是非常有意义的。财富管理领域的 B2C 金融机构可以补充没有获得财富管理服务许可的银行。除了这些机会，很难预见银行和 B2C 金融技术之间会有广泛的合作。原因是，如果你同意银行业现在纯粹是一种体验型的业务，因为随着时间的推移，产品、场所甚至人都会被边缘化，那么任何银行都不太可能在可以直接参与并与客户一起设计体验时想引入第三方参与者。

因此，机器人咨询软件提供商将有一席之地。然而，不太可能会有大规模的合作伙伴与 B2C 机器人咨询公司建立合作关系。我认为，未来还会有许多 B2B 金融科技公司，但在我看来，B2C 金融科技公司的未来是不确定的，因为它们需要与银行合作。

通常，当有人提到 Fintech 领域的生态系统时，他们更有可能指的是交易生态系统，或者更常见的所谓平台。该平台充当生产者和客户之间的中介，利用信息技术匹配买家和卖家。例如，Grab 和 Gojek 将需要搭车的客户与有车辆提供者进行匹配；Shopee 和 Lazada 把卖家匹配给买家，把买家匹配给卖家。这种拥有大量买家和卖家的交易生态系统具有网络效应，即更多的卖家吸引更多的买家，更多的买家反过来又吸引更多的卖家。

这类平台能够向他们庞大的在线客户群体提供他们所需的额外产品或服务。因此，这些平台有分销优势，尤其是数字服务的分销，因为他们的客户都偏好线上服务。利用东盟的这些生态系统**来扩大规模将是以较低成本更快扩张的一项基本能力**。银行本身就是一个平台，生产者是有现金可存的客户；而消费者是那些需要借款的人。

然而，我们是加入一个生态系统，还是简单地在一个有大量客户的网站上做广告？二者有重要的区别。我们发现后者是一种更普遍的形式，因为银行作为信贷延伸者的角色似乎是其加入生态系统的关键原因，但**在东盟现有的生态系统中，没有多少将贷款人与银行匹配**。如今，这些平台中的大多数将借款人与放贷者进行匹配。造成这种情况的主要原因是，银行手续验证过程更加稳健和繁重，这使得在结账时提供"现买后付"的即时贷款变得更加困难。

一般来说，对于高频提供商来说，低频网站不是很好的收购目标。例如，航空公司的常客不需要通过银行应用程序来联系他们的航空公司，很少去航空公司网站预订航班的客户也不会记得使用银行网站作为他们的入口。但是，从航空公司的 App 上在 Grab 上预订一次旅行是合理的，因为大多数人不会开车去机场。这是规则的一个例外，低频 App（航空公司）创建了一个高频 App（打车）的链接，因为从客户旅程的角度来看，这是有意义的。然而，将航空公司嵌入银行却不是这样。银行却不真正生产最终产品或服务——他们只是中间人。**因此，生态系统伙伴关系指的应该是与任何拥有应用程序的人合作，将自己打造成为超级应用程序。**

伙伴关系的成功和持续源于共同达成**双赢的安排**，而不是任何伙伴都不得不退让以取得结果。所以我们应重点关注那些希望扩大其产品供应以包括金融服务的大型、成熟的消费者公司，如电信公司、零售企业集团等。此外，希望在现有服务中嵌入金融服务的大型消费技术平台（如 Grab 和 Gojek）也具有协同作用，因为它们有与数字银行类似的目标和野心。这些公司希望更好地将他们的数据货币化，为客户提供流畅的线上线下体验，并专注于客户参与，而不仅仅是交叉销售。所以，潜在合作伙伴的生态系统和目标受众与你的生态系统和目标受众应该保持一致。

最终，我们与 Grab 建立了区域合作伙伴关系，目标是在东南亚获得 TMRW 客户。我们还与 Shopee Thailand 和 Au Bon Pain 等公司建立了合作伙伴关系。其中最令人高兴的是与像 Shopee 这样的大型电子商务公司合作，并且在合作中我们提供 Shopee 代金券而不是现金作为注册激励。虽然这看上去很容易，但我们的上车模块必须能够识别原始合作伙伴，并以正确地奖励客户。

这被证明是为 TMRW 获取活跃用户的一个好方法——通过合作伙伴获客与直接获客相比，成本要低多少。你不必付钱给合作伙伴，因为你从他们那里购买代金券来给成功的申请人，而这些申请人会因此花更多的钱。TMRW 已经与这些大型平台的生态系统合作伙伴合作，然后成功地在泰国和印度尼西亚获得客户，从这些合作伙伴那里获得的客户质量一直很好。

它通常也比仅仅使用谷歌或脸书来锁定客户更便宜，因为你只需用生态系统合作伙伴的代金券来吸引这些客户注册。这是双赢的事。传统消费银行需要多年才能扩大规模，因为于设分行、获得客户和加深关系需要时间。相较之下，数字银行则不受这些限制，因为它们没有实体分行或员工来获得新客户。相反，数字银行需要着眼于**拥有大量数字客户的现有生态系统**，以扩大自己的客户群，并加速增长。

作为 TMRW 数字集团的负责人，我的部分责任是设计和规划支持和加速 TMRW 增长所需的伙伴关系和生态系统。我们从一开始就明白，扩大规模将是一个主要问题，与赢利路径一样，而成功意味着两者都做得很好。图 4-12

显示了**三种不同的规模化路径**。

图 4-12　TMRW 伙伴关系模型

资料来源：大华银行网站，2019 年 5 月 15 日

1. 我们认为成本最高的模式是**直接**获取客户——直接获取客户或通过 Grab、Shopee 等合作伙伴获取客户。

2. 在泰国，所有个人贷款都要求示收入证明，因此，我们只好在印度尼西亚利用 Avatec.ai 合资企业试点——**通过电子商务交易融资**。为此，我们还与品钛科技控股公司合作，以获得另一种信用评分能力，然后利用这种能力与大型电子商务生态系统合作（The Straits Times，2018；Khoo，2019b）。如果我们能够提供即时电子商务贷款，那么电子商务公司将从更多的销售额中受益，然后我们将以更低的成本获得更多的客户。

3. 成本最低但可能涉及最多的方法，被我们称为**亲和伙伴关系**（affinity partnerships），大华银行将合作创建一个新的生态系统，并与合作伙伴分担获客成本。在我的任期内，只有一个亲密的合作伙伴关系——与越南投资集团的合作，我们与越南的公司联合建立了一个数字忠诚度计划（Sia，2019）。

在设计的早期，即我们开始为 TMRW 编写软件之前，我们已经有一个合作团队。你可以想象，这是一件多么难得的事，毕竟我们当时除了想法和热情什么都没有。迈克尔·许（Michael Koh）是那个阶段的合伙人，他积极且精力充沛。当我们多次被拒绝时，他的这些性格特质都派上了很好的用场。

迈克尔·许讲述了他早期的经历："在最初的阶段，当我们寻找合作伙伴时，我们遇到的第一个障碍是让人们认真对待我们。我们是以 TMRW 的身份去的，这是一个新品牌。然而，合作伙伴们在想，像大华银行这样一个拥有八十多年历史的老牌银行，真的想为数字客户提供新体验吗？

"为了说服合作伙伴，我们必须证明我们很顽强。甚至在我们推出之前，我们就积极寻找拥有更大客户群的合作伙伴，从而为我们将来的增长打下基础。我们很少接受'不'的回答，我们会不遗余力地让潜在的合作伙伴相信与以客户为中心的银行合作的好处。这很好地证明了团队的态度和我们对实现目标的渴望。"

重│点│摘│要│

* 有两种类型的"生态系统"：解决方案生态系统和交易生态系统。

* 在金融服务领域，解决方案生态系统的一个例子是债务发起和证券化。

* 未来还会有许多 B2B 金融科技公司，但 B2C 金融科技公司的未来并不明朗，因为这些机构无法独自生存，需要与银行合作。

* 当有人提到 Fintech 领域的生态系统时，他们更有可能指的是交易生态系统，或者更常见的所谓平台。

* 平台充当生产者和客户之间的中介，利用它帮助匹配买家和卖家。

* 这类平台能够向他们庞大的在线客户群体提供他们所需的额外产品或服务，因此，它们有分发数字服务的优势，因为它们的客户都偏好线上服务。

* 利用东盟的这些交易生态系统来扩大规模，将是以较低成本更快扩张的一项基本能力。

* 我们发现的一个普遍规律是，对于高频供应商来说，低频网站不是很好的获客目标。

* 通过合作伙伴获客与直接获客相比，成本要低多少。

* 与交易生态系统直接合作比使用谷歌或脸书获客更便宜，因为你只需用从生态系统合作伙伴那里购买的代金券奖励这些新客户。

* 我们认为，成本最高的模式是直接获取客户，即使是通过与交易生态系统参与者的合作。

* 在法律法规允许的情况下，即时电子商务交易融资由于嵌入融资功能的便利性，可以降低获客成本。

* 成本最低但可能涉及最多的方法是亲和伙伴关系，即数字银行与合适的零售业务合作伙伴合作，创建新的生态系统，并与合作伙伴分担获客成本。

Key takeaways

4.10 你将面临的最大障碍

我们将从三类银行的角度来看这个主题。首先，对于一个现有银行来说，你将面临的最大障碍是内部**有人或官僚机构会因为缺乏信念而反对它**。建设数字银行是长期的工作，因此，如果它短期亏损，加上结果的不确定性，使得对它的投资可能被视为浪费资源，而这些资源本可以用于其他优先事项。在我看来，如果组织的最高层没有一个坚定的管理者来保护它免受组织其他部门的反对，这样的冒险就会失败。因为我们没有办法确凿地证明它会奏效，所以信念对于成功至关重要。

我们下一个最大的障碍是，为什么要这么做？威胁不是立竿见影的，所以为什么不等等看呢？毕竟，这会吸走大量资源和资本，多年也见不到隧道尽头的光明。一家现有银行采取行动的最强有力的理由是，如果这种新模式真的奏效，它就失去了在 10 年后对此作出回应的机会。

这就是柯达公司故事的精髓——一个公司害怕变革和重塑的写照。柯达公司诞生于乔治·伊斯曼的 1884 年的底片发明。到 1963 年，柯达在全球摄影领域占据主导地位，1963 年至 1970 年间，柯达 Instamatic 相机销量不少于 5000 万台。1978 年，柯达公司申请了**第一项**使用电荷耦合器件（CCD）传感器的数码相机专利。图 4–13 展示了第一台数码相机，这台相机使用盒式磁带，用 23 秒的时间就能记录下一张黑白图像。

当向柯达公司的高管们展示这项新发明时，他们并没有留下深刻的印象。它笨重而缓慢，拍摄的照片分辨率很低，最重要的是，他们想知道打印的情况："打印的相片在哪里？"他们不明白为什么会有人想要一台不能打印的相机，毕竟柯达公司的大部分利润都来自打印。因此，柯达公司浪费了将自己重塑为数码成像公司的机会，这导致数码相机和数码摄影的时代花了二十年才到来。在那段时间里，柯达公司拥有开发和领导数码摄影业务的技术和资源，但当他们开始行动时，为时已晚，柯达公司于 2012 年申请破产。

资料来源：乔治·伊斯曼博物馆

图 4-13　第一台数码相机

资料来源：乔治·伊斯曼博物馆

同样，对现有银行来说，它们有资源和能力建立一个数字银行，但就像柯达公司一样，许多现有银行的高管都在问类似的问题："打印相片在哪里？"他们应该问自己的是，当威胁迫在眉睫时，他们还有机会作出回应吗？因此，对现任者来说，最好的定位是评估能为它投入多少资金，作为保险，以防止无法应对客户体验至关重要的未来。

来自 Innosight 的斯科特·安东尼（Scott Anthony）在《双重转型：如何重新定位核心业务并实现颠覆性创新》（*Dual Transformation: How to Reposition Today's Business While Creating the Future*）中完美总结了一点："柯达公司的教训是微妙的。它经常看到影响其行业的颠覆性力量，也经常转移充足的资源参与新兴市场，但它**无法真正接受颠覆性变革带来的新商业模式**。柯达公司发明了数码相机，投资了这项技术，甚至知道照片将在网上共享，但它没有意识到在线照片共享是一项新业务，而不仅仅是扩大印刷业务的一种方式。"（Anthony，2016）

大多数现有银行成功的最大障碍将是银行的现有文化和工作方式。这种文化极有可能与冒险、创新和创业方式的相悖。如果这个问题得不到解决，其他问题也就无从谈起了。

对于第二种类型的银行（**没有自己经营银行执照的新银行**），你需要从有执照的银行借这些执照。这类银行的典型代表是 Solaris 银行，它拥有完全的德国银行牌照，允许它在欧盟运营，并向任何新银行提供完全数字化的银行即服务平台。没有多少持牌银行出租他们的许可证，更少的是作为 BaaS 模式提供它，它们提供平台和流程给感兴趣的新银行。这种模式的一个明显优势是，如果授权银行拥有在几个国家经营的许可证，它就有能力在多个国家扩大规模。

Chime 是美国的一家新银行，拥有 1200 万个客户。它已经从投资者那里获得了 15 亿美元的投资，目前的估值为 145 亿美元。Chime 没有银行牌照，所以它需要与两家联邦存款保险公司保险的银行 Bancorp 和 Stride 合作。它把自己定位为一家科技公司，并向顾客提供免费支票账户。Chime 的目标客户是年收入在 3 万美元至 7.5 万美元之间的美国人。据统计，北美软件公司的市盈率为 42.7%，大银行则为 10.56%。因此，与银行相比，软件公司的定位让 Chime 获得了更高的估值。但 Chime 真的是一家科技公司，还是只是一个平台？如果 Chime 能与多家授权银行合作，那么 Chime 可能会被定位为一个将存款与借款人匹配的平台，而这是否可行还有待观察。

然而，新银行与拥有许可证的授权银行之间的关系使长期生存变得复杂，因为如果新银行取得成功，可能的**退出策略**（exit strategies）是什么？向授权银行的潜在竞争对手寻求收购可能会被授权银行阻止，所以它可能会选择在证券交易所上市或向授权银行寻求收购（较高概率）。新银行的估值可能受到一些因素的负面影响，如与授权银行的利润分享导致利润率较低，以及完全依赖授权银行的多国许可证。一般来说，它们很难取代授权银行，因为世界上拥有实质性多国牌照的银行有限。

　　如果授权银行的合作伙伴不是全球性的，而是限定于一个国家，那么如果新银行对目前的授权银行不满意，可能更容易更换银行。但是，每个国家有一家不同的银行也会增加与不同银行对接的复杂性。因此，这种方法的策略需要考虑启用银行的可移植性。鉴于退出估值可能较低，如果建立和运营新银行所需的投资过大，那么它的所有权可能会被大幅稀释。因此，这就有必要对新银行如何提高成本效益进行审查。例如，启用银行能否通过应用程序接口提供其处理能力的重要部分，以降低运营成本？新银行能否利用授权银行的合规流程和技术平台？这实质上就是 Solaris 提供的服务——银行业的一个新的解决方案生态系统，类似于快餐业的特许经营模式。

　　最后，让我们考虑一下**从监管机构获得牌照的挑战者银行**。银行业，尤其是消费者和中小企业的银行业，不是一项全球性的业务，因此，除非该国的机会很大，否则**它如何能够负担得起扩大规模的成本**？从新加坡等较小国家起步的挑战者银行可能需要非常迅速地进行国际扩张，以达到足够的规模。这就需要在每个运营国设立子公司，这使其业务模式变得复杂，因为每个国家的规定都不一样，扩张的难度较大。

　　资本也是一个问题，由于大多数监管机构要求任何规模较大的消费银行在国内拥有专属资本，所以挑战者银行在国际扩张时将被要求准备更多的资本。对挑战者银行在每个国家设立银行的要求看起来是资本密集型的。我们已经知道，在每个国家设立一家挑战者银行都是一个长期的游戏，因为这些挑战者银行不太可能在短期内赢利。总的来说，**成为区域性数字银行的挑战者似乎既昂贵又复杂**——即使银行能够极其高效地将其标准化为一个标准的全球平台，它仍然需要迎合当地的支付系统和监管要求。

○━ 重 | 点 | 摘 | 要 |

* 对于一个现有银行来说，你将面临的最大障碍是银行内部的现有机构会反对建立一个数字银行。

* 在现有银行的最高层必须有一个强大而坚定的支持者，可以保护新建立的数字银行免受组织内部其他部门对它的伤害。

* 没有办法确凿地证明它会奏效，所以信念对于成功至关重要。

* 下一个障碍是"为什么要这么做"。威胁不是立竿见影的，所以为什么不等等看呢？毕竟它会吸走大量的资源和资本，很多年都看不到隧道尽头的光。

* 就像柯达公司一样，许多现有银行的高管都在问类似的问题："打印相片在哪里？"

* 一家现有银行采取行动的最强有力的理由是，如果这种新模式真的奏效，它就失去了在 10 年后对此作出回应的机会。

* 公司经常能看到影响其行业的颠覆性力量，也经常转移充足的资源参与新兴市场。

* 它们的失败通常是因为无法真正接受颠覆性变革带来的新商业模式。

* 对于没有执照的新银行来说，没有多少持牌银行向它们出租执照，更少的是作为 BaaS 模式向新银行提供服务。

* 新银行与拥有许可证的授权银行之间的关系使长期生存变得复杂，因为如果新银行取得成功，那么它可能的退出战略是什么？

＊ 从新加坡等较小国家起步的挑战者银行可能需要非常迅速地进行国际扩张，以达到足够的规模。这就需要在每一个运营地设立子公司，并给业务模式带来进一步的复杂性和成本。

＊ 成为区域性的挑战者数字银行既昂贵又复杂。

Key takeaways

数字化转型的分步指南

CHAPTER 5

当我们着手设计和构建 TMRW 时，没有任何结构化的方法可供我们遵循。虽然市场上有许多可用的工具包（例如，商业模型画布、客户价值主张画布、客户移情地图、大量传统策略工具等），但我们需要的是一个整体的、结构化的方法。即使你雇用了管理顾问来帮助你，他们也不会使用任何特定的结构化方法，而现有的方法往往过于简单，无法处理除了最琐碎的数字转型外的任何事情都可能遇到的复杂性。

倘若有一份指南可供我们参考，帮助我们看看未知的前路，旅程就会更清晰、更容易。这份指南可以描述我们需要考虑的关键维度，以及这些维度是如何相互影响的，从而提示我们需要作出哪些权衡。这样的攻略还将建立一种共同的语言和方法，指导我们度过困难和困惑的早期。

在带头创建了 TMRW 后，我编制了一份数字化转型的分步指南，帮助其他公司踏上数字化转型之旅。这项工作目前便是 The allDigitalfuture Playbook™（TaP）。它代表了我认为每个数字领导者在转型之初都需要的东西。虽然 TaP 是基于我在银行业务的经验，但并不仅适用于金融服务领域，任何行业都可借鉴运作。

你为什么需要一份指南？答案很简单。虽然全球在数字化转型方面的支出飙升，但研究表明，很少有数字化转型能达到预期效果（Bendor-Samuel，2019；Wade，2018；Solis，2020；Rogers，2016；Kitani，2019；Sucliff、Narsalay & Sen，2019；McKinsey&Company，2016；Boutetière、Montagner &

Reich，2018；Deakin、LaBerge & O'Beirne，2019）。根据 IDC 的数据，2021 年全球在数字化转型技术（硬件、软件和服务）上的支出预计将超过 21000 亿美元。然而，在 2018 年花费的 13000 亿元中，估计有 9000 亿美元被浪费了（Tabrizi et al.，2019）。

Celonis[①] 在 2019 年对 1000 名 C 级高管进行的一项调查显示，几乎一半的人不知道从哪里开始，四成的人认为他们的转型浪费时间。"这是一个没看清就往下跳的问题""70% 的人打算投资人工智能、机器学习和自动化，但只有 32% 的人打算为提高转型流程的可见度投资"（McKendrick，2019）。

为了避免这种命运，我们需要理解**为什么大多数数字化转型都失败了**。托马斯·达文波特（Thomas Davenport）和乔治·韦斯特曼（George Westerman）在《哈佛商业评论》上写道："数字化不是一个你买来插入组织就能用的东西。它是多方面和发散的，不仅仅涉及技术。数字化转型是一个不断改变你做生意方式的过程。它需要在技能、项目、基础设施以及清理信息技术系统等方面的基础投资；它需要将人、机器和业务流程与所有由此带来的混乱融合在一起；它还需要从高层持续监测和干预，以确保数字领导者和非数字领导者都在对他们的转型努力作出正确的决定。"（Davenport & Westerman，2018）

于是，许多转型都失败了，因为组织大大低估了转型所涉及的许多维度、要素，也对复杂性欠缺考虑，而正是这些多重因素之间的循环相互作用加剧了复杂性。

图 5-1 阐释了任何复杂问题或系统的核心挑战的交互性质。例如，开发一个强大的客户价值主张自然会导致差异化，但这通常意味着在你拥有的核

---

① Celonis 是总部位于纽约和慕尼黑的商业转型软件领导者，利用其首创的流程挖掘技术将流程洞察转化为行动。Celonis 委托相关机构探索企业如何管理转型战略，以及成功的障碍是什么。2019 年 1 月，Opinion Matters 受其委托对英国、美国、德国和荷兰的员工超过 500 人公司的 1009 名商业分析师和 1002 名高管进行了调查。

心能力和你需要开发的核心能力之间可能会有更大的差距。这反过来又增加了执行失败的风险和转型的成本，因为能力差距很大。但是，如果差异化不够，规模很可能就无法扩大，进而影响收入和成本。公开和管理循环交互是 TaP 中发现的独特方法之一，可以帮助提高转型的成功率。通过公开这些交互，TaP 将使你更容易确定需要权衡的内容。

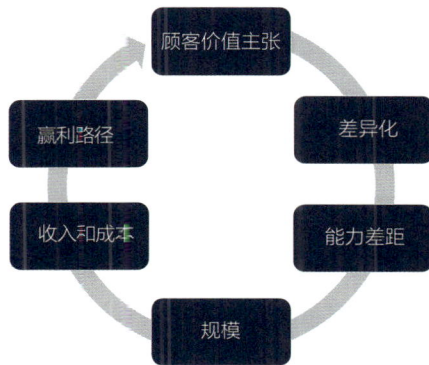

图 5-1　循环交互导致严重的复杂性

为了管理这些复杂的交互，你必须以**系统的方法**来看待你的主动性，这意味着要看客户、业务、能力、人与领导力这四个 TaP 维度以及在每个维度中，目标细分领域、洞察、差异化、利润、扩展新方法、领导力等元素是如何相互影响的。

在银行业等竞争激烈、商品化的行业，因为**几乎没有什么重大突破，所以你需要耐心和关注细节，在细节上下功夫**，并对客户和新银行员工的最终体验非常挑剔。银行技术几乎没有真正可以被视为专有知识产权的东西。银行技术与你在 LCD 显示器中发现的深度技术不同，在 LCD 显示器中，更高分辨率的新型号会蚕食旧型号，例如 1K 电视在几年内让位于 4K 和 8K 分辨率电视，同理，在拥有更小的尺寸和重量的同时延长续航时间的技术对于手机是至关重要的。

建立一家数字银行仍然需要创新，无论你是一家寻求为不确定的未来购买保险的现有银行，还是一家寻求快速扩张的新银行，还是一家寻求为数字时代建立新模式银行的数字挑战者银行，但这都是一种不同形式的创新与技术。在我看来，创新主要是打破现有的行业范式，设计和实施一种新的商业模式，创造一种不同的思维和工作方式。其他行业的许多数字化转型举措可能也属于这一类。

我们的出发点是在前一段描述的背景下更好地理解创新。借用从 IDEO（一家设计公司）开始流行，现在几乎被大多数设计从业者普遍采用的概念，我将创新定义为"一个可期的（desirable）、可行的（viable）和可取的（feasible）新颖命题"（Fenn & Hobbs，2017；Jeffries，2011；Osterwalder，2017）。**人们常会有很多想法，但很少创新，因为创新不同于想法，必须是可期的、可行的和可取的**。"新颖"表示一项创新必须是新的东西；无论多小，必须有一个新的方式做某事，例如，一次性使用的强力胶水算是包装创新，而强力胶水的发明本身则是产品性能的突破。

可期的意味着只有当客户想为它付费时，它才是一种创新，因为如果没有人为它付费，那么最终这个想法就不能变成一种可以自我维持的创新。即使免费的东西也不是真正免费的，这方面一个很好的例子就是谷歌搜索。谷歌搜索从一开始就对个人客户免费，这样谷歌就可以迅速增加使用它的客户数量，一旦有足够多的客户使用它，谷歌就可以通过向广告商和公司收取领先者费用获利。免费游戏的道理也是一样的。游戏公司用免费游戏吸引玩家，这些玩家上瘾了，然后就会购买额外的装备或武器。

因此，必须有客户愿意为我们的创新付费，客户愿意为它支付的金额表明它有多可取，就表明它有多可行，因为我们需要有足够多的客户愿意为整个提议支付这个价格以获得足够的利润。这就引出了第二个标准：**它必须是可行的，因为它必须在某个阶段有利可图，并且能够维持下去**。最后，创新必须有很高的**可能性被引入生活中，即可取的**。为了实现这一点，我们就需要对所需的能力、人与领导力有一个明确的概念。这听起来很简单，但当我们向下移动一个层次，看看如何同时满足三个标准，并将创新引入生活时，它很快就会变得非常复杂。

如图 5-2 所示，TaP 的四个维度是：客户、业务、能力、人与领导力。

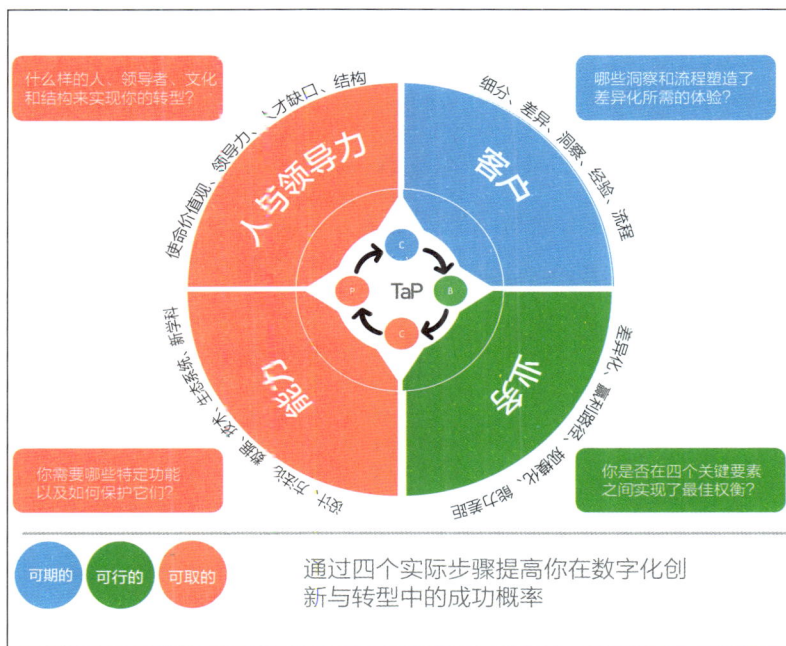

图 5-2　TaP 的四个维度

1.**客户**维度审查选择目标客户群体，是由客户的行为、习惯、痛点、未满足的需求和期望所决定的。在该维度，我们亦应完成对分部及其他目标分部选择的规模及吸引力的分析，以充分确定该建议的利润池及可期性。客户维度的输出是**客户价值主张**。

2.**业务**维度考察了决定该命题可行性的四个重要因素，即赢利路径、差异化、规模和与当前业务核心能力的差距。业务维度的输出是**业务模型**。

3.**能力**维度着眼于交付和实现命题所需的支持因素。这里的重点是命题的设计，对新学科的考虑，例如，考虑在分析、仪器或专业制造中，可以帮助业务产生新想法或扩大使用规模的生态系统。在此维度，你将为数字化的技术、数据的使用和新方法（如设计思维、精益思维、敏捷交付等）提出新的建议，将完成使提议可行所需的要素。能力维度的输出是成功所需的业务使能器。

4. **人与领导力**是最后一个但可以说是最重要的方面，因为归根结底，是人与领导力使主张成为现实。该维度的输出是设计、构建和部署转型所需的人员使能器。

在接下来的章节中，我们将依次深入研究这些维度中的每一个。一切都是相互联系的，当面对所有这些相互关联的交互时，我们可能会盲目地相信在数字化转型中一定有一条简单的出路。是的，简单性是有作用的，尤其是在产品或服务的提供、消息传递以及设计和使用方面，**但认为一切都很简单也有严重的缺点**，因为事实并非如此。试图在现有规模的企业中发起、设计、构建和运行数字化转型行动就是一个复杂的问题。

图 5-3 显示了四个 TaP 维度和要素如何进一步向下钻取，它提供了一种导航关键注意事项和互连的方法。这是查看整个 TaP 的一个极好的方法，它可以让你查看所有的维度、要素和注意事项。

此外，使 TaP 真正具有开创性的是它如何将传统的商业战略实践与以人为本的设计、持续改进、消除歧义、设计考量和方法（如设计思维、精益六西格玛、敏捷等）相结合。没有其他商业攻略可以像 Tap 一样提供这样一种集成的方法，它可以显著提高你的数字化转型或创新行动的成功率。

当我反思什么因素最有助于我们在 TMRW 中构建世界级数字银行平台时，我发现，这个因素最突出。我把我的时间和注意力集中在连接这些点上，并确保在对一个点采取行动之前，我们已经充分了解它对其他各点的影响。我还发现，如果没有一张可能的点的地图，这将是非常具有挑战性的，但对成功来说却又是必不可少的。在图 5-3 中，我们为你提供了一张地图，它能帮助你获得更高的成功率。

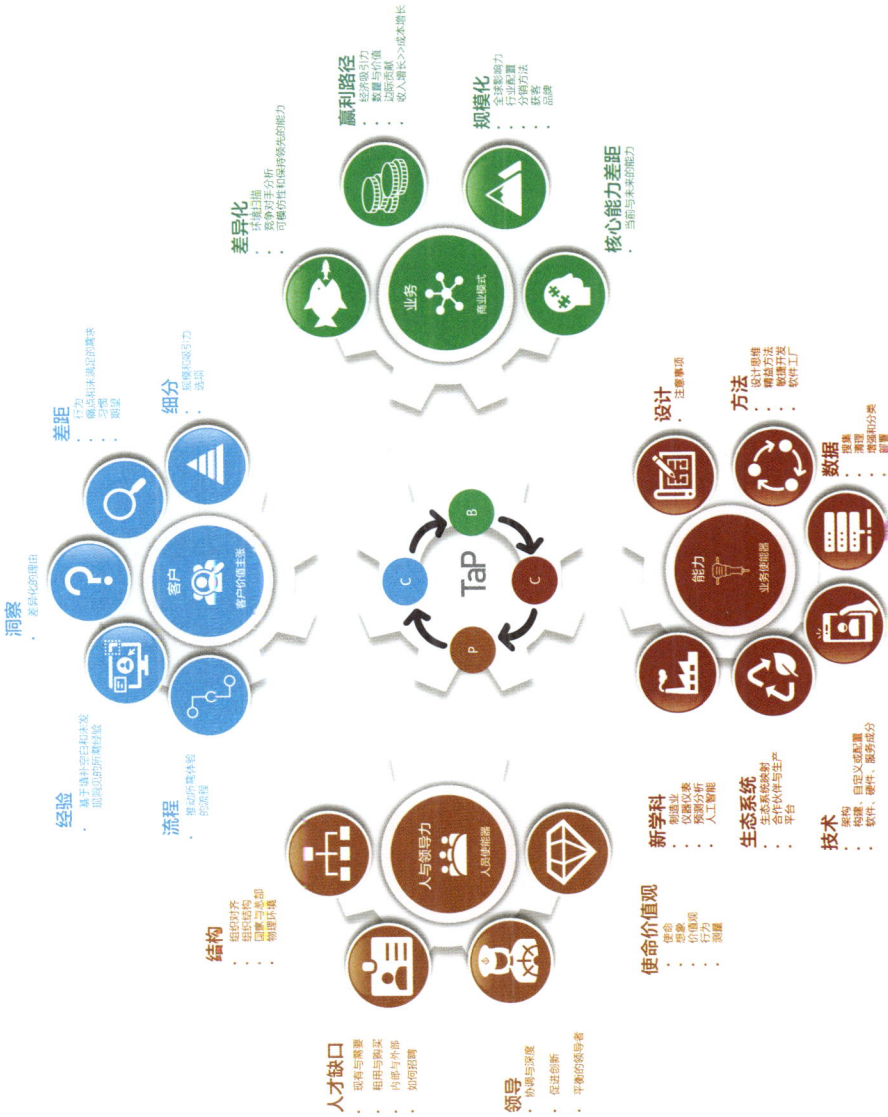

图5-3 维度、要素和注意事项

5.1 客户维度

让我们从第一个维度"客户"开始。由万维网提供动力和支持的信息时代，将前所未有的权力交到了消费者手中。普通消费者现在几乎能够搜集他所需要的知识并以此为基础，理解和分析任何话题——只需动动手指，甚至是在路上（Perkins & Fenech，2014；Umit Kucuk & Krishnamurthy，2007）。

因此，**可期性**是我此份攻略的出发点，这是恰当的。可期性引导我们首先了解我们想为谁服务，并确定我们现有的服务存在哪些差距。这使你能够利用这些差距来更好地为客户服务，这样他们就会对你的提议和你所提供的服务超过你的竞争对手抱有期待。

一家公司越成功，他们就越认为自己知道客户想要什么，但事实上，**随着公司规模越来越大、越来越成功，公司往往变得更以组织为中心，而不是以客户为中心**（Innovation，2018；McGovern，2013；Morgan，2019；Williams，2019）。我的建议是永远不要从功能开始——这个规则听起来很简单，但很难遵循。高管们参加了一些活动，回来时对人工智能、预测分析或设计思维感到兴奋，但对他们感兴趣的领域没有清晰的理解，也没有耐心理解和描述客户面临的问题。如果不了解客户愿意为什么付费，上述的技术和方法就只是一些方案而已。

5.1.1 细分领域和差距

· 细分领域

如图 5-4 所示，你的第一步是选择目标细分领域。定量分析会告诉你细分领域市场的规模，目标客户的钱包大小，以及你可能获得的份额。目标细分领域的选项越多越好，这样你就可以在更大的范围中选择最合适的。

细分领域选择、差距分析和洞察生成是迭代的。因此，你可能不会很快找到一个足够大的细分领域，在这个领域中，目标客户有愿意付费的明显未被满足的需求，而且他们有可以满足你的目标份额的钱包，从而实现可行的目标。这与商业模式的可行性有着明显的联系，这是我们攻略中的第二个维度。

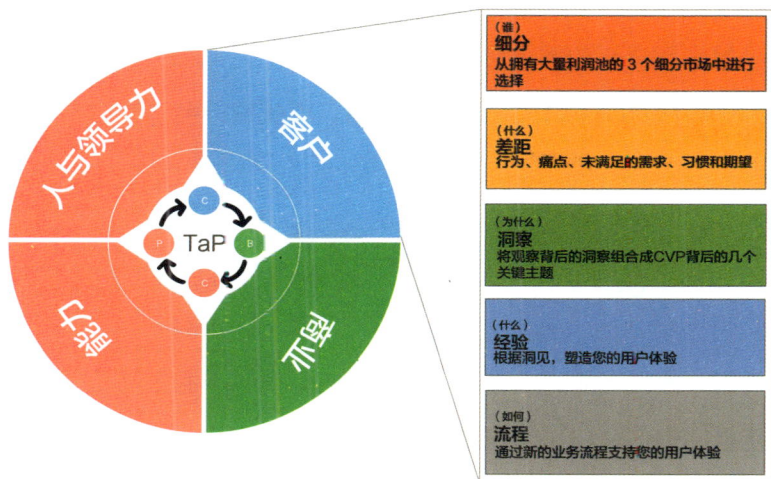

图 5-4 可期的客户价值主张

青年专业人士是 TMRW 的选择群体。由于我们的目标是创建一个真正的移动数字银行，所以我们需要挖掘已经**高度连接和移动优先**的受众。我们还想从简单的产品开始，这样我们就可以随着这些客户的产品需求的变化和增长而扩展。"千禧一代"有简单的银行需求，由于他们使用手机的经验丰富，他们希望一切都是流畅的和随时可用的。拥有他们想要的产品会吸引他们最终更换使用的主要银行，使他们最终成为主要银行客户。

另一种选择是针对富人，但富人已经得到了很好的服务，因为他们年龄较大，为了服务他们我们就需要将 TMRW 设计为提供全渠道服务，这是一个昂贵的提议。由于传统的产品已经覆盖了这一细分领域市场，专注于"千禧一代"专业人士将使我们能够设计和建立一个只限于移动用户的低成本的模式。一般的大众市场被排除在第一目标之外，因为我们考虑到他们的可支配收入较少，从他们身上获得利润的道路将更加困难，多项研究表明，使用数字银行的倾向与教育和收入有关（Sulaiman，Jaafar & Mohezar，2007；Fall，Orozco & Akim，2020；Magotra，Sharma & Sharma，2015）。

我们很早就看到了数字银行吸引"千禧一代"客户的潜力。我们相信，消费银行的未来在于为"千禧一代"服务。"千禧一代"以及随后的年轻一代为世界带来了全新的需求和期望，并塑造了数字经济。**"千禧一代"专业人士通常被传统银行视为大众市场消费者，传统银行会向他们提供与其潜力相关的服务**。究其原因，是大多数"千禧一代"缺乏高可支配收入。

为这一细分领域市场服务也有不力之处。我们估计，东盟"千禧一代"银行业的收入池价值 1000 万新元，但这一潜力很可能在晚些时候，也就是当他们的收入增加时，才能发挥出来。尽管如此，我们还是必须开发这个市场，不是因为他们目前的投资潜力，而是因为他们可能是**纯移动数字银行的早期采用者，他们从传统银行那里得到的服务不足，这导致 TMRW 对"千禧一代"有更大的亲和力，并在未来获得更高的顾客终身价值**。如果你能够尽早抓住这些受众，并充分吸引他们，使他们成为你业务的忠实倡导者，你将能够在未来促进他们更多地进行交易，并从中受益。但很明显，这需要很大的耐心，因为成本是第一位的，收入在后期才能获得。

类似地，你将需要经历相同的选择过程，以确定你的转型或创新的正确目标。

·差距

有时候，在你近距离地与你的客户交谈之前，你可能都无法意识到你的客户所面临的问题。许多高级管理人员并不像他们的客户那样体验他们的产品，因为他们自己就在 VIP（贵宾）名单中，获得的是特殊待遇。我举一个简单的例子。在新冠疫情暴发之前，许多公司使用的是远程电话会议。你日历上的电话会议细节真的令人痛苦。首先是会议电话号码，然后是一长串数字会议标识符，还有密码。正确输入它的唯一方法是把它抄下来。这个问题已经存在了很长时间，但可能还没有大到让客户报告的程度。

作为远程会议服务的提供商，你可能不会意识到这个痛点，除非你与客户交谈并询问他如何使用你的产品或服务。

你必须与客户互动。有多种途径可以做到这一点。与客户直接交谈，观察他们如何使用你的产品和服务（或竞争对手的产品和服务）。这很费时，但确实很有启发性。相较于问客户"你会如何……"——这可能会得出理论上的答案，这种形式的研究鼓励你将自己嵌入目标客户的环境中——也就是所谓的**人种学研究**（ethnographic research），而不是仅仅依赖标准的焦点小组研究（Baxter et al.，2013）。

事实上，许多专家建议将这两种方法结合使用（Davey，2013；Agar & MacDonald，1995；Baxter，Koners & Szwejczewski，2013）。巴克斯特（Baxter）等人的结论是"人种学研究被评为识别客户需求的最有效方法，它还有助于识别隐藏的需求，即以前未满足和未表达的客户需求。这使得民族志特别适合回答可能导致根本性创新的一系列问题"。阿加（Agar）和麦克唐纳（MacDonald）得出结论，"焦点小组可以向一项研究展示一些新的领域，但它不能告诉你你刚刚看到了什么"，也就是说，它不具备解释客户行为的能力。

在就 TMRW 的重点部分达成一致后，我们通过人种学研究深入研究了这些客户的细微差别。我们与他们交谈——并在某种程度上成为他们，以更好地理解他们。随后就该部分真正需要什么进行了多次冗长的讨论。我们首先从我们想要开发的两个市场开始：泰国和印度尼西亚（图 5–5）。这两个市场因其高银行渗透率潜力（或低当前渗透率）、高零售银行池规模（它拥有大量人口，其中有大量无银行服务个体和高移动设备渗透率，它们的零售银行池规模将会变得更大）以及支持性的银行监管而脱颖而出。例如，作为其雄心勃勃的泰国 4.0 行动的一部分，泰国启动了国家数字身份证项目，允许个人在线确认身份。印度尼西亚法规允许数字银行使用视频对客户进行访问。进入这些市场将是 TMRW 数字银行推出的一个很好的概念证明。

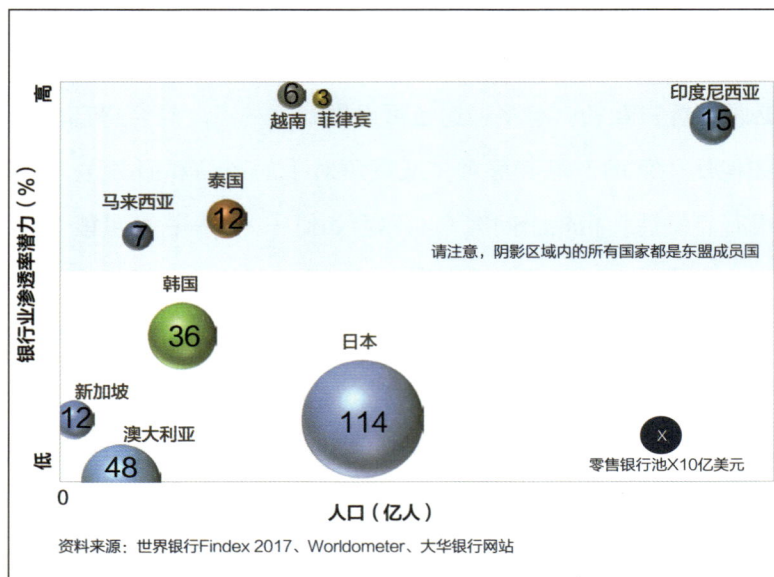

图 5-5 对数字银行来说最具吸引力的东盟市场

为了构建 TMRW，我们采访了 3000 名客户，详细了解他们的需求（Finews.asia，2019）。不管你在这个行业工作了多久，这部分工作都不能跳过。至少，在客户使用你的解决方案或竞争对手的解决方案时，必须与他们交谈，以了解他们所面临的问题。**定性研究是探索性的**，它帮助你观察和理解客户的潜在动机、信念、行为、痛点、未满足的需求、习惯和期望。这些是必要的信息，它们能体现你在理解客户的需求和愿望方面有哪些不足。定性研究可以包括深入访谈、人种学研究、焦点小组、内容分析（从与目标部分相关的各种内容中分析文字和图像）和日记记录（更新与你感兴趣的主题相关的思想和行动日记）。在我看来，你可能犯的最大错误之一就是因为匆忙而跳过这一步。

一旦你有足够的定性输入来发现关键的洞察，可以帮助你设计你想要的体验，你就可以使用**参与式设计研究**[①]（participatory design research）来让客户参与到解决方案的设计中。它有助于你确定什么对客户来说是最重要的，以及为什么它们是重要的。当高保真原型准备就绪时，眼球跟踪分析通常用于测试你的数字解决方案（如应用程序）的友好性和可用性。你可以为你的目标客户安装一个摄像头，比如，当他们看你的 UI 时，摄像头会显示他们的眼睛聚焦在哪里。一个非常分散的聚集的眼球跟踪图意味着每个客户在 UI 上看的是不同的东西，这可能意味着他们被内容或指令所迷惑。

　　一旦命题明确，**就应该使用定量研究来获得统计上的信心**，即证明有足够数量的客户愿意为你将要带来的新体验付费，这样你就可以实现你的业务目标。

5.1.2　洞察、体验和流程

·洞察

　　在消费者方面，你所追求的最大奖品不是差异化本身，而是推动差距的洞察。

　　表 5–1 显示了观察、洞察、未满足的需求、想法、体验设计和客户旅行之间的关键差异。你可以看到，如果洞察不为人所知，那么你的想法仅仅是一个建议，而无法解释驱动行为的是什么。因此，无论是在理解问题的观察中，还是在应用思想解决问题中，发现洞察都是关键，因为正是洞察允许我们走上通往突破性创新的正确道路。遗憾的是，有**太多的人追求突破而不寻找新的洞察**。

[①]　一种邀请所有利益相关者（如客户、雇员、合作伙伴、公民、消费者）参与设计过程的方法，作为更好地理解、满足，甚至偶尔"预防"需求的一种手段。资料来源：UX Magazine。

表5-1 CVP创建检查表

编号	观察 （"我观察到的"）	洞察 （"我为什么观察到它"）	未满足的需求 （"客户想要但没有得到的东西"）	想法/可能的解决方案	体验设计与测试	客户旅程映射过程
1	删除漂亮的钞票作为一种储蓄方式	发现这是一种有趣且简单的小额储蓄方式	没有简单的方法来保存	设计一款游戏来帮助客户节省省乐趣和轻松	A.绘制低保真原型与客户一起测试游戏，看看感觉如何 B.是太简单了吗 C.是太复杂了吗	A.绘制详细的分步客户旅程 B.游戏中的行为如何导致储蓄余额发生变化
2	不想申请更多信用卡	害怕卡太多超支	没有简单的方法来防止超支	允许客户设置在线消费，提现限额并降低他们的卡限额	A.测试线框原型中限制的变化，看看它是否易于理解和使用 B.查看是禁是还是混乱 C.迭代，直到它变得清晰	绘制详细的分步客户旅程，并找出前端到后端主机接口所需的所有输入和输出
3	客户的银行的菜单设计令人困惑	菜单强制用户以标准方式导航	没有简单的方法来完成任务	设计一个只有很少一级菜单的银行应用程序	确保最终输出正确，并保证UI设计作为标准库存储在设计中	确保输入和输出指令，数据输入的顺序正确，并保证UI设计作为标准库存储在设计中系统中

续表

编号	观察（"我观察到的"）	洞察（"我为什么观察到它"）	未满足的需求（"客户想要但没有得到的东西"）	想法/可能的解决方案	体验设计与测试	客户旅程映射过程
4	A. 年轻客户非常担心超支 B. 有些人因无法偿还债务而受挫	A. 这有一个文化因素，年轻客户可能受到同辈压力的影响，想要让自己看起来不错并拥有最新的产品 B. 许多客户容易冲动购买，没有自制力	没有简单的实时方法可以避免超支，所有现有方法都只在月底报告	允许客户为某个类别设置预算，并在每当发生该类别中发生支出时，提醒客户他是如何超支的	当警报出现时，客户对他表现方面的反应如何？这是否会让客户在下次购买时更加谨慎和不那么冲动	A. 绘制客户在支出警报之前和支出警报之后所经历的整个旅程 B. 如何以及在哪里获取有关客户支出的实时数据？允许的延迟最长是多少 C. 如果已经付款，但商家延迟没有发送交易数据，会带来什么问题
5	客户使用语音而不是打字	有些语言很难打字，因为它们不容易用字母表示	没有双向通话就没有简单的沟通方式	将此作为所有电话的标准功能并默认为语音	什么样的客户更喜欢语音而不是文本	A. 如果默认是语音或文本，则绘制并确定需要在哪里作出决定 B. 我们是否应该将所有象形文字和非拉丁字母语言默认为语音

获得良好的洞察是一门艺术而不是一门科学。当你看到它的时候你就能一眼识别出它——当一切都聚集在一起的时候，魔法就会发生。下面是三个有价值的洞察的例子，它们符合良好洞察的所有标准：

1.Peloton（健身自行车）：该品牌在刚推出时，依据行业标准向客户提供 45 分钟的课程。但通过许多渠道仔细收集客户反馈，包括一个非常活跃的脸书小组，Peloton 决定提供 20 或 30 分钟的更短骑行健身时间（Segran，2017）。原因是如果你去健身房锻炼，那么你往返就需要时间，所以一个更长的课程设置是有意义的。然而，Peloton 已经将高带宽的大屏幕连接到你的自行车上，在那里你可以在家直播或点播课程，进而节省了来回时间。因此，45 分钟的课程设置并不适用于 Peloton 的用户，将时间缩短到 20 或 30 分钟对 Peloton 和他们的客户更为合理。当你刚刚开始健身时，短时间的骑行从心理角度也是有益的。

2.Three（电信）：当客户在社交媒体上发布度假照片，而不是等待在酒店或其他地方使用免费 WiFi 时，客户使用的数据量是平时的 71 倍。即使在降低漫游费的情况下，数据量的增加也可以带来可观的利润（Michon，2021）。这一洞察是 2015 年 Three 的 #HolidaySpam（假期垃圾广告）活动的起源。

3.TMRW（银行）：客户不是为了信息而想要信息；他们想行动。因此，所有的预算都应该是实时的，而不是月底的报告，因为到那时你已经花完了所有的钱，想要采取行动为时已晚。实时跟踪和预算成为区分 TMRW 的积极主动的关键证明之一。

你如何知道自己有了优秀的洞察？

图 5-6 显示了一个优秀洞察的五个关键要素。第一，一个好的洞察应该

解释对一种行为的观察，这种行为是大多数人以前可能没有听说过的，也就是说，不是常识或预期的。第二，观察必须与客户的问题或快乐联系起来，他们可能愿意为此付费。第三，洞察应该提供一个简单、清晰和优雅的解释，解释为什么客户会这样做。第四，你可以依据并利用洞察采取行动，并利用洞察得出一个可以使你的产品具有差异化的提议。第五，当洞察迫使你跳出传统智慧时，你和你周围的人应该感受到"尤里卡时刻"[1]。

01 解释了大多数人以前可能没有听说过的一种行为的观察，即不是常识或预期的

02 观察必须与客户的问题或快乐联系起来，他们可能愿意为此负责

03 提供了一种简单、清晰和优雅的解释，说明为什么客户会这样做

04 您可以依据并利用这种洞察得出一个可以使您的产品具有差异化的提议

05 当洞察迫使你跳出传统智慧时，你和其他人会感受到"尤里卡时刻"

洞察

图 5-6　一个优秀洞察的五个关键要素

如表 5-1 所示，观察和洞察是客户研究的输出，二者的关键区别在于，**观察是"我观察到的"，而洞察是"为什么客户会这样做"**。了解原因是至关重要的，因为它可以让你理解驱动客户行为的真正动机，而不仅仅是你观察到的表征。大多数情况下，这些洞察并不是显而易见的，而是在你审查客户互动的记录、笔记和视频记录时才出现的。

确定问题的实质是这个过程中至关重要的一步。如果你得到的问题或

---

① 据说阿基米德洗澡时灵光乍现，想出了如何测量皇冠体积的方法，因而惊喜地叫出了一声"Eureka"，凡是通过神秘灵感获得重大发现的时刻叫作"尤里卡时刻"。——译者注

"未满足的需求"是错误的，那么你将为错误的事情做大量无用功！如表5-1所示，来自客户研究的观察是，客户害怕超支。然而，超支的原因通常不会被深究。在这个例子中，超支背后的动因是同龄人的压力。如果没有意识到他们会因为同龄人的压力而经常会购买最新的小玩意或配件，我们就可能会以为超支是因为利率太高。这将导致设计一个低利率的产品解决方案。但有了这种洞察，我们自然而然也就会想到更合适的解决方案可能是实时费用跟踪——让你重新考虑同侪压力，而不是更负担得起的贷款。

开始规划想法或制订潜在解决方案的一个好方法是使用如图5-7所示的**双菱形法**。双菱形法让用户从一个潜在的问题开始，反复发散，然后收敛，以发现根本原因。**发散**是对"问题或解决方案还可能是什么"这一问题的回答，**收敛**是对"选择（问题或解决方案）中的哪一个可能是最合适的答案，为什么"这一问题的回答。

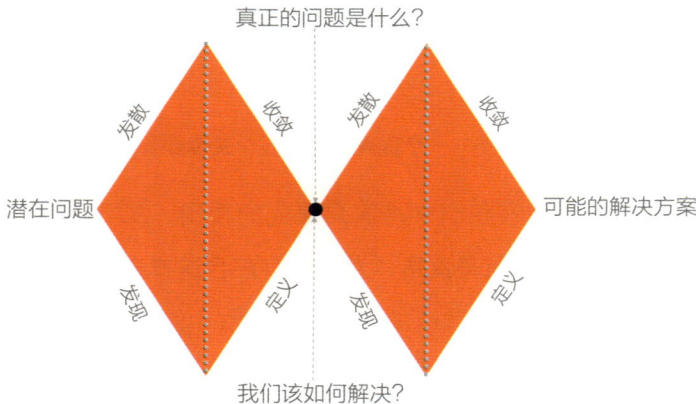

图5-7　双菱形法

因此，在发散过程中，你不会取消任何选项，而是继续尝试扩展你所拥有的可能答案的存储库。这往往揭示了问题的本来面目——如果询问为什么会出现这个问题导致发现另一个未见的问题，那么你可能已经发现了问题的本质，这有助于确定手头的真正问题。

在收敛过程中，你开始确定哪些答案更适合手头的问题。大多数人很少花时间思考这个问题，根据我的经验，他们最终会去解决错误的问题。这实际上比用错误的解决方案解决正确的问题更糟糕，毕竟在使用错误的解决方案之后，你还可以转向正确的解决方案。但是当你一开始就有了错误的问题时，再怎么改变解决方案也帮不了你。双菱形方法是一种很好的方法，可以更确定你确实识别了正确的问题。

还有一种长期的诱惑是建议当前的"时尚"技术或解决方案，如人工智能或游戏化，而没有清楚地考虑客户面临的实际问题是什么。例如，有人可能会建议使用传统的个人财务管理（PFM）作为表5-1中第四项的解决方案。然而，通过洞察，你会注意到超支的原因主要是冲动购买，而传统的PFM通常在月底提交给客户，但冲动控制需要在一个月内实时发生，也就是当实际购买发生时，在银行结单到来之前。

· 体验

一旦你有足够的洞察，你就已经为你的目标群体设计想要的体验做好准备了。这包含了你在差距分析中收集的所有观察，并对你发现的洞察作出了明确的指示。然后，你应该从确定可能的解决方案开始（双菱形方法的第二个菱形）。

一旦确定了可能的解决方案，你就可以采用以人为中心或设计思维的方法来**构建原型，然后以迭代的方式对其进行细化**。该方法如图5-8所示。第一个原型可能是使用笔和纸完成的低保真度原型，或者只是简单的线框（wireframe），可以用Figma、Adobe XD等工具快速完成（Myre，2018；Newnham，2020）。线框是一个视觉模型，它概述了你的网站、应用程序或登录页面的基本结构。（Myre，2018）传统上，线框是相当简单的，只需要用基本形状和元素标出每个内容和UI元素的位置。但线框的强大之处正在于它的简单性：元素可以快速而便捷地被重新排列，以便在进入高保真原型之前进行迭代。原型每次迭代都要进行测试，同时评估客户的反馈，然后在每次迭代中改进解决方案。在该阶段把这些工作做好可以避免在功能构建完成后出现代价高昂的错误,然后发现客户并不真正欣赏你的产品。

图 5-8　以客户为中心的快速构思、原型和测试

在客户价值主张(CVP)发展的这个阶段,你应该开始意识到 **CVP 是如何差异化的**。CVP 差异化程度越大,当前竞争对手复制或新进入者模仿的难度就越大,但现有能力就越需要增强;如果所要求的新核心能力与现有能力存在较大差异,则执行风险较大,可能影响创新的可行性。因此,正如你再次看到的,TaP 方法暴露了维度和元素之间交互的复杂性,并强调了平衡它们的必要性,以便同时最大限度地提高可期性、可行性和可取性。

创建和测试保真度越来越高的原型会大大降低创新失败的机会,但很多的组织没有采用这种降低风险的方法。表 5-2 展示了一些著名的创新失败的例子。

对于需要多次迭代才能构建理想的东西这件事,不要感到沮丧。因为如果一件事很难做,那么别人也会觉得很难,你就少了竞争对手。匆匆忙忙地完成——或者更糟的是,对你已经想到的东西进行逆向工程——是一个糟糕的开始。如果客户不想要它,而你花了很多钱创造出来,那么这绝对是一种

表 5-2　创新中著名的失败样本

编号	创新	公司	发布年份	花费金额	可期性	细节	可取性	细节	可行性	细节
1	Edsel	福特公司	1957年	2.5亿美元	×	耗油量大	√	丰富多彩的	√	如果卖了足够多
2	便利贴	3M公司	1977年	未披露	×→√	不强	×→√	没用	×→√	当用于可重复粘贴时
3	QuickTake相机	苹果公司	1994年	未披露	×	没有取景器	×	尴尬、超前	√	如果卖了足够多
4	铱星	摩托罗拉公司	1997年	50亿美元	×	笨重、昂贵	×→√	花了太长时间	×	没有需求
5	赛格威	赛格威公司	2001年	1亿美元	×	看起来很酷，但发生了意外	√	施行	×	太高端
6	Fire Phone	亚马逊公司	2014年	1.7亿美元	?	没有应用程序	×	故障频发	×	没有需求
7	Galaxy折叠手机	三星公司	2019年	1.3亿美元	√	看起来不错	×	屏幕问题	√	如果卖了足够多

215

资源浪费。请记住，对于 The allDigitalfuture Playbook™ 的严格应用将提高你创新的成功率。有关体验和流程元素的更多信息，请参见 4.1 节，在那里我讨论了 TMRW 构建过程中的示例。

在客户维度的最后一个部分，你应该非常清楚地了解你选择的细分领域市场，你从他们的行为、痛点、未满足的需求、习惯和期望中观察到差距，然后提取客户如此行为或有此需求的洞察或根本原因。使用洞察来指导策略并不新鲜，尽管我们认为这是因为最近在创建数字业务时采用了设计思维。

我最喜欢的关于战略的管理文章是 1997 年的一篇文章《战略出了什么问题？》（Andrew & Marcus，1997）。在我看来，这仍然是将战略应用于商业的开创性工作。我把这本书作为我在教授所有学生策略时的推荐读物。制定和实施战略的**主要困难是目标、策略和战略间存在的排序问题**。你是否首先设定了一个雄心勃勃的目标——一些人可能会想到吉姆·柯林斯（Jim Collins）的书《基业长青》（*Built to Last*）中的宏伟、艰难和大胆的目标（Big Hairy Audacious Goal，BHAG），制定实现那个目标的战略，然后是战术？安德鲁（Andrew）和马库斯（Marcus）强调的是我在制定制胜策略时一次又一次遇到的一个问题：

"比竞争对手更快、更有效地开发新产品的战略只有在领导者能够预见其实施策略的情况下才是可行的。如果领导者知道在哪里招聘更多的员工，能看出产品开发过程中可以简化的部分，并知道如何让客户和供应商更充分地参与产品开发，那么这个策略是可行的。如果做不到这一点，上述战略就不现实。在确定战略之前，我们需要制定战术，战略需要明确，以便确定目标。"

战略和目标也存在类似的难题。如果领导者设定了一个 BHAG，"那么现实主义就进入了讨论"。换句话说，"管理团队如何知道目标是否现实，除非他们能够制定一个实现目标的战略"？因此，作者建议"解决这种僵局的办法是洞察如何创造比竞争对手更多的价值"。通过深入了解供应商、客户和员工的行为、需求、痛点、习惯和期望，可以获取这种对价值创造的洞察。

另外，把战略和战术分开一般也不是一个好主意。这是因为制定良好战略所需的大部分洞察往往来自负责经营业务的员工，因为他们更了解供应商、客户和员工的行为、需求、痛点、习惯和期望。很多时候，当领导者在领导团队中制定战略时，没有让这些员工参与进来，这种做法是完全错误的。安德鲁和马库斯提出了另一个有趣的观点："战术不仅用于执行今天的战略，而且用于发现明天的战略。明天的洞察来自今天的操作经验。除非执行也被视为战略发展的一部分，否则明天的战略可能缺乏洞察。"

客户维度侧重于获取与客户有关的关键洞察，如图 5–9 所示，该示例来自对 TMRW 的客户维度的审查。因为技术是相同的，你的客户可以是：①内部客户，即你自己的员工；②外部客户，即支付账单的客户；③合作伙伴和供应商。一旦获得洞察，你就可以盘点所需的经验，然后使用双菱形和设计思维技术进行测试和提炼。最后，你需要确保你有正确的业务流程来交付体验。

·业务流程

为了确保新的客户旅程[①] 和客户体验得到适当的设计和记录，一个由设计师、产品经理、流程绘制专家、了解所需数据的工作人员和将故事转化为代码的技术人员组成的跨职能团队应该一起工作，绘制旅程和完成该旅程所需的数据。

同时，还有内部业务流程映射，它详细说明了处理是如何完成的，尤其是当它不是 100% 数字化的时，因为流程还需要某种形式的异常处理。精益六西格玛技术应该用于设计低摩擦、低交接和低错误率的流程。这些可以帮助你设计最佳旅程的方法将在稍后的方法元素中的能力维度中得到更详细的

---

① 客户旅程（customer journey）指的是客户体验你的创造时所走的路径。

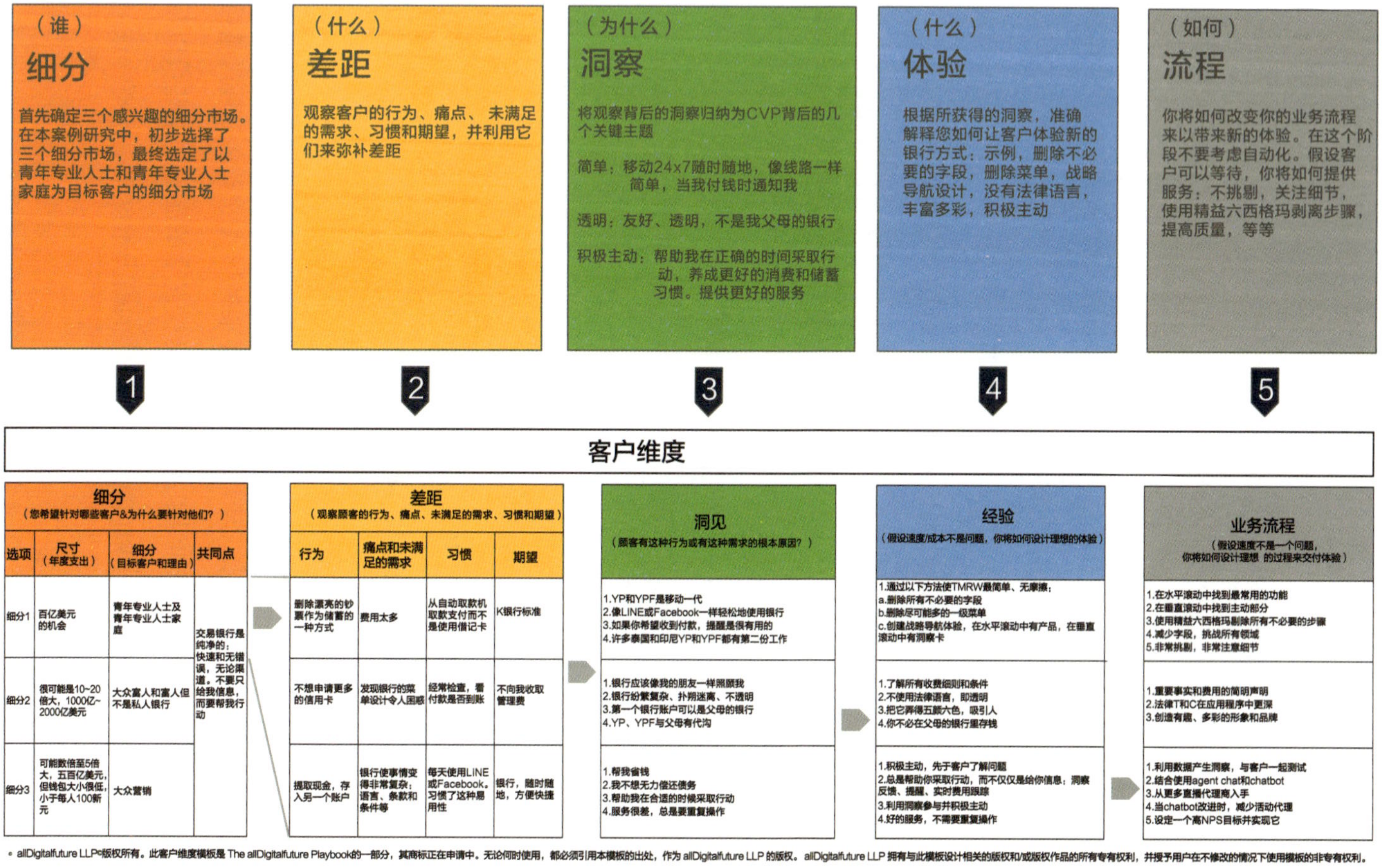
（谁）
细分
首先确定三个感兴趣的细分市场。在本案例研究中，初步选择了三个细分市场，最终选定了以青年专业人士和青年专业人士家庭为目标客户的细分市场
（什么）
差距
观察客户的行为、痛点、未满足的需求、习惯和期望，并利用它们来弥补差距
（为什么）
洞察
将观察背后的洞察归纳为CVP背后的几个关键主题
简单：移动24x7随时随地，像线路一样简单，当我付钱时通知我
透明：友好、透明，不是我父母的银行
积极主动：帮助我在正确的时间采取行动，养成更好的消费和储蓄习惯。提供更好的服务
（什么）
体验
根据所获得的洞察，准确解释您如何让客户体验新的银行方式：示例，删除不必要的字段，删除菜单，战略导航设计，没有法律语言，丰富多彩，积极主动
（如何）
流程
你将如何改变你的业务流程来以带来新的体验。在这个阶段不要考虑自动化。假设客户可以等待，你将如何提供服务：不挑剔，关注细节，使用精益六西格玛剥离步骤，提高质量，等等
1
2
3
4
5
客户维度
细分
（您希望针对哪些客户&为什么要针对他们？）
选项
尺寸（年度支出）
细分（目标客户和理由）
共同点
细分1
百亿美元的机会
青年专业人士及青年专业人士家庭
交易银行是纯净的：快速和无错误，无论渠道。不要只给我信息，而要帮我行动
细分2
很可能是10~20倍大，1000亿~2000亿美元
大众富人和富人但不是私人银行
细分3
可能数倍至5倍大，五百亿美元，但钱包大小很低，小于每人100新元
大众营销
差距
（观察顾客的行为、痛点、未满足的需求、习惯和期望）
行为
痛点和未满足的需求
习惯
期望
删除漂亮的钞票作为储蓄的一种方式
费用太多
从自动取款机取款支付而不是使用借记卡
K银行标准
不想申请更多的信用卡
发现银行的菜单设计令人困惑
经常检查，看付款是否到账
不向我收取管理费
提取现金，存入另一个账户
银行使事情变得非常复杂：语言、条款和条件等
每天使用LINE或Facebook。习惯了这种易用性
银行，随时随地，方便快捷
洞见
（顾客有这种行为或有这种需求的根本原因？）
1.YP和YPF是移动一代
2.像LINE或Facebook一样轻松地使用银行
3.如果你希望收到付款，提醒是很有用的
4.许多泰国和印尼YP和YPF都有第二份工作
1.银行应该像我的朋友一样照顾我
2.银行纷繁复杂、扑朔迷离、不透明
3.第一个银行账户可以是父母的银行
4.YP、YPF与父母有代沟
1.帮我省钱
2.我不想无力偿还债务
3.帮助我在合适的时候采取行动
4.服务很差，总是要重复操作
经验
（假设速度/成本不是问题，你将如何设计理想的体验）
1.通过以下方法使TMRW最简单、无摩擦：
a.删除所有不必要的字段
b.删除尽可能多的一级菜单
c.创建战略导航体验，在水平滚动中有产品，在垂直滚动中有洞察卡
1.了解所有收费细则和条件
2.不使用法律语言，即透明
3.把它弄得五颜六色，吸引人
4.你不必在父母的银行里存钱
1.积极主动，先于客户了解问题
2.总是帮助你采取行动，而不仅仅是给你信息：洞察反馈、提醒、实时费用跟踪
3.利用洞察参与并积极主动
4.好的服务，不需要重复操作
业务流程
（假设速度不是一个问题，你将如何设计理想 的过程来交付体验）
1.在水平滚动中找到最常用的功能
2.在垂直滚动中找到主动部分
3.使用精益六西格玛剔除所有不必要的步骤
4.减少字段，挑战所有领域
5.非常挑剔，非常注意细节
1.重要事实和费用的简明声明
2.法律T和C在应用程序中更深
3.创造有趣、多彩的形象和品牌
1.利用数据产生洞察，与客户一起测试
2.结合使用agent chat和chatbot
3.从更多直播代理商入手
4.当chatbot改进时，减少活动代理
5.设定一个高NPS目标并实现它
• allDigitalfuture LLP©版权所有。此客户维度模板是 The allDigitalfuture Playbook的一部分，其商标正在申请中。无论何时使用，都必须引用本模板的出处，作为 allDigitalfuture LLP 的版权。allDigitalfuture LLP 拥有与此模板设计相关的版权和/或版权作品的所有专有权利，并授予用户在不修改的情况下使用模板的非专有权利。

图 5-9 客户维度模板

描述。

在此阶段设计业务流程时，在不限速度和成本的情况下，你将如何设计理想的过程来交付体验？在此阶段你不需要任何技术。你必须能够用笔和纸来做这件事，因为如果你无法用纸笔来完成，那么技术无论如何也帮不了你，因为技术的作用只是让流程运行得更快。业务流程将在这里介绍，而不是在后面介绍，因此，如果你发现某些体验需要重要的功能，而这些功能非常重要，或者需要随着时间的推移收集大量数据，或者需要时间来建立功能，那么你可以适当降低期望的体验以保证当前方案的可行性。**如果你在很晚的时候才这样做，反馈循环就会长，同时在命题的设计中引入太多的循环。**

图 5-9 介绍了一个流程，从你选择的细分市场到发现客户的差距——包括他们的行为、痛点、未满足的需求、习惯和期望，然后提取洞察，从而设计出所需的体验和所需的业务流程。**做好这件事的关键是关注流程**，它能使你更容易看到客户维度中的不同元素是如何相互关联的，以及如何通过专注于对齐它们，为你的客户提供更强大的服务。这个客户维度流（customer dimension flow）是我从构建 TMRW 的经验中获得的一个创新。

获得差异化 CVP 的魔力来源于将正确的洞察转化为正确的体验。例如，青年专业人士希望像使用连我（Line，一款免费通信软件）或脸书一样轻松地将钱存入银行。为了将该洞察转化为正确的体验，我们就需要缩减一级菜单的数量以简化导航。当我们将删除所有不必要的字段与具有水平和垂直滚动的战略导航相结合时，体验就变得非常不同。目前，获得最佳流量与其说需要科学，不如说需要艺术。在发现高度区分的东西之前，你可能需要多次迭代，而大多数人都没有做好这一步。无论你认为你多么了解客户，都不要跳过这一步！

如果洞察是"为什么青年专业人士会这样做"，经验是"你将做什么来解决这个问题以及为什么"，那么业务流程回答了"你将如何实现它"的问题。因此，完整的流程现在看起来就像：

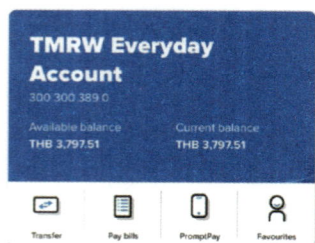

图 5-10　水平滚动示例

洞察：轻松地获取银行服务

经验：删除尽可能多的一级菜单

流程：在水平滚动中找到最常用的特性

（图 5-10）

示例的小突破。

使用这种新的客户维度流技术，你更有可能在你的客户体验中获得许多类似于上面

在 TaP 的这个阶段，你应该有一个建议的体验以及一个可以帮助交付的业务流程。但是，你如何知道它是否有足够的差异来赢得客户，以至于成本将大大超过收入？图 5-11 展示了这种困境，在你解决它并达到**差异化、赢利路径、扩展能力和核心能力差距都是最佳的位置之前，可能需要几个循环。**

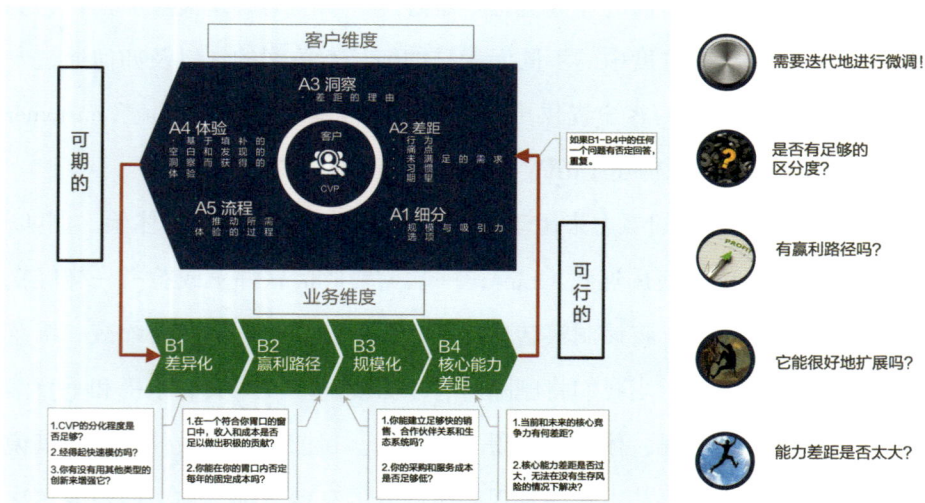

图 5-11　客户和业务维度交互

你可能需要通过迭代地使用客户维度流工具，以细化你的洞察、体验和业务流程，但也必须通过回答图 5-11 中所示的问题来将客户维度的输出与业务维度的考虑因素进行堆叠。如果这些问题的任何一个答案是否定的，那

么你将不得不再次迭代，直到它们变成肯定——解决循环交互是 TaP 不同之处的一部分。以上是我们将要研究的三个循环交互作用中的第一个，另外两个循环交互可以在后文的图 5–21 和图 5–37 中找到。

接下来让我们更详细地从业务维度进行探讨。

重│点│摘│要│

* 一家公司越成功，他们就越认为他们知道客户想要什么，但实际上，随着公司变得越来越大和成功，他们会变得更以组织为中心，而不是以客户为中心。

* 永远不要从功能开始，这是一个简单但很难遵循的规则。因为如果不了解客户愿意为什么付费，那么你开发的功能就只是某个问题的解决方案而已。

* 有一个你没有答案的问题比有一个解决方案而不知道问题是什么要好。

* 细分领域选择、差距分析和洞见生成是迭代的。因此，你可能不会很快找到一个足够大的细分领域，在这个领域中，目标客户有愿意付费的明显未被满足的需求，而且他们有可以满足你的目标份额的钱包。

* 要理解这样的差距，你必须与客户互动。互动有多种途径，其中与客户直接交谈，观察他们如何使用和使用你的产品和服务（或竞争对手的产品和服务）将是最好的。这很费时，但确实很有启发性。

* 定性研究可以获取关键的洞见，帮助你设计一个真正差异化的期望体验。

* 参与式设计研究应该让客户参与解决方案的设计。这有助于你确定什么对他们来说是最重要的，以及为什么是重要的。

* 一旦命题明确，就应该使用定量研究来获得统计上的信心，即通过统计数字来证明会有足够多的客户愿意为你将带来的新体验付费，从而满足你的商业目标。

* 在消费者方面，你所追求的不应该是差距本身，而应该是推动差距的洞察。

* 洞察通常与客户在工作中遇到的看不见的问题有关。

* 一个优秀的洞察有五个关键要素——一些你以前可能没有听说过的东西，与客户的问题或快乐有关，提供了一个简单、清晰和优雅的解释，你可以依据并利用洞察采取行动，获得一个"尤里卡时刻"。

* 观察是"我观察到的"，洞察是"为什么客户会这样做"。

* 大多数情况下，这些洞察并不是立即显而易见的，而是在你审查客户互动的记录、笔记和视频记录时才会出现的。

* 确定真正的问题是这个过程中至关重要的一步，如果你把问题或"未满足的需求"弄错了，那么你将在计划的其余部分朝着错误的方向努力。

* 开始规划想法或制订潜在解决方案的一个好方法是使用双菱形方法。

* 一旦确定了可能的解决方案，你就可以采用以人为中心或设计思维的方法来构建原型，然后以迭代的方式对其进行细化。

* TaP 方法暴露了源于维度与元素之间相互作用的复杂性，以及平衡它们的需要，以便同时最大限度地提高可期性、可行性和可取性。

* 创建和测试保真度高的原型可以大大降低创新失败的可能性。

* 如果需要多次迭代才能想出理想的东西，不要感到沮丧。如果很难做，那么别人也会觉得很难，你就少了竞争对手。

* 设计业务流程以支持基于你发现的洞察的体验这件事可以在纸和笔上完成，因为如果你不能，那么技术无论如何也帮不了你，因为技术的作用只是使流程运行得更快。

* 客户维度模板展示了一个流程，从你的细分市场的选择，到发现客户的行为、痛点、未满足的需求、习惯和期望与现实业务的差距，然后提取洞察，设计期望的体验和所需的业务流程。

* 使用这种新的客户维度流技术，你更有可能在你的客户体验中获得许多或大或小的突破。

* 一个由设计师、产品经理、工艺制图专家、了解所需数据的员工、技术人员等组成的跨职能团队，应该在客户旅程中共同工作。

* 你可能需要通过迭代使用客户体验流工具，以细化你的洞察、体验和业务流程，但还必须通过回答涉及业务维度四个元素的关键挑战问题来将客户维度的输出与重要的业务考虑因素相结合。

* 如果这些问题的任何一个答案是否定的，那么你将不得不再次迭代，直到它们变成肯定回答。

—————————————————————————————————————— **Key takeaways**

5.2　业务维度

维度之间的交互——无论是客户、业务、能力还是人与领导力维度，如图 5-12 所示，都是复杂性的来源。这是一个排序问题，类似于安德鲁和马库斯对目标、战略和战术的发现，只是在 TaP 中，它们被表示为客户、业务、能力、人与领导力（Andrew & Marcus，1997）。例如，你的细分领域市场选择和价值主张将显著影响你的收入和成本的变化。

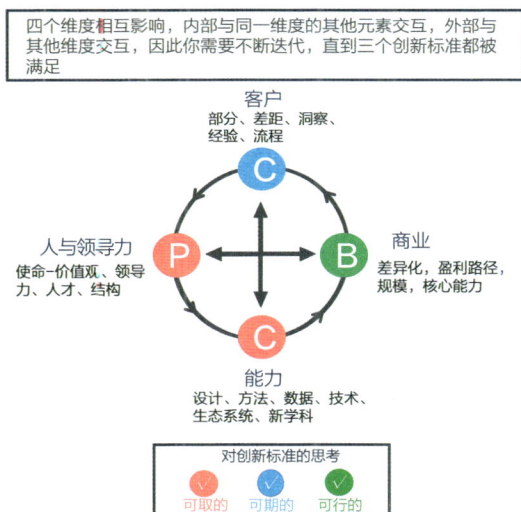

图 5-12　四个维度的交互

在构建 TMRW 时，我们在 2017 年来回微调了近 10 个月的这些交互，以**达到可期性和可行性的标准**。我记得团队很沮丧，因为我们不停地重复，顾问们想开始测试一些东西，开始原型化，不仅如此，他们还多次建议我们将业务游戏化。但我持反对意见。如果我们那样做了，结果可能会大不相同。我认为许多组织在转型的这个阶段都会感受到紧张和冲突，但是，我仍然建议领导者应该坚持并继续微调，直到你达到平衡，既达到了可期性，也达到了可行性。

四个维度都相互影响，内部与同一维度的其他元素交互，外部与其他维度交互，因此你需要不断迭代，直到三个创新标准都被满足。

贾英恩（Jamorn）是先锋团队的第一批产品负责人之一，他回忆说："我们做对的主要事情是真正地去质疑现状。那才是关键。我很担心我们会陷入仅仅做另一个银行应用程序的陷阱——有更好皮肤的相同东西。因此，我们在 TMRW 的构思和设计阶段花了很多时间，提出了大量的想法。这导致了很多挫折，因为有一个阶段我们有了太多的方向。我们的分歧很大，很难专注于交付有针对性的端到端体验。然而，如果没有足够的分歧，我们可能就无法发现关键的差异，很难找到最佳平衡点，但这样做对于成功至关重要。"

The allDigitalfuture Playbook™ 的力量在于它能够揭示所有的维度、元素和考虑因素，以及它们如何相互影响。这为你提供了如何导航它们的地图。我相信，这是数字化转型和创新举措获得更大成功概率的关键，因为它能帮助我们规避大多数行动的失败原因——互动和随之而来的复杂性完全淹没了方案。

在商业模式维度的最后，我们得出了你公司当前的核心能力和未来的核心能力之间的差距，这两者需要交付客户价值主张（客户维度的输出）所注入的差异化。但在我们做到这一点之前，有三个障碍需要跨越：

1. CVP 是否具有足够的差异化能力和抗模仿能力？

2. 在每个客户的基础上，该产品能否实现所需的赢利路径？

3. 你能足够快地扩大产品规模，提供所需的绝对收入和利润吗？

竞争对手能够模仿的程度影响着差异化的可持续性。如果差异化会被竞争迅速缩小，那么赢利将更遥远，扩大规模将更难。模仿程度还与创新的能力维度和获得使创新可行所需能力的难易程度有关，即差异越大，当前核心能力与所需核心能力之间的差距越大，执行风险就越大。赢利路径侧重于产生正的边际贡献，并在此之后抵消每个客户的年度固定成本。最后，你需要足够的客户，在每个客户水平上是有利可图的，以提供所需的绝对收入和利润。当满足以上条件时，你的业务将同时满足可取性和可行性标准。

5.2.1　差异化

图 5-13 显示了构成业务维度的四个要素：差异化、赢利路径、规模化和核心能力差距。一家公司的竞争能力取决于它是否有能力让客户区分该公司的主张。创新通常会导致某种程度的差异化，但它是否足以将客户从竞争对手的产品中吸引出来？或者，如果这是一个全新的产品，所创造的价值是否具备足够的差异，以产生足够的需求，从而扩大规模？毕竟，如果创新具有足够的差异，只要生产产品所需的成本能够得到控制，该提议就有更大的可能性吸引足够的客户来使业务可行。

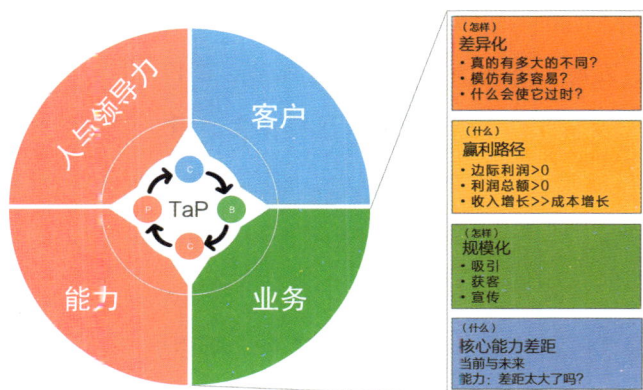

图 5-13　构成业务维度的四个要素

通过创新的差异化可以采取不同的形式。分类这些创新主题的一个好方法是 Doblin 的**十种创新方法**（Ten Types of Innovation）（图 5-14）。

How you....

配置	赢利模式	赚钱?	吉列公司
	网络	和别人联系?	UPS/东芝公司
	结构	组织?	西南航空公司
	流程	使用高级工艺?	宜家家居公司
产品	产品性能	让你的产品独一无二?	戴森公司
	产品系统	捆绑产品和服务?	微软公司
体验	服务	支持和扩展产品?	7-Eleven
	渠道	送你的产品?	亚马逊的Kindle
	品牌	(重新)呈现你的产品?	维珍公司
	客户参与度	培养引人注目的交互体验?	苹果公司

举例的公司大都占据了十个中的超过一个。例如，苹果公司占了全部四个体验创新类别

资料来源：德勤Doblin

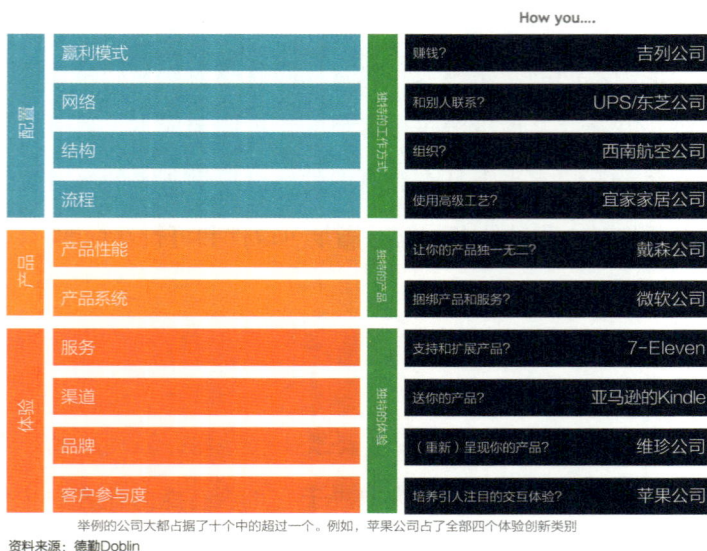

图 5-14　Doblin 的十种创新方法

大多数人只关注产品创新，或者说，正如 Doblin 方法论所说的"产品"。**通过结合配置、体验和产品类型的创新，你可以使你的创新更难复制。**仅仅在产品性能或产品系统（将产品和服务捆绑在一起）上进行竞争越来越困难。原因是全球化和互联网缩短了制造、复制和学习的时间，人们模仿的能力显著提高。因此，如图 5-14（Keeley et al.，2017）所示，扩展你的产品创新以包括体验或配置创新从未像现在这样重要。因此，许多公司将其差异化融入体验，有意使用"服务作为舞台，商品作为道具，以创造一个难忘事件来吸引单个客户"——这也就是更广为人知的体验经济（Newman，2015；Pine&Gilmore，1998；Pine II&Gilmore，2011）。这并不意味着每一个任务都必须关注体验，但它迎合了一种可能性，如果可以的话，它可能是一个更持续的差异化。

毫无疑问，打造差异化的 TMRW 是最大的挑战之一。虽然低成本移动设备和移动订阅计划使几乎每个潜在客户都能接触到银行，法规看起来更有可能支持无须面对面会议的身份验证，但这并没有解决差异化问题。所

以，我们广泛撒网以寻找答案，我们与挑战者银行和金融科技公司进行了交谈，我们对像 Monzo、N26、Nubank 这样的挑战者银行，甚至像 mBank 这样的第一代移动银行，以及世界范围内的大科技公司都进行了研究。我们发现，mBank 在网上银行时代的成功之处在于其服务和体验优于其他银行。因此，我们知道 TMRW 的基本交易能力必须是优秀的，我们不会推一个净推荐值低的数字银行。这可以为我们提供竞争的切入点，但随着更多竞争对手的进入，我们如何维持优势？在对所有这些银行的研究中，我们发现了一个共同的主题：数据的使用。除了银行，我们还看到谷歌使用数据来提高其搜索能力。优步、Gojek 和 Grab 使用数据执行使定价激增。我还访问了苏州一家使用另类数据为客户承保信贷的银行。

银行有很多关于客户的数据，客户每进行一次交易，这些数据就会增加。银行知道客户何时付款，向谁付款，以及他们的付款如何变化——例如，商家是否提高或降低订阅费用。有了所有这些信息，银行就有机会通过预测客户的需求，并在他们知道自己有需求之前帮助他们满足这些需求，从而创造更好的客户体验。这就是**预测、对话和服务**的起源（Khoo，2019）。我们的目标是成为最积极主动的数字银行，能够利用我们拥有的客户数据预测客户的需求，能够就他们的个人财务状况进行对话，并让他们采取行动。

我记得，在设计阶段的早期，有一个有影响力的洞察是 CEB Inc.（以前被称为企业执行委员会，2017 年被高德纳收购）所做的工作，该工作表明，**银行更擅长提供信息（例如报表），而不是让客户采取行动（例如，相较于帮助你节省或跟踪支出，银行更擅长向你显示每月余额的增减）**。因此，我们努力确保我们所做的一切都让客户有操作的余地，其中之一是费用跟踪，当客户在被跟踪的类别中进行交易时，向客户提供关于他的支出的实时信息，与设定的预算的差值，这被我们视为客户反馈循环的关键。与此形成对比的是，在月底获得数据时，支出已经完成，此时客户的可操作空间很低。

因此，如果我们使用图 5-15 比较 TMRW 中的差异，我们实际上**在十种**

不同类型的创新中嵌入了许多创新。除了提供围绕简单、吸引人和透明的银行服务的产品性能，以及将信用卡和交易账户①捆绑在一起的产品系统，TMRW 还将创新扩展到配置和体验类型的创新。在服务中，TMRW 是东盟第一个建立对话聊天机器人，为客户提供服务。

配置	赢利模式		独特的工作方式	独特的赢利路径
	网络			生态系统伙伴关系
	结构			由卓越中心组织
	流程			作为差异的杠杆设计
产品	产品性能		独特的产品	高NPS（简单、透明、参与）
	产品系统			信用卡捆绑交易账户
体验	服务		独特的体验	打造优越的聊天服务
	渠道			仅在线，登录低带宽
	品牌			打造强势的面向"千禧一代"的专业品牌
	客户参与度			预测、对话和服务

资料来源：德勤Doblin

图 5-15　TMRW 中的十种创新

图 5-16　曼谷 BTS 轻轨站的 TMRW 开户亭

在渠道创新方面，TMRW 是泰国第一家数字银行，也是印度尼西亚第一家允许无须前往分行即可登录的数字银行之一。在泰国，遍布曼谷的 TMRW 开户亭（图 5-16）使这成为可能，尽管这并不是一个最好的解决方案，因为客户仍然需要使用开户亭才能完成开户。在不久的将来，开户亭将被一个国家身份验证系统所取代。相较之下，印度尼西亚客户的开户流程更为方便，因为该国允许使用视频会议身份直接

———

① 活期账户或储蓄账户，本质上是交易账户。

230

开户。

最后，对大环境的考察也很重要，因为这有助于**减少对并不会持久的技术或趋势的投资**。一个例子是电信公司和银行在解决方案不成熟时对 NFC 支付进行的投资，最终，NFC 让位于带有主机卡仿真的 NFC。你希望建立的特定差异化是根据你的行业或市场的趋势进行评估的，你需要考虑它与竞争对手产品的匹配程度如何，快速模仿的容易程度如何，以及你的创新保持领先的能力。

尽管在多数情况下我们应该等到技术更成熟，但有时在最终技术可用之前先进行尝试也是有意义的。TMRW 在泰国启动时就是这种情况。我们决定在曼谷各地方便的地方使用生物识别亭（开户亭），而不是等待一种直通的方法。在这种生物识别亭中，客户只需扫描一个有效的身份证和指纹，就可以开立一个账户。这使得整个开户过程变得流畅和顺滑，这在曼谷是第一次。由于我们服务的群体是 BTS 运输系统的乘客，沿着 BTS 网络放置生物识别亭意味着客户在通勤时就能完成最后的认证步骤来开立 TMRW 账户。在泰国，由于面部识别和指纹识别的错误率较低，生物识别亭后来被升级为先进行面部识别，再尝试指纹识别。

5.2.2　赢利路径

赢利路径始于确认目标细分领域市场的经济吸引力和定价。在业务维度中重新评估细分领域市场的吸引力，以再次确认在客户维度的第一步中选择的细分领域市场是否合理。这是如此关键，以至于我们需要在这里再次验证目标市场的吸引力和渗透率，规模和收入池。将市场中需要你提供的产品并准备为此付费的数量（而不是整个市场）识别出来，再将该数量乘以价格就可以得到总收入。收入池的大小与你的定价方法以及它是否是价值与数量的策略有关，如图 5-17 所示。

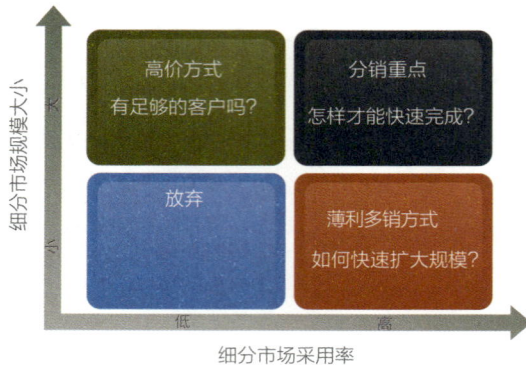

图 5-17　规模与采用矩阵

选择一个大规模的市场并不意味着你就一定能获得回报。**拥有一个可应对的大市场并不意味着努力触及和获得它们一定能成功**。努力是多种因素的函数。例如，需求是否明显，以至于客户可以有机地产生需求？或者需求是微妙的还是隐藏的，是否需要说服客户接受解决方案？后者可能会占用大量的时间和精力，从而大大减缓扩大规模的过程。在这一阶段，需要一个专业人士来为赢利路径计算提供输入，并评估商业模式产生利润的可能性。稍后我们在能力维度中讨论生态系统时，可以确定特定的合作伙伴和中介。

· **第一阶段：边际贡献 >0**

图 5-18 展示了一条从我的经验中改编出的，并被推广到适用于任何行业的赢利路径。对 TMRW 来说，目标是在五年内略微赢利（Asian Banking and Finance，2020）。**在第一阶段，目标应该是在你能承受损失的时间内，例如 2 ~ 3 年，将获客成本（cost of acquisition，COA）降低到一个收入可以抵消客户的平均获客成本和服务或运营成本的水平**。[1] 如果您的公司没有对 COA 进行摊销，那么它将被视为收购当年的一次性运营费用。

在建立 TMRW 时，我坚持认为我们应该**专注于活跃客户**，因为我知道只

---

[1] 本例中提供的年数和图中所示的年数是累加的，即图 5-18 中第二阶段的 4 ~ 5 年包括第一阶段的 2 ~ 3 年。

有客户活跃，才能筹集到低成本的存款。在大多数企业中，为了获客，它们对非活跃客户的容忍度可能更高。在 TMRW 中，一开始只会有交易账户和信用卡，因此获得活跃客户是主要焦点。

如果你的目标是一个规模较大的细分市场，你可能会以较低的平均客户收入换取较大的客户池，从而需要更长的赢利路径，此时客户的平均收入较低（对于东盟发展中国家的银行来说，从一个有贷款关系的青年专业人士客户身上可获得的收入为 100~200 新元）。

图 5-18 三阶段赢利路径模型

在最初推出时，获客成本可能很高，因为利用合作伙伴或推荐模型等成本较低的客户获取方法还没有开始使用。像微众银行和 Kakao 这样迅速赢利的数字银行能够通过吸引母公司（腾讯和 KakaoTalk）的客户来降低 COA，并利用其数据来加快其放贷能力，同时将不良贷款保持在较低水平。在 TMRW，我们没有这些优势，因此我们在 2019 年下半年的大部分时间里利用 TMRW 泰国客户的反馈来改善 TMRW。这使净推荐值在 2020 年年初提高到 33 分。截至 2020 年 12 月 7 日，TMRW 的净推荐值在泰国为 45 分，印尼为

60 分。[①]

之后，随着我们从直接获取客户扩展到与合作伙伴一起获取客户，获取活跃客户的成本大幅下降。在印度尼西亚，由于启动时净推荐值较高，并应用了从泰国学到的所有知识，COA 以更快的速度下降，**从而更有可能实现边际贡献为正的目标**。这一经验清楚地表明，与主要竞争对手的净推荐值差距与获客成本之间存在反相关关系。大多数专业人士不习惯边际成本概念（Gallo，2017）。因为他们中的大多数人不是从零开始创办公司的，所以他们不担心边际成本。在许多较大的公司，一个新兴产品线的损失只是简单地被其他成熟产品线吸收。

但在初创企业或新的行动中，这是非常关键的。如果平均获客成本和服务成本高于收入，初创企业将继续亏损。创造收入的能力与所选择的目标细分领域市场密不可分，在你设计并启动针对该细分领域市场的实体或行动后，你不会轻易改变。如果你正在运营一家面向青年专业人士的银行，他们现在可能没有更多的钱包份额给你，在这样一个批量业务模式的场景中，快速削减获客成本和服务成本是完成图 5-18 中第一阶段的关键。

你所在行业的许多有经验的专业人士可能并不欣赏这一点。你可能会被告知，最重要的是收入，不要担心最初的利润。的确，在一个成熟的企业中，收入是一个很好的衡量标准，但在一个正在起步的企业中，将收入和利润的衡量标准分为三个阶段，如本章所描述的那样，是更合适的。为了采取这些适当的措施，你必须尽早获得关键利益相关者的同意。有许多优秀的、写得很好的文章可以扩展你对于边际贡献的概念（Gallo，2017；Kwatinetz，2018）。

关于生存期价值（LTV）与 COA 的主题，最常见的经验法则是**将 COA**

---

① 2021 年 4 月大华银行在高盛虚拟会议上的简报。聊天机器人在转接给人工客服前的 FCR（首次解决率）>80%，聊天机器人的净推荐值在 2021 年 1 月提高到 45 分。

固定在不超过客户 LTV 的 1/3，因此在设置 COA 时请记住这一点。如果你不摊销你的 COA，那么你将在第一年产生更大的损失，因为你的收入可能不足以支付你的 COA。如果你真的要摊销它，那么保守一点，使用 5~8 年的 LTV 可能会更好。这将使边际贡献为正变得容易得多，但显然会推迟第二阶段年度固定成本的回收。LTV 和低损耗是最终利润等式的关键，因为低活跃率的客户几乎没有什么意义——他们可能会休眠，导致他们的 LTV 为零。这再次强调了活跃客户的重要性。对于数字银行来说，一旦你开始获得客户，必须有足够多的人喜欢你的银行服务，才能有人开始转移他们的一些钱，并开始使用你的数字银行作为他们的第二交易账户。随着时间的推移，如果体验一直良好，其中一些客户将转向使用你的数字银行作为他们的主要交易银行。这种规律同样适用于任何需要扩大规模的零售业务。

边际成本的另一个组成部分是服务客户的年度服务成本（cost to serve，COS），包括客户在一年中产生的所有服务和运营成本。你必须在设计阶段就考虑到如何降低 COS。这在前几章已经讨论过了。业务数字化的好处一定是大大减少了人工服务，从而降低了成本。通过智能自助解决服务问题，而不是引入问题（例如，由于设计没有充分考虑到客户对方案机制的理解而导致更多服务问题的促销），将有助于降低客户的平均年度服务成本。对于数字银行来说，他们的客户的平均运营成本比传统银行低 8 倍。对于传统银行来说，除非你将数字银行作为一个单独的实体来建立，否则由于固有的遗留成本，要实现这种水平的运营杠杆可能非常困难。

最后一个因素是每个客户平均收入，它可以从先前在经济吸引力考虑中评估的总收入中得出。如果你的存款和贷款余额在 24 到 36 个月的时间框架内已经趋向于投资组合的平均水平，那么你已经获得了你的收入池的公平份额。迅速加快贷款发放速度是不可取的，因为你更有可能会吸引不偿还贷款的客户，导致高坏账率。你应该从一开始就关注如何通过利用诸如电信数据、交易数据和另类数据来提高你的信贷承保通过率，以确定你把钱借给谁是安全的。这应该与建立你的数字银行同步进行，这样你就可以尽早开始发放小额贷款，以尽早确定你的新信贷模式的有效性。请注意，即使是在表2-1 中已经赢利的数字银行也几乎都有大量的不良贷款业务。

有趣的是，当你退出第一阶段时，即使你已经实现了正的边际贡献，你仍需要进一步提高你的净推荐值。我的建议是在第一阶段的进入和退出之间将其改进 1.5 倍。这样做的理由是，一旦你获得了正的边际贡献，你就需要进一步扩大客户规模（这发生在第二阶段），但**随着客户规模的进一步扩大，如果净推荐值没有进一步上升，你可能必须增加注册激励，从而增加 COA。**显然，在某些情况下，所需的净推荐值的额外提升将是最小的，例如，在你迅速获得正边际贡献的情况下，每天获得的客户数量却并没有稳定下来。只有当你在发布时的净推荐值远远高于行业时，才有可能出现这种情况，这取决于移动银行体验的现有竞争水平（无论你在哪个行业都同样相关），而且可能会因国家而异。例如，在 TMRW 的案例中，我们发现当我们吸收 TMRW 泰国的经验并将其应用于我们在印度尼西亚的业务的推出时，净推荐值在推出时要高得多，因为我们设计 TMRW 时试图与泰国顶级银行的经验持平，而泰国顶级银行拥有高度发达的数字和移动经验。

· 第二阶段：边际贡献 = 客户平均年度固定成本

在第二阶段，边际贡献变为正数，因此，**每增加一个客户，无论贡献有多少，你都将收回年度固定成本。**此时随着存款和贷款余额时间的推移而增长，一些投资组合应该已经达到了你的平均投资组合收入。一个直接的问题是，如果你的每个客户的贡献很小，而你的每个客户的年度固定成本很大，那么你将面临完全收回年度固定成本的问题。这再次强调，有必要就在哪里投资以保持净推荐值的增长，以及对预测性分析的投资方面作出正确的决策。

这也意味着，对于人口和潜在客户较少的国家，你必须限制前期支出和年度固定成本，这样它们就不会使你在未来几年都无法收回这些成本。盈利的数字银行通常在最初的技术上没有花很多钱。**根据我的研究，2000万美元似乎是最佳的投资数字**。如果你是一家传统银行，你很可能会超过这个数字，因为传统基础设施可能会花费更多，因此**与设计适当的挑战者或新银行相比，你的经营杠杆可能会低得多**。

在第二阶段，你可以在年度固定成本上投入更多，通过更顺滑的交易体验来拉开与同行间的净推荐值差距，并加快你使用预测性分析吸引客户的速度。这就是TMRW通过利用Personetics的预测能力和Meniga的分类能力开始做的。这样做可能会延长收回总的年度固定成本所需的时间，但它**可能帮助你提升客户数量，让更多的客户支付年度固定成本**。除此之外，你还可以选择以较小的基数开始更快地收回固定成本。**二者与你的公司及其股东的投资意愿直接相关**。在第一阶段这样做会给公司带来越来越多的损失，但在第二阶段这样做要经过风险评估和在更高的差异化（如果提高差异化水平，就能更快地捕获客户）和赢利能力之间的权衡。

因此，在第二阶段有一系列退出标准。在风险较小的一端，与竞争对手相比，具有较高净推荐值的数字初创企业可能在48个月内退出，并实现全年固定和可变成本回收，但客户基础可能较小。而在风险较大的一端，你可以扩大年度固定成本支出，以加快净推荐值在第一阶段开始至第二阶段结束之间的上升速度。在这一选择中，退出条件可能不是在计入所有年度固定和可变成本后的正利润达到某个数字，而是客户的目标平均年度固定成本急剧下降，这样，在第三阶段的某个时候，获得的每个客户就都能为底线带来显著的利润贡献。

· 第三阶段：效率（收入增长 >> 成本增长）

在第三阶段，你的年度固定成本将相当稳定，但你将看到客户的平均年度固定成本曲线下降。这将使你的收入与成本不成比例地增加，进而降低成本收入比（C/I）。对于数字银行，我的建议是将C/I比率定为30%。只有在这个阶段，你才会专注于创造足够的利润来偿还建立新数字银行的初始成本。像消费者数字银行这样的低利润但大业务量的业务是一个长期的游戏，建立一个可变成本更低、每年固定成本可以分散到许多客户的银行，对于一个可以很好地扩展的商业模式来说是至关重要的。

如果由于固定成本投资方向不佳、技术能力迅速提升而需要快速升级或竞争对手迅速追赶而需要额外投资以提高差异化水平，而导致每年固定成本不断增加，那么第三阶段所提供的经营效率就可能无法实现。图 5–11 中描述的交互循环试图减少这种情况的发生，但可能无法完全避免这种情况的发生。

5.2.3　规模化

在这个阶段，我们准备更深入地研究扩大客户群和业务量的方法。能否扩大规模取决于你的创新是否具有**全球影响力**，为了扩大规模，你需要先检查你的行业配置，然后着眼于你的分销方法和客户捕捉能力，最后，再着眼于你的品牌将在客户捕捉中扮演的角色。

你首先要考虑的是，你的创新是否有能力在**少量定制**（例如，对当地语言、电压、当地偏好等的支持）的情况下接触全球客户，以及各地是否存在显著的监管差异。这使你对所需的适应性工作有了一个概念。例如，你是否可以运行你的软件或应用程序的全球实例，或者是否需要每个国家和地区的实例？在银行业中，每个国家和地区通常需要不同的实例，因为每个国家和地区都有其独特的支付系统，而且由于当地的要求，你还需要配备当地的实体银行。当然，你也需要当地的经营许可证。相比之下，一家提供软件即服务的公司——例如申请域名、公司电子邮件和建立 GoDaddy[①]等公司网站的服

---

① GoDaddy 是一家美国上市的互联网域名注册和网络托管公司，总部位于亚利桑那州斯科茨代尔，在特拉华州注册成立。

务——就可以很方便地向全球用户提供标准化产品，只需定制语言即可。

你的第二个考虑因素是目标国家是否有**足够大的市场**来支持你的产品和你的销售或收入雄心。这就是众所周知的本地市场和产品的契合度。如果你有机会在较大的目标市场起步，那么一个更专注于本地的方法在最初会更有意义。但如果你从一个小市场开始，你就应该立即确定和迎合未来几个目标市场，这样你才有足够的发展空间。无论哪种情况，你都需要仔细考虑你的产品所需的适应性，以便在向另一个目标市场扩张的时候做好准备（Moed，2019）。

对你正在进入或已经参与的行业的分析也将帮助你理解行业配置并制定你的扩展方法。我建议对你所在行业的**生态系统进行规划**，然后看看不同参与者和你所瞄准的客户之间的互动。有关如何执行映射练习的更多信息，请参见图 5-35。生态系统地图突出显示了你将需要的用来推进你的扩展的参与者和中介。它能向你揭示最好的分发方法是什么，是通过直接销售、伙伴关系或营销？在多大程度上，直接面向目标受众的品牌建设能够有效地获得更多的注册量？你的销售渠道是否需要物理和数字两种模式？对于使用这两种模式的客户来说，需要什么样的协调，还是你只限于纯数字渠道？

接下来，我们研究**分销方法和获客**。获客成本对于任何新成立的企业来说都是一笔巨大的成本，TMRW 也同样如此。我们着手实现一个高的宣传得分，这样我们就可以通过让倡导者为我们做来降低获客成本。当我们刚开始招揽顾客时，成本很高，因为那时我们利用搜索引擎优化①（SEO）营销。如前所述，我们在两条战线上迅速前进：一种是为注册付费，而不是按点击付费，这让我们获得了更高质量的顾客。另一种是使用病毒式方法，如拉新，并通过直接进入拥有大量在线客户的电子商务网站来降低高昂的 SEO 成本。

根据我与 Nubank 和 Kakao Bank 等数字银行的交谈，加上我构建 TMRW

① 搜索引擎优化是通过搜索引擎提升网站流量的过程。

的经验，我认为，获客成本需要迅速下降——下降到最初 COA 的 10% 以下，以迅速到达下一个阶段，从而创造积极的边际贡献。有关通过伙伴关系扩大 TMRW 的更多信息，请参阅 4.9 节。

5.2.4　核心能力

现在，你需要仔细考察你目前的核心能力和你需要的能力之间的差距。使用**差距分析方法**（gap analysis method），你可以比较当前状态和未来状态，定义差距是什么，何时需要修复，如何修复，以及由谁来修复。以此为起点，你可以详细说明你需要在能力、人与领导力方面建立的能力。差距分析方法示例如图 5-19 所示。

	当前状态	未来状态	差距	缩小差距的行动
差距#1 设计能力	目前的设计能力充其量是中等。缺乏以人为中心的设计能力。缺乏做战略导航设计的能力，目前需要把复杂的事情变得简单	领导以人为中心的设计，这是基本的切入点。熟练地进行行业创新设计。卓越设计中心的建立	1.设计思维训练 2.聘用有工作经验的员工 3.提升整个组织 4.创建既能做战术设计又能做战略设计的UX和UI团队	在能力、人与领导力方面完成
#2 业务流程	一些业务流程能力是存在的，但需要升级。对细节和过程效率的关注度需要提高	熟练地将经验转化为所需的业务流程。强大的业务流程规划能力，以创造卓越的客户体验	1.获得熟悉关键流程的内部人才 2.旅程和数据制图培训 3.招聘有经验的外部人才	
#3 基于数据的参与	缺乏利用数据作为参与、数据生命周期管理、将数据转化为洞察力的解决方案等能力	与内部数据办公室紧密协作，以绘制需求图，具有数据用例、数据库设计、操作数据交付等方面的专业知识	1.寻找并获得关键的数据参与解决方案提供商 2.增强内部数据设计技能 3.研讨会雇佣用例 4.创建多功能人才参与实验室	
#4 数字业务	没有人有深厚的服务设计和联络中心经验	创建一个数字服务团队，在流程、客户服务、服务解决方案、聊天机器人、聊天代理管理等方面拥有必要的数字服务专业知识	1.预先设计一个更高的代理与客户的比率，并随着聊天机器人数量的增加而降低 2.聘用具有必要技能和专业知识的新团队 3.寻找所需的解决方案	
#5 敏捷软件开发	没有一个有强大背景的人能建立有能力的开发团队	CTO精通银行内部的数字计划，在敏捷软件交付方面有丰富的经验。外部帮助来设计所需的scrum流程	1.聘用具备所需能力的CTO 2.聘用内部管理人员管理信仰和承包商 3.建立必要的scrum流程	

图 5-19　差距分析方法示例

在此阶段，你将考虑客户（可期的）和业务（可行的）维度中的所有元素，并清楚地阐明你希望创建的客户主张和业务模型。你也会在这两者之间作出必要的权衡，以达到你认为最有可能成功的正确平衡。请注意，在达到可期性和可行性之间的平衡之前，不要决定所需的特定功能。图 5-20 将可期的、可行的和可取的表示为三个互锁的圆圈，并将表 5-2 中列出的最大创新失败绘制在这三个圆圈上。一些公司的失败是由于没有确保有足够的可期性、可行性和可取性。它最终是可行的，但从提出这个概念到实施花了太长时间，这就是以解决方案为导向的方法的危险所在。

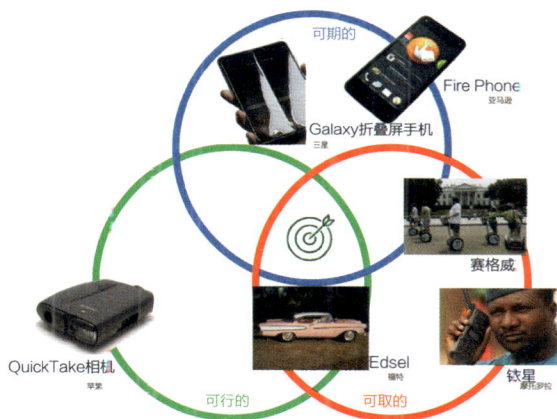

图 5-20　可期的、可行的和可取的

Edsel 是可取的，但它的推出恰逢经济衰退，不符合买家想要一辆更便宜，维护成本更低的车的期望。便利贴实际上在可取性上失败了——便利贴的黏性不强，但通过将用例改变为粘贴、移动和重新粘贴的能力比保持粘贴更重要的用例，创新最终找到了最佳位置。苹果的 QuickTake 相机是一个创新的例子，如果它能在 1994 年以美国 750 美元的价格出售，它就是可行的，但它的缺陷是在你将它连接到 Mac 或 Windows 电脑之前，无法查看你拍摄的图像，这使得它不受欢迎。而它无法直接查看图像主要是因为在 1994 年，以足够小的外形增加观看功能是不可行的。此外，它的分辨率较低。在 QuickTake 的案例中，可取性影响了可期性，从而使其不可行。

在这里，我们到达了业务维度的末尾，TaP 方法论的下一阶段进入了可取性，即你是否能够以高成功概率实际构建、启动和维护创新？在此阶段，你将确定所需的使能器。如果这些使能因素太稀少或难以获得或执行，就可能会危及业务启动，因此你可能需要回到绘图板上继续迭代，以检查客户 – 业务维度，以便进行可能的优化来解决权衡问题。图 5-21 说明了这一点。如果你在使用 TaP 时没有进行足够的迭代，你的方法就可能不够健壮。我将可取性考虑分为业务使能者（能力）和人员使能者（人与领导力），以强调人员、才能和领导力在任何变革中的重要性。

你可以将图 5-21 打印出来贴在会议室和讨论室中，以提醒人们需要注意的互动和权衡。这将鼓励你的员工将交互影响作为标准方法而不是例外来考虑。

现在让我们深入了解如何保卫你所需的功能，以确保你的转型或创新是可取的。

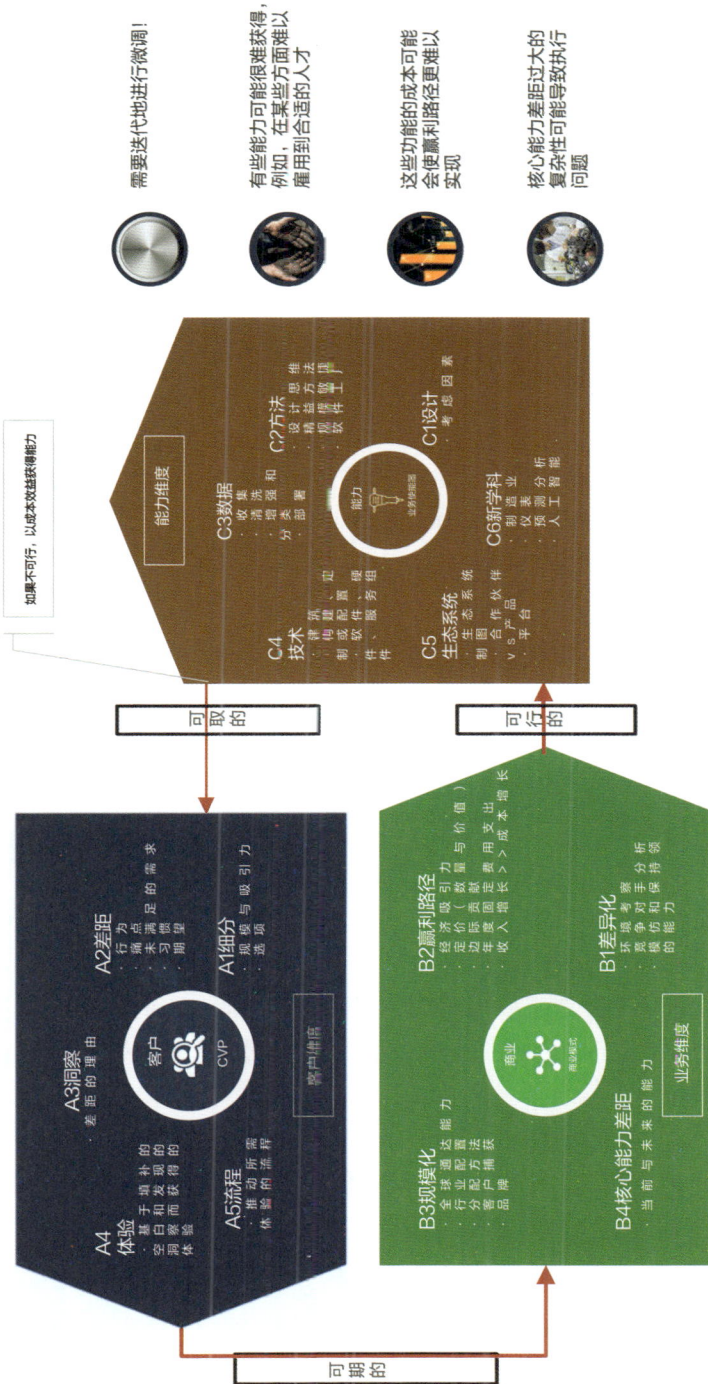

图 5-21 客户、业务和能力维度交互

o━ 重 | 点 | 摘 | 要 |

* 在 CVP（客户维度的输出）和业务模型（业务维度的输出）之间进行优化时，你可能会来回微调这些维度之间的交互，以达到可期性和可行性的标准。

* 这个过程会让你和你的团队感到沮丧。会有其他人推动开始测试一些东西，开始原型化，并进行游戏化。这是你应该避免的。许多组织在转型的这个阶段感受到了同样的紧张和冲突。

* 我给领导者的建议是坚持并继续微调，直到你达到平衡，既有可取性，也有可行性。

* 分类你的创新主题的一个好方法是 Doblin 的十种创新方法。

* 大多数人只关注产品创新，但通过结合产品、体验和配置类型的创新，你可以使你的创新更难复制。

* 全球化和互联网缩短了制造、复制和学习所需的时间，人们的模仿能力显著提高，因此，将产品的创新扩展到包括体验或配置的创新从来没有像现在这样重要。

* 对大环境的考察很重要，因为这有助于减少对不成熟的技术或不持久的趋势的投资。

* 在业务维度中重新评估细分领域市场的吸引力，以再次确认选择的细分领域市场是否合理。

* 拥有一个可应对的大市场并不意味着努力触及和获得它们一定能成功 。

* 努力是多种因素的函数，例如，需要是否明显，以至于客户可以有机地产生需求？或者需求是微妙的还是隐藏的，是否需要说服客户接受解决方案？后者可能会消耗大量的时间和精力，从而大大减缓扩大规模的过程。

* 在通往赢利路径的第一阶段，目标应该是在你能承受损失的时期内，将获客成本（COA）降低到一个收入可以抵消客户的平均获客成本和服务或运营成本的水平。

* 如果客户的平均获客成本和服务成本高于收入，那么初创企业将继续亏损。

* 在批量业务模式的场景中，快速削减获客成本和服务成本是完成第一阶段的关键。

* 关于生存期价值（LTV）与 COA 的主题，最常见的经验法则是将 COA 设定为不超过客户 LTV 的三分之一。

* LTV 和低损耗是最终利润等式的关键，因为低活跃率的客户几乎没有什么意义——他们可能会休眠，导致他们的 LTV 为零。

* 除了获客成本，边际成本的另一个组成部分是为客户服务的年度成本，它包括客户在一年中产生的所有服务和运营成本。你必须在设计阶段就考虑如何降低你的 COS。

* 当你退出第一阶段时，你还需要进一步提高你的净推荐值。我的建议是在第一阶段的进入和退出之间将其改进 1.5 倍。其基本原理是，一旦你获得了正

的边际贡献，你将希望进一步扩大客户规模（这发生在第二阶段），但随着客户规模的进一步扩大，如果净推荐值没有进一步上升，你可能必须增加注册激励，从而增加 COA。

* 在第二阶段，边际贡献变为正数，因此，每增加一个客户，无论贡献有多小，你都将收回年度固定成本。

* 在第二阶段，你可以在年度固定成本上投入更多，通过更顺滑的交易体验来拉开与同行间的净推荐值差距，并加快你使用预测性分析吸引客户的速度。

* 这意味着延长收回总的年度固定成本所需的时间，但它可能帮助你提升客户数量，让更多的客户支付年度固定成本。

* 在第三阶段，你的年度固定成本将相当稳定，但你将看到客户的平均年度固定成本曲线下降。这将使你的收入与成本不成比例地增加。

* 根据我与 Nubank 和 Kakao Bank 这样的数字银行的交谈，加上我构建 TMRW 的经验，我认为获客成本需要迅速下降（比最初的 COA 下降至不超过十分之一）才能达到一个足够高效，足以创造积极的边际贡献的新阶段。

Key takeaways

5.3　能力

不开发新的能力，你的数字化创新或转型就无从谈起。很可能，**在你目前的能力和你成功发挥主动性所需的能力之间会有很大的差距**。因此，虽然在没有充分低估客户和业务维度的情况下从功能开始是最不明智的（这样在考虑其可取性之前，你就可以在纸面上看到可期和可行的东西），但同样重要的是，确保一旦你有了可期和可行的创新的第一次迭代，就彻底评估所需的功能，并评估将它的引入风险。这提供了一个微调三个标准的机会，从而大大提高你成功的可能性。

本维度探讨使你的创新可行所需的能力。乍一看，似乎很难实现一套适用于各种行业和适应不同规模公司的通用功能。经过多次修订和微调，我得到了图5-22所示的版本，它相当通用。在6个要素中，生态系统和新学科可以针对特定行业量身定制。根据市场和行业的不同，这两项的内容也不同，如可能需要新的制造设施或合作伙伴，或额外的仪器设备等，它们应该是最适合你的公司面临的情况的元素。

第3步 - 可行的业务能力

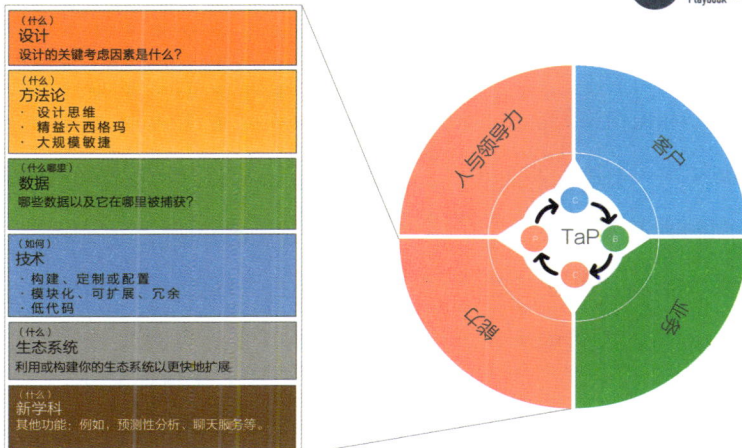

图5-22　需要的新能力

其余的要素——设计、方法、数据和技术（信息技术）——都是数字化转型中任何能力建设的标准要素。事实上，在招募了先锋团队之后，你可能希望更早地开始考虑方法元素。TMRW 的先锋团队成立后，我做的第一件事就是举办一个设计思考研讨会，让每个人都有相同的语言，并理解以客户为中心的重要性。

设计是为功能维度选择的第一个元素，对我来说，它可能是最重要的一个元素。我们过去认为设计是消费产品公司用来区分其产品的东西，很少在这个领域之外使用。但是，在使用设计方法和技术[①]为各地的客户创造以客户为中心的体验方面，一场革命正在获得强劲的势头。设计，或商业设计，"将设计和设计思维应用于商业问题，目标是为生活带来创新"（Tanimoto，2018）。谷本司（Tanimoto）解释说，业务设计师必须通过业务的视角来框定设计过程，以便以一种以人为中心的方式解决业务问题，同时满足可期性和可行性的考虑。多伦多大学罗特曼管理学院通过三个"齿轮"来说明商业设计：同理心和需求发现；原型和实验；商业策略。

设计与商业的交集将越来越多。这种变化是由超竞争驱动的，超竞争使得你的产品越来越难与竞争对手区分开来。在超竞争中，传统的差异化来源——独特的产品、独特的制造能力、独特而难以获得的知识和信息等，不再是竞争优势的持续来源。丽塔·冈瑟·麦格拉思（Rita Gunther McGrath）在 2013 年出版的《竞争优势的终结：如何让你的战略同业务一样快速发展》（*The End of Competitive Advantage*: *How to Keep Your Strategy Moving as Fast as Your Business*）一书中，将此归因于全球化的兴起、全球全天候的即时信息流、互联网的兴起及其接触、定制和利用大量数据的能力，这些数据可以用来扰乱零售、旅游、银行、媒体等所有传统业务（McGrath，2013）。

这正推动着从产品竞争到客户体验竞争的转变。反过来，这需要我们转

---

① 我们借鉴的不仅有设计思维，还有商业设计的整体方法。

而深入理解客户如何体验产品，如何收集和利用数据来持续改善体验，重新强调客户旅程和过程映射，以及跨部门单位的合作来协调和交付整个体验。而数据驱动、持续改进、深入了解客户如何端到端地体验你的产品和服务，需要跨职能团队在比以往任何时候都更加敏捷的结构中协同工作，他们共同的工作重心是：设计。对此进行阐述的一项卓越工作是《设计的商业价值》（*The Business Value of Design*），这是麦肯锡 2018 年发表的一份 18 页的报告（Sheppard et al.，2018）。

5.3.1 设计

《剑桥词典》将"设计"定义为一个名词时，"设计"意思是"一幅或一组图画，表明建筑或产品的制造方式，以及工作方式和外观"；作为动词它表示"为衣服或建筑物等某物制订计划"。这是设计的传统定义，而在商业环境中，"设计"的定义是不断发展的。

我遇到的最好的定义之一来自麦肯锡："设计不仅仅是让物体变得漂亮。设计是深入理解客户 / 用户需求，然后创造产品或服务——物理的、数字的，或两者兼而有之——以满足他们未满足的需求的过程"（Sheppard et al.，2018）。事实上，这是一个很新的东西，在谷歌搜索"商业设计"之后得到的大部分是 2018 年左右的文献。Sheppard 介绍了设计中的四种能力：分析领导力（"以衡量收入和成本的严谨性来衡量和推动设计绩效"）、跨职能人才（"让以用户为中心的设计成为每个人的责任，而不是一个孤立的功能"）、用户体验（"打破物理、数字和服务设计之间的内部墙"），以及最后的持续迭代（"通过不断倾听、测试和与最终用户迭代来降低开发风险"）。图 5-23 说明了这一点。在设计 TMRW 时，我们不断开发和利用了这四种设计能力。

谷本司的一篇有趣的文章得出了业务设计师和管理顾问之间的比较，如图 5-24 所示（Tanimoto，2018）。

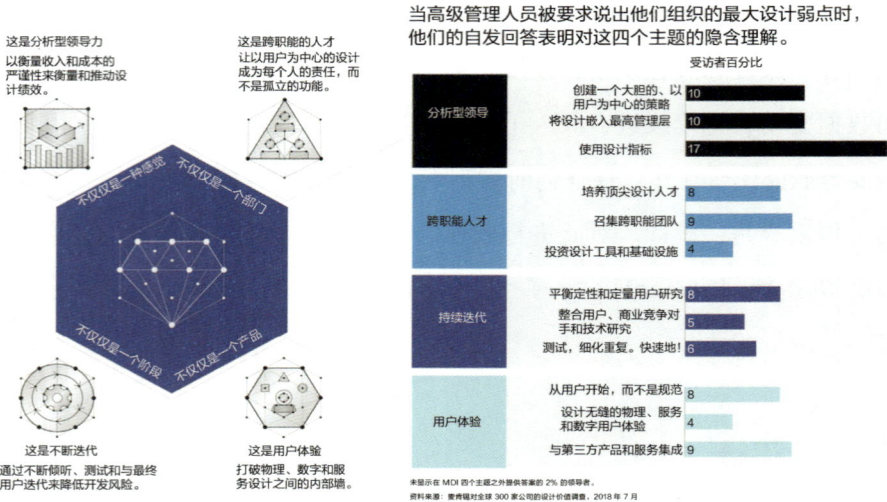

这是分析型领导力
以衡量收入和成本的严谨性来衡量和推动设计绩效。

这是跨职能的人才
让以用户为中心的设计成为每个人的责任，而不是孤立的功能。

这是不断迭代
通过不断倾听、测试和与最终用户迭代来降低开发风险。

这是用户体验
打破物理、数字和服务之间的内部墙。

当高级管理人员被要求说出他们组织的最大设计弱点时，他们的自发回答表明对这四个主题的隐含理解。

受访者百分比

分析型领导	创建一个大胆的、以用户为中心的策略	10
	将设计嵌入最高管理层	10
	使用设计指标	17
跨职能人才	培养顶尖设计人才	8
	召集跨职能团队	9
	投资设计工具和基础设施	4
持续迭代	平衡定性和定量用户研究	8
	整合用户、商业竞争对手和技术研究	8
	测试、细化重复。快速地！	6
用户体验	从用户开始，而不是规范	8
	设计无缝的物理、服务和数字用户体验	4
	与第三方产品和服务集成	9

未显示在 MDI 四个主题之外提供答案的 2% 的受访者。
资料来源：麦肯锡针对全球 300 家公司的设计价值调查，2018 年 7 月

图 5-23   设计的业务价值

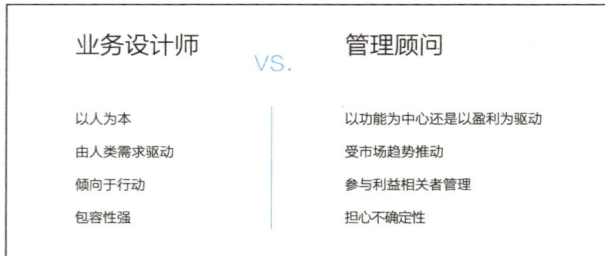

业务设计师	VS.	管理顾问
以人为本		以功能为中心还是以盈利为驱动
由人类需求驱动		受市场趋势推动
倾向于行动		参与利益相关者管理
包容性强		担心不确定性

图 5-24   业务设计人员与管理顾问

资料来源：medium.com

　　我不同意他的观点，即商业设计师是以人为中心的，而管理顾问是以盈利为驱动力的。如果是这样的话，商业设计师就不会是推动创新的人，因为创新需要可期性、可行性和可行性。因此，我将创造一个新的术语，**商业创新设计师**（business innovation designer），这类人既以人为中心，又以利润为中心，偏向于执行和行动，模糊性容忍度，并不断完善以实现卓越，如图 5-25 所示。

图 5-25　商业创新设计师的特征

　　另一篇优秀的文章是 D.MBA 创始人 Alen Faljic 的《终极商业设计指南》。从设计思维路径或设计背景——无论是工业的、视觉的还是用户体验的起源——到在商业中使用设计原则，是一种自然的过渡，因为它们越来越多地与商业设计的以人为本的起源联系在一起。然而，许多人没有足够的财务和商业经验，而拥有工商管理硕士（MBA）学位的典型现代商业领袖没有以人为本的设计触觉。

　　设计学科和商业学科的这种融合导致了像伦敦帝国理工学院商学院和芬兰阿尔托大学这样的早期采用者创建了设计 MBA。罗特曼管理学院在 2006 年第一个将设计思维纳入其 MBA 课程（*Which MBA?*，2018）。**我预见到，在未来，这样的商业创新设计师将有大量需求，以领导各种规模的公司的数字化转型举措。**

　　需要更多解释的一个领域是设计元素的输出，或者你的计划中考虑的最关键的因素。这些设计元素包括业务模型，而不仅仅是产品、服务或用户界面或整体客户体验。它们形成了一系列**层叠的设计考量**，从组织的高层到最基层的员工。图 5-26 显示了推动 TMRW 开发的 6 个设计元素。[①] 这些是最重要的指导原则和考虑因素，将指导你的创新成为你想要的突破。

---

① 这里的 6 不是一个固定的数字，它可以取 5 到 10 的任何整数。如果数字太大，就缺乏重点，而如果数字太小，则概括性太强。

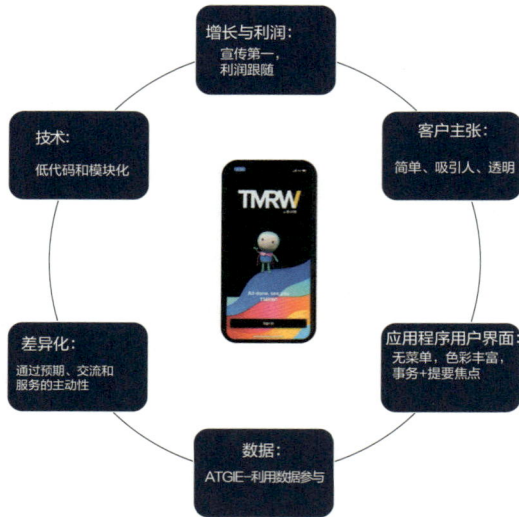

图 5-26　TMRW 中最重要的 6 个设计元素

　　我们之所以在功能维度中选定这些考虑因素，是因为它们是支持这些设计考量因素必须构建的使能器的关键输入，因此它们是迄今为止在客户和业务维度中所做工作的总结。这也将作为一个指导原则，以防止不需要支持前 6 个考虑因素的范围蠕变。

　　当我创建 TaP 时，我将设计考量因素细化为级联工作。以 TMRW 的客户主张为例，它是简单、吸引人和透明的。细化意味着你的直接团队成员将被委派特定的职责和 KPI，例如，确保简单、参与和透明的可靠实施。这级联可进一步向下，以确保 6 个顶级设计考量有明确的所有者和焦点。虽然我们使用了设计元素的概念，并且在任何设计讨论之前，我会要求团队总结他们的设计元素，然后再进行讨论，但我们并没有以一个整体和严格的方式将所有者排到前 6 名。如果我们这样做了，它将为 TMRW 带来更大的清晰度和执行能力。在构建开始之前，TMRW 是否已经定义了如图 5-26 所示的所有内容？不，而且你可能也不会在你的转型计划中实现这一点，你只要确保设计元素随着时间的推移变得越来越明确就行了。

这些关键的设计考量因素是你正在推动的数字创新的蓝图，也是你在实现创新突破时绝不能牺牲的指导原则。虽然它们会随情况而改变，但它们为你进入 TaP 的下一个阶段提供了指导，在那里你通过获得执行设计所需的能力、人与领导力才能来实现你的转型（即可行性）。通过将这些设计元素级联到你的一项功能中，你可以围绕这 6 个关键元素进行对齐和优先级排序。元素数量不一定是 6，但超过 10 就太多了，3 就太少了。这是一种重要的新工作方式，我强烈建议你将其纳入你的计划中，如表 5-3 所示。对任何顶级设计元素的更改都应该在负责行动或转型的组织的最高层进行。

我们将其与 MVP 方法进行比较。如果没有重大的突破，就很难产生 MVP，但是，MVP 一旦实现，就能说服用户转换。为此，我们需要首先以宣传为中心，然后以利润为中心的商业模式，因此我们需要的正是一个如此简单（使用时顺滑和直观）、如此吸引人（由于 TMRW 在客户体验中积极主动）和如此透明（没有你不明白的隐藏条款和费用）的交易体验。

"简单"需要一个非常不同的交易型银行应用程序，它是丰富多彩的，非常容易使用，以至于它只有非常少的一级菜单或"无菜单"，以及一个包括水平滚动以获得更多银行产品和垂直滚动以获得更多洞察的结构（参见图 1-5）。我们创建了一个新的飞轮模型"ATGIE"（更多信息请参见 3.5 节），该模型利用数据来吸引客户。让黏性用户购买更多产品，成为银行的宣传；经过用户的宣传，我们将获得更多的用户，这反过来将产生更多的数据，使 TMRW 能够吸引更多的用户。这将基于 TMRW 预测客户需求的能力、洞察，利用 TMRW 聊天机器人 Tia 与他们交谈，并很好地为他们服务，从而创造差异。此外，我们还对技术构建中对低代码和模块化注入更多的关注，以降低每年的固定成本占比。

表 5-3　样例设计元素级联

	设计元素 #1	设计元素 #2	设计元素 #3	设计元素 #4	设计元素 #5	设计元素 #6
首席执行官或高级管理人员	增长与利润：宣传第一、利润跟随	客户主张：简单、吸引人、透明	应用程序用户界面：无菜单、色彩丰富、事务＋提要焦点	数据：ATGIE-利用数据参与	差异化：通过预期、交流和服务的主动性	技术：低代码和模块化
合作伙伴负责人	注册在线合作伙伴，例如具有大型在线生态系统的电子商务	支持	支持	用户	支持	支持
银行产品主管	捆绑无担保信用的交易账户	支持	支持	用户	支持	支持
开户负责人	确保开户的高净推荐值	使开户简单透明以支持用户的业务	支持	用户	支持	支持
营销主管	与目标群体产生共鸣的品牌活动设计		支持	用户	支持	支持
设计主管	支持	共同拥有证明点的创建以支持用户的业务	为应用程序用户界面创建战略导航和设计系统	用户	支持	设计实现低代码和模块化的方法和解决方案
技术主管	支持		支持	支持	共同拥有基础设施、流程和服务文化的设计和构建，以实现高净推荐值服务	
服务与运营主管	在发布时共同拥有高净推荐值分数，并在之后持续改进		支持	用户		支持
客户体验主管			支持	用户		支持
参与主管			支持	共同拥有使用数据来推动展示 CVP 预期性质的对话，并朝着更好、更明智的消费和储蓄习惯迈进		支持
数据和分析主管	支持	支持	支持			支持

5.3.2 方法

如果你同意创新既关于思想，也关于流程，那么方法必须是解决新的协作方法和实现转型所需的流程和基本能力。作为基本要求，我们必须实施三个关键方法：设计思维、精益六西格玛和敏捷开发。我们还应该根据手头的情况适当地添加其他方法，例如变更管理、项目管理等。这三种方法在4.1节中已经介绍过了，但为了完整起见，我在这里重复重要的几点。如果你是一家公司或一个项目的数字领导者，了解这三种方法是至关重要的。

乔尼·施耐德的《理解设计思维、精益和敏捷》是帮助你做到这一点的一个很好的参考资料。图5-27出现在乔尼·施耐德的书的第1章，是我所遇到的三种方法之间差异的最好表达。

图 5-27　设计思维、精益和敏捷

乔尼·施耐德为设计思维提供了如下定义："从远处看，设计思维是一种在充满不确定性的世界中探索复杂问题或寻找机会的心态。它是对意义的探索，通常关注人类的需求和经验。利用直觉和溯因[①]推理，设计思维探索创新和创造性的解决方案是什么，以及想象解决方案在未来又可能是什么样子。"

对我来说，设计思维的力量来自它以人为中心的设计基础，以及理解客户需要什么来完成他们的交易。这在以产品为中心的行业和组织中尤其重

[①]　溯因推理从一个或一组观察开始，然后寻求从观察中找到最简单和最可能的结论。

要，因为他们无法控制自己，只能首先从产品和他们的业务目标开始设计。设计思维是人类固有的，但由于人们对利润和收益的关注而经常被忽视。尽管如此，它在消费银行业务中仍然至关重要，因为它使我们能够重新想象和改造客户旅程，并帮助我们以一种其他人从未想过的方式改进它。例如，在推出泰国版本的 TMRW 之前，我们就面临认证的问题。TMRW 没有面对面开户的物理分支机构，当时泰国没有完全数字的身份验证方法。我们需要想出一种方法来确保顺滑体验，同时遵守法规。

当时我们的一个想法是使用邮局来代理执行身份验证，因为他们已经有这种性质的活动。但这意味着客户将不得不排队，而且邮局工作人员可能不熟悉身份验证的流程。经过深思熟虑和设计思考，我们提出了在曼谷的战略位置建立生物识别亭的想法。每个识别亭都有一个身份证阅读器，它可以从身份证芯片上读取客户的指纹，并与在识别亭使用指纹阅读器采集的指纹进行比较。设计考量的重点是使体验顺滑，这样客户可以简单地进行身份识别。

这只是设计思维在 TMRW 中的众多应用之一。数字银行的几乎每个方面都是通过它创建的。为了在整个运营中实现设计思维的原则，我们制定了新的流程和以客户为中心的 KPI，并进行了定期的培训，甚至使用了新的术语，如发明了术语"参与实验室"（Gagua，2020）。TMRW 也是首批实施设计系统和设计业务的银行之一，尽管这在其他数字组织中是常见的做法（Kaelig，2016）。

乔尼·施耐德在他书的第 2 页定义了**精益思维**："精益思维是一种管理哲学，它包含科学思维，以探索我们的信念和假设在改进系统时有多正确。精益实践者在深思熟虑之后，通过行动来检验他们的假设，观察实际发生的事情，并根据观察到的差距进行调整。也就是说，组织会设定他们的路线，边做边学，并决定在取得成果的旅程的下一步该做什么。"

精益源于制造业，对我来说，它的好处在于减少浪费，例如，当工作可以由同一团队完成时，将工作只交给一个团队去做。精益就是找到最有效的方法去做某事，消除过程中的浪费。精益是关于持续改进的——当你的所有竞争对手也在随着你的进步而进步时，这是很重要的。因此，它是一个可以不断地消除你的流程中的低效环节的好方法。当你将这一点与设计思维相结合时，你不仅得到了一个更快、更廉价的过程，而且也是一个客户更容易欣赏和理解的过程。

精益还与**六西格玛**相结合，六西格玛是一种数据驱动的方法，它用于确保持续良好的产出，即 99.99966% 的产出无缺陷。总之，精益六西格玛将流程中消除浪费和低效率的最佳方法与数据驱动的方法相结合，以保持质量稳定，通过持续优化流程以提高效率和确保持续的高质量结果，以确保始终如一的卓越体验。在 TMRW 中，我们花了很多时间来完善这个过程。这可能是压力最大的领域之一，我们试图在发布前和发布后回顾和改进关键流程，并通过关于销售漏斗和客户在哪里下降或遇到服务问题的细节来帮助我们。

至于**敏捷开发**，乔尼·施耐德又写道："敏捷开发的核心是构建出色的软件解决方案，以优雅地适应不断变化的需求。敏捷开发从一个问题开始——而不是一个需求，最终交付一个优雅的解决方案。敏捷思维模式认为，今天正确的解决方案到了明天就不一定正确。它快速、迭代、易于适应，并通过持续改进专注于质量。"

使用敏捷，你将开发分解成模块，而不是一次开发整个代码（这是传统的软件开发方式）。敏捷方法的力量在于它能够在前进的道路上进行调整，这在不确定的环境中非常有用，并且你能够不断地根据客户反馈、竞争对手的反应和行业变化进行改进和调整。

这比传统开发方式更适合当今竞争激烈的商业环境，并具有额外的优势，即能够在一年内支持许多频繁发布的较小版本，降低风险并获得更好的上市时间。敏捷也是关于团队工作的方式，打破团队之间的孤岛和壁垒，以便由业务产品所有者、信息技术分析师、软件开发人员、客户体验设计师、界面设计师等组成的跨职能小组作为一个团队工作，以确保需求的正确，从而确保团队正在开发、测试并发布正确的软件。

Scrum 是敏捷软件开发的一种方法，图 5-28 中显示了来自 www.scruminc.com 的一个信息图（Sutherland & Schneider，2020）。

图 5-28　Scrum 的信息图

将这三种方法放在一起就可以产生一个强大的"概念到代码"的软件工厂，如图 5-29 所示。这个过程用于确保你拥有一个世界级的设施，生产你向客户承诺的高质量体验。有关软件工厂如何工作的更多细节，请参阅 4.1 节。

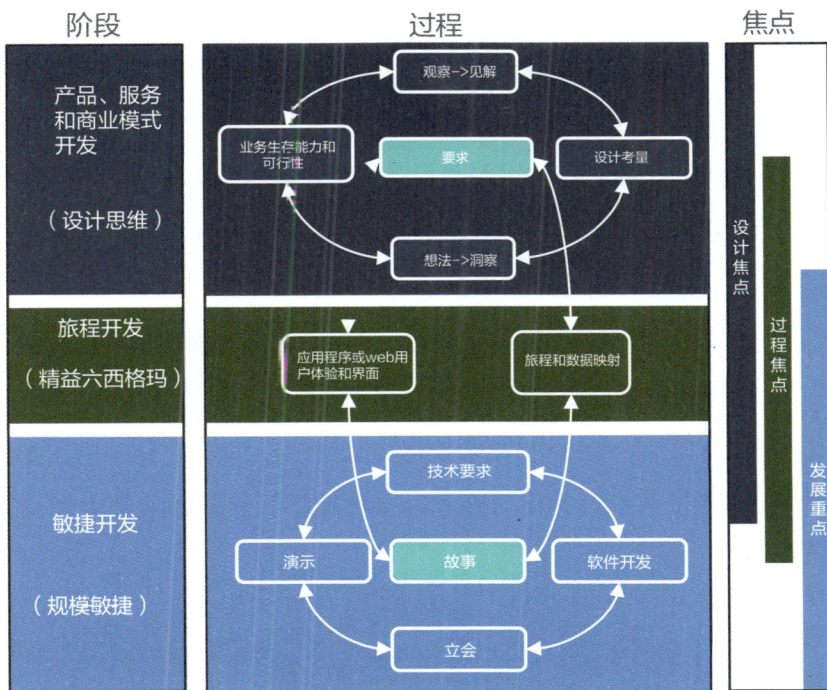

图 5-29　如何实施软件工厂

5.3.3　数据

为什么数据是能力维度中的 6 个元素之一？全球化带来的激烈竞争，以及互联网缩小的信息差距，正推动企业通过更快地响应客户需求来实现差异化。这通常需要使用数据来为客户量身定制产品，例如，建议客户可能喜欢的项目，过滤掉客户不感兴趣的信息，向客户推荐他可能喜欢的新歌曲，使用数据来作出关于客户的更好的商业决策，例如，是否提供信贷，或者使用数据来更好地为客户服务，或者理解客户的请求并在没有人为干预的情况下执行任务。**竞争差异化正转向大规模定制和快速学习，两者都需要数据。**由于数据收集需要时间，而只有经营了一段时间的企业才有数据积累的深度和广度，所以不容易复制。

在许多组织中，数据被用来作出改善业务的决策，但很少用于改善客户的生活。**数据通常也分散在整个组织中**。TMRW 团队的先驱成员贾英恩引用了一句话，说明了这种复杂性："最具挑战性的任务是利用银行内部拥有的大量数据，为客户创造洞察。我想，这能有多难？需要交易数据？我们有。我们应该能够把它混合在一起，为客户创造一些洞察。但在试图完成这项工作并发现数据有多复杂、难以比较和多样后，我们意识到这将是一项更加困难的任务。"

几乎每家公司都面临这个问题，因此针对数据元素的工作集中在如何收集数据、如何清洗数据、如何增强和标准化数据，以及如何部署数据，如图 5-30 所示。

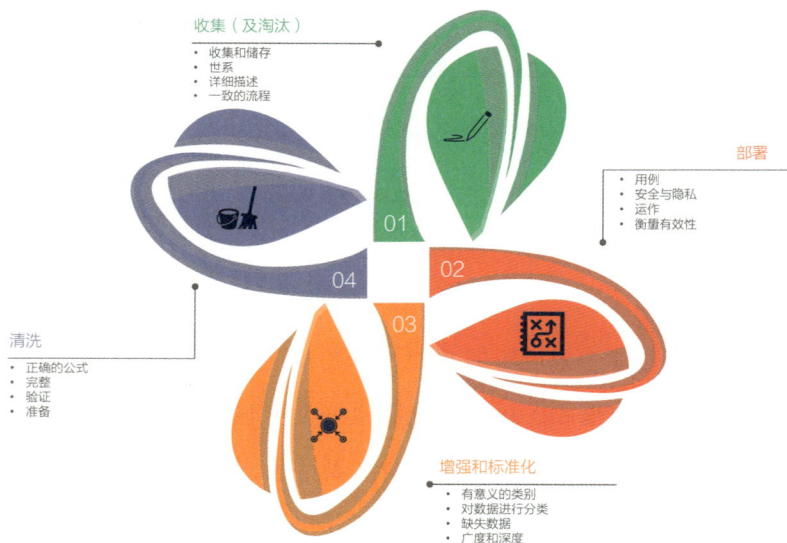

图 5-30　利用数据的四个关键注意事项

表 5-4 更详细地探讨了每一个数据考虑事项，它为你提供了一组你的数据团队应该能够回答出的问题，以设计和构建正确的数据解决方案和基础结构来支持你的需求。

表 5-4　设计数据管理生命周期

收集（及淘汰）	清洗	增强和标准化	部署
收集和存储 1. 目前的数据收集和存储方法在及时性、范围和深度方面是否足以满足业务需求？ 2. 数据源定义是否完整，是否具备完整性？	**正确的公式** 1. 对于从源系统导出和计算的数据，如何确保公式是正确的？	**有意义的类别** 1. 对数据进行分组的有意义的类别是什么，按商家分类代码（例如，支出类型）？ 2. 在这些选项中，你如何确定哪些类别最合适？	**用例** 1. 哪些数据用例可以显著地提高你为客户提供更好的体验的能力？ 2. 你如何验证它会对客户产生巨大的影响？ 3. 用例需要实时信息吗？如果数据延迟了 15 分钟，对用例有什么影响吗？
世系 1. 所有数据都可以追溯到一个共同的密钥、公司、公司组、客户、客户组吗？ 2. 保持一致如何实现的？	**完整** 1. 为了确保数据的完整性，您需要哪些数据质量流程？ 2. 如何检测和删除贵公司的任何不正确的重复数据？	**对数据进行分类** 1. 是否有一致的程序对数据敏感性进行分类，例如按敏感性和消费量（公开、仅限内部、机密、限制）分类？ 2. 还有哪些分类，例如结构化数据与非结构化数据，是相关的？	**安全与隐私** 1. 你如何确保严格遵守"设计私隐"的考虑因素和适用的私隐法律？ 2. 查看第五章的数据安全风险管理材料，并确保你能够遵守。 3. 如何管理和自动化敏感数据的访问和使用？

261

	收集（及淘汰）	清洗	增强和标准化	部署
详细描述（收集）/ **验证**（清洗）/ **缺失数据**（增强）/ **操作化**（部署）	1. 定义和创建数据的过程是否也完全描述了正在创建的任何数据字段？ 2. 这一过程如何确保始终如一、万无一失地进行？	1. 是否有验证数据完整性的流程？ 2. 这个流程如何确保整个组织的完整性？	1. 是否有检测缺失数据的流程？ 2. 获取这种缺失数据的流程是什么？	1. 应用程序如何处理和理解数据，以增强个性化和提高客户体验？ 2. 实时数据的使用是否仅限于那些绝对需要的用例？ 3. 如何在组织内部、外部和跨国界共享数据？
一致的流程（收集）/ **准备**（清洗）/ **广度与深度**（增强）/ **衡量有效性**（部署）	1. 整个组织是否有一致的程序来确保所有数据的创建、收集和淘汰都是按照严格的标准和程序进行的？ 2. 流程是否足够稳健，可以审计？	1. 你的分析人员和科学家花在整理数据以进行分析的时间是最佳的吗？ 2. 有什么过程在重要的业务用例中高度可用？	1. 扩大数据广度的流程是什么，例如收集心理数据、偏好信息等，以增加数据的丰富性？ 2. 深化数据的过程是什么，例如SKU（最小存货单位）级别的数据，而不仅仅是总量？	1. 你如何衡量使用数据提升服务或体验的成效？ 2. 如何定义关键有效性度量的仪表板，以理解利用数据对业务的影响？

在你的设计中，一个很大的考虑因素是数据安全。数据安全漏洞可能会损害你的声誉，并导致罚款或为你的客户面临的损失承担责任。图 5-31 提供了一些基本的设计原则，你应该使用这些原则来确保你已经将数据安全嵌入公司的核心设计考量中。

图 5-31　将数据安全嵌入公司核心设计考量的 6 个关键设计原则

当然，仅仅确保你能够很好地管理数据生命周期是不够的，因为许多其他机构已经在采取这种做法。在利用数据吸引客户方面，有一个陡峭的学习曲线。有些实验可能奏效，有些可能不奏效。这对你有利，因为任何学习水平低的竞争因素都意味着它很容易被复制。在 TMRW，我们意识到参与将是关键的区别，因为需要大量的学习，是创建一家数字银行的驱动因素。为了提高和集中学习能力，我们创建了一个参与实验室，它是一个由沟通、分析、内容和行为科学专家组成的多学科团队。"实验室"这个词是为了表示我们需要进行的学习旅程，以使参与战略取得成功。

5.3.4　技术

本小节讨论创建软件界面所需的技术（更具体地说，信息技术）以及你在客户维度中设计的相关客户参与和体验。这假定你的核心系统已经具有通过应用程序接口公开核心交易功能（例如，预订航班、支付第三方费用等）的能力。

然而，如果情况并非如此，那么应该首先将你的核心功能现代化为通过应用程序接口提供的标准服务，并用你提供的额外功能（例如，提供实时指示交易已发生的能力）增强核心系统层。生成的应用程序接口服务调用列表可以被视为你的核心交易型系统为任何希望利用这些应用程序接口构建最终用户应用程序人提供的服务列表。

你的数字行动可能还需要新学科（能力维度的第六个元素）来增强客户体验。一门学科不仅仅局限于软件和硬件。这些新学科将影响体验的质量，即你的组织可能需要投资于预测能力，包括人力、软件、算法、用例、培训等，以便能够利用数据进行预测，节省客户的时间，例如提醒他们付款和预先填写细节。或者，如果你是制造商，在设备中嵌入所需的仪器以发回诊断和其他数据以改善客户体验可能是另一门新的学科。

技术仍然需要整合新学科引入的不同能力。区别在于，它将技术分解为所需的不同新学科，以及将导航和能力整合为最终用户的全面和整体体验所需的信息技术软件和硬件。这有望使领导该行动的非技术首席执行官或高管更容易划分功能，以便更好地控制系统的复杂性。

技术的输出是协调客户体验所需的软件代码（以及所有所需的硬件或软件即服务），并反映客户维度中定义的业务流程。首要任务是确定你将在哪里**构建**（对客户影响最大）、**定制**（对客户影响中等）和**配置**（对客户影响较小）。图 5-32 演示了银行业的一个示例。构建活动侧重于**客户体验**类别（由应用程序和相关的自动化、半手动或手动流程表示），以及数据基础设施、访问和工具，以分析数据和提取洞察。它们直接接触到客户，因此根据你特定的客户体验和交互量身定制它们对于提高差异化水平很重要。应用**程序编程接口**的类别对于连接性、模块性和减少维护至关重要，这里的建议是购买并根据你的特定环境定制。最后，在核心系统中，能够用最少的编码和定制来配置最复杂的产品需求是关键。这决定了你对技术支出的优先级，也决定了关键的设计原则、选择标准以及能够实现设计原则的潜在供应商。你应该对你的特定行业进行类似于 5-32 中的银行示例的分析。

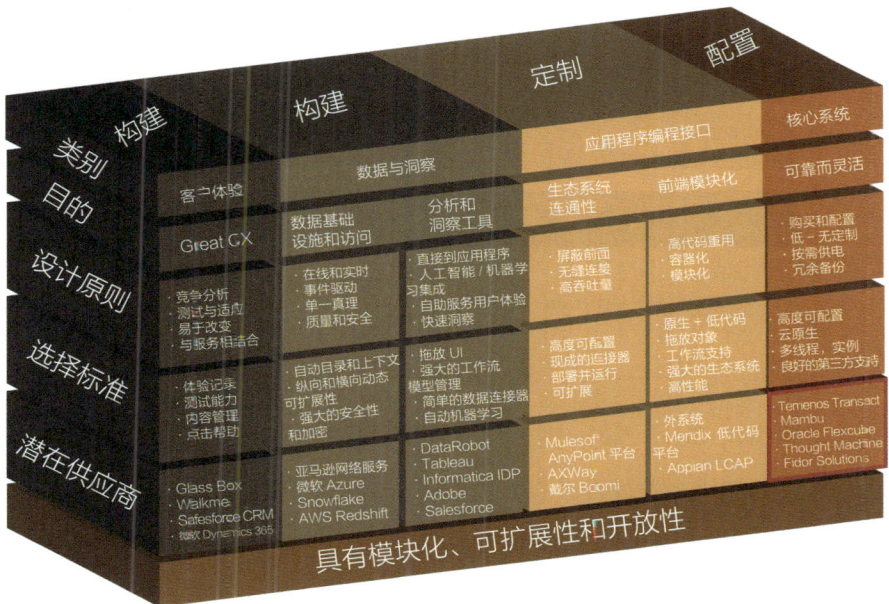

图 5-32　构建、定制和配置分析

下一步是确定**技术架构**。这里不能详细讨论这个主题，下面的内容只是为了让高级执行人员对技术体系结构有一个概述。图 5-33 展示了一个典型的技术架构图。让我们从与行业无关的层开始。**应用表现**层通过 App 直接接触客户。为了差异化客户的应用体验，并充分利用移动设备的功能，应用程序使用跨平台工具构建，支持 Android、Android TV、iOS、macOS、tvOS、Web、

Windows 和 UWP。使用开源移动应用程序框架隔离跨平台差异，为用户提供一致的外观和感觉，同时只需要一次编码。

注意：供应商只是为了说明，除另有说明外，基本假设是所有系统都是基于云的。

图 5-33　样例架构图

来自脸书的 React Native 是这些常用的预构建组件的开源库之一，可以帮助开发人员加快开发过程，谷歌的 Flutter 和微软的 Xamarin 是其替代方案。CX（和营销）层利用 CRM 和营销软件进行销售、客户信息和营销活动管理。它通过应用程序接口层与核心业务交易系统进行通信。**应用程序接口层用于将 CX 层与核心系统层隔离开来，以减少核心系统中的变化对 CX 层的影响**。另一个关键的好处是，它允许 CX 和核心系统层分开扩展，因此开发人员通过应用程序接口层接口可以支持模块化，降低维护成本，并提供支持业务量增长的灵活性。应用程序接口层调用由核心系统层提供的服务。

应用程序接口层还**与第三方解决方案的接口连接**，并允许 CX 层调用第三方服务。数据管理层管理技术解决方案的所有数据存储和访问需求，DevSecOps 层确保一套一致的实践（例如，方法和工具）协同工作，以自动化和集成软件开发、自动化测试、应用程序交付、安全和信息技术操作之间的过程，从而可以更快更可靠地构建、测试、保护和发布软件。最后一层，即核心系统层，是企业应用程序所在的位置。这一层将具体到行业和子行业。

通过将能力分解为方法和技术，我们揭开了技术在数字创新和转型中的实际作用。对大多数高管来说，这往往是一个黑箱。你知道什么进去了，什么出来了，但对中间过程了解得很少。通过应用如图 5-29 所示的软件工厂的概念，你可以将（信息）技术的重点放在解决方案的模块化、可伸缩性和冗余性上。一开始就需要作出的最重要的体系结构决策之一是你能对多少代码的创建和管理感到满意。你必须解决的另一个问题是全球编程资源的短缺，因为需求远远超过供应，而且在可预见的未来仍将继续如此。因此，一方面，你需要有个性化和定制的动力，这样你的应用程序就可以与众不同；另一方面，你需要注意资源短缺和代码管理困难的问题，这反过来又影响了未来的修改、测试和调试工作。

项目节奏越快，代码就越有可能不紧凑，一旦最初的开发人员离开了项目，接手项目的人可能就难以理解他的代码。因此，在此阶段的关键权衡之一是，你可以在哪里部署你打算购买的低定制化软件解决方案，以及你将在哪里花费精力编写代码，你将不得不维护和管理这些代码以保证未来的迭代稳步进行。所以，你的目标不是写更多的代码。只要有足够的资金和投入，你总是有可能开发出你的软件的第一个版本。问题是，如果第一个版本做得不好，你将发现后续版本越来越难发布。

对于没有直接信息技术经验的负责数字化转型的高级管理人员来说，将技术视为一个项目或每个项目的一次性事件可能是很自然的。然而，除非你准备频繁地进行昂贵的改造，否则你所构建的就是你所陷入的困境。因此，对于实现良好的总体拥有成本和性能至关重要的关键设计考量与模块化程度、可伸缩性和冗余程度有关，如图 5-34 所示。

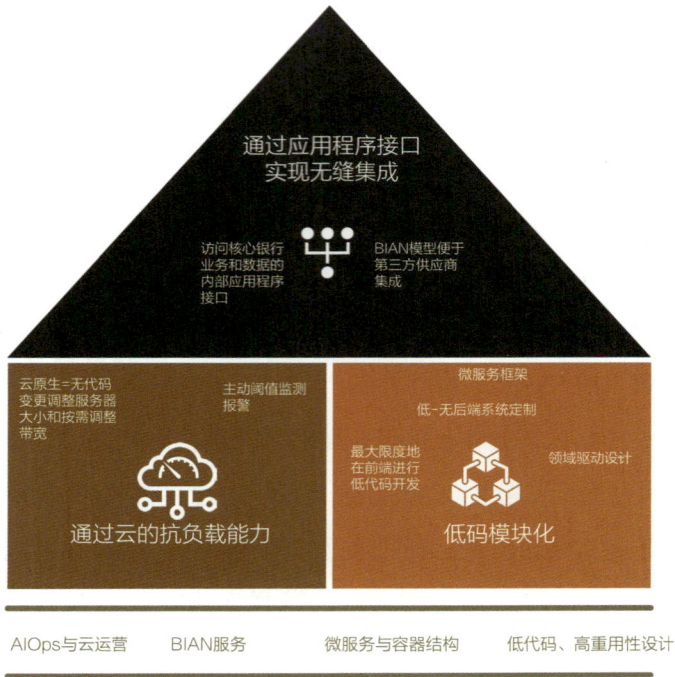

图 5-34　模块化和可伸缩性设计

　　模块化是软件体系结构设计的一个考虑因素，它着眼于如何将软件分解成**独立的、可互换的模块**。模块化有助于降低软件复杂性，我们之所以要控制复杂性，是因为软件很容易在几次发布后变得非常复杂，这使得继续开发和测试以生产高质量软件的成本非常高（Delamore，2020）。前面讨论过的应用程序接口的使用有助于模块化，因为它可以一次编码并多次重用。因此，开发团队不再需要从头开始编写所有代码，而可以专注于构建模块化的应用程序，并高度重用代码，从而提高效率和速度。抗负载能力研究如何编写软件，以便**在异常负载下运行良好**，例如，在发薪日，当许多客户登录检查他们的余额时，系统的访问量激增。表现良好意味着逐渐降级，而不是整个软件停止运行。最后，冗余备份通过复制软件和硬件的关键部分，允许软件**在出现严重停机时继续运行**。

　　下一个关键的决定是你应该在哪里开发软件，在哪里购买。我们在技术元素的开头介绍了你应该专注于构建、定制或配置。你的软件团队总是想要构建一些东西，因为如果他们只是简单地将不同的软件集成在一起，他们的工作就会很无聊。创建一个软件产品，然后像一家软件公司一样，用一个合适的路线图来运行它，是一项非常困难的工作。你**必须有一个非常强大的竞争优势**来实现它，也就是说，没有现成的解决方案，在严格的评估之后，你才有能力自己构建、维护并发展所需的功能。在涉及客户体验的地方，可以构建软件功能以填补短期空白。今天，大多数客户体验的领导者开发自己的界面，而不是使用产生类似用户界面的标准工具包。但随着这种工具包的可配置性的提高，这种情况在将来可能会改变，因为它们可以使用低代码来开发高质量的本机接口。在大多数其他领域，你应该首先评估你是否能够购买和集成软件组件来实现你所期望的体验，你还应该在决定哪种路径是最好的之前，了解是哪些差距阻碍了你实现理想的体验。

5.3.5　生态系统

在业务维度下的规模元素中使用生态系统映射，可以得出一个广泛的计划，从而了解预测的客户群和收入所需的规模是否可以实现。在能力维度中，生态系统元素**详细描绘了整个价值链**，由此，我们对参与者以及他们如何相互联系和互动有了一个完整的概念。然后，这些生态系统元素还可以用来确定特定的合作伙伴、平台和影响者，以获得一个更细粒度的合作伙伴计划，从而使生态系统的扩展变得可行。

了解你的行业或子行业生态系统的一个好方法是绘制生态系统地图。请参考图 4-11，它解释了解决方案生态系统和事务生态系统之间的区别。图 5-35 以苹果解决方案生态系统为例，描述了苹果生态系统中的关键角色，在图中我们可以看到由苹果硬件、App Store 应用程序、苹果用户、苹果硬件零售商、为 iOS 和 MacOS 操作系统编写软件的软件开发商（如 Autodesk、Adobe、

Microsoft Office 等）组成了苹果平台。为自己的行业绘制一张生态系统地图将为你希望实施转型的行业或子行业中的关键角色提供一个良好的视角。图中的线条代表商品和服务、信息或金钱的流动。

图 5-35 的右侧展示了一个双面平台。一家公司要被视为是一个平台，它必须至少有两组参与者，双方以某种有意义的方式成为其客户，并且它必须能够在双方之间进行直接的互动（Hagiu，2014）。平台可以有不止两方——例如，Avatec.ai、Credolab 等替代信用评分引擎是三方平台，一方是金融机构（或有资金可贷款的个人），另一方是客户希望获得信用解决方案的电子商务平台，还有一方是信息提供商，他们可以访问数据，以确定客户是否能够被发放贷款。平台利用无处不在的互联网和移动设备来满足各方的需求。

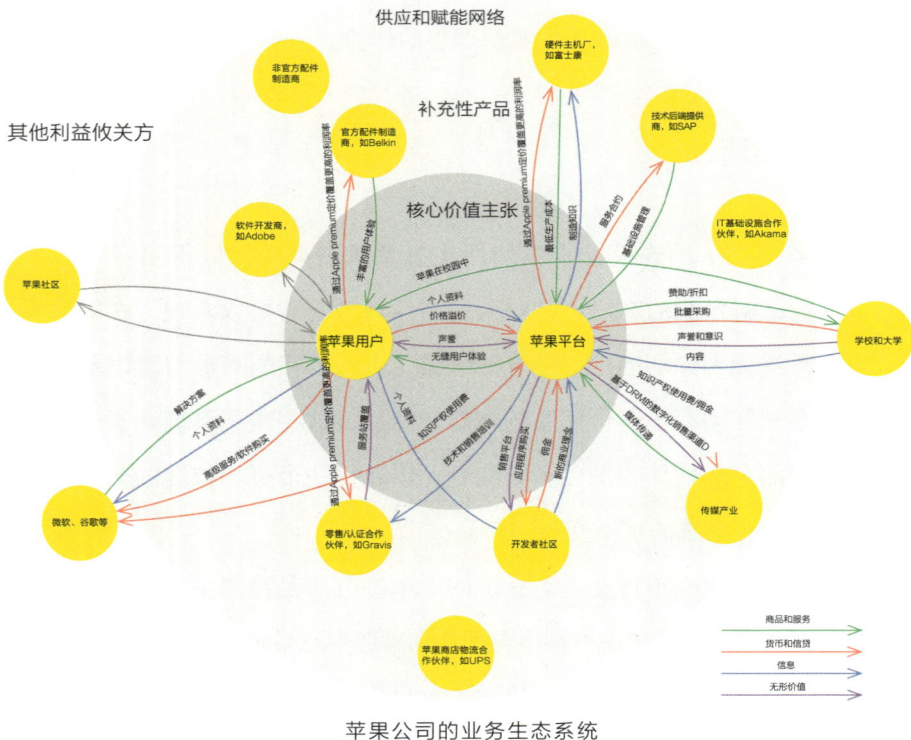

苹果公司的业务生态系统

图 5-35 解决方案生态系统的生态系统映射练习示例

如果你的数字化转型需要创建一个平台，那么你可以使用波士顿咨询公司亨德森研究所（BCG Henderson Institute）创建的六步流程来评估其可行性，如图 5-36 所示（Pidun et al.，2020a）。这是基于不同行业和地域的 100 多个商业生态系统的分析得出的六个步骤。

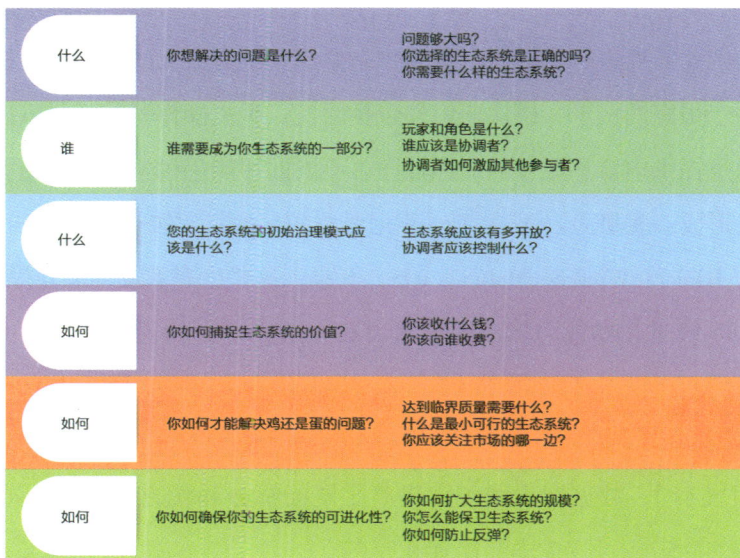

什么	你想解决的问题是什么？	问题够大吗？ 你选择的生态系统是正确的吗？ 你需要什么样的生态系统？
谁	谁需要成为你生态系统的一部分？	玩家和角色是什么？ 谁应该是协调者？ 协调者如何激励其他参与者？
什么	您的生态系统的初始治理模式应该是什么？	生态系统应该有多开放？ 协调者应该控制什么？
如何	你如何捕捉生态系统的价值？	你该收什么钱？ 你该向谁收费？
如何	你如何才能解决鸡还是蛋的问题？	达到临界质量需要什么？ 什么是最小可行的生态系统？ 你应该关注市场的哪一边？
如何	你如何确保你的生态系统的可进化性？	你如何扩大生态系统的规模？ 你怎么能保卫生态系统？ 你如何防止反弹？

图 5-36　交易生态系统可行性的六步评估

该方法有两个值得提及的重点是：

1. 生态系统试图解决的问题必须大到足以说服合适的参与者加入，并证明构建平台的高前期成本是合理的。例如，"受易贝（eBay）和亚马逊等公司在 B2C 市场上的成功所鼓舞，许多公司试图将这种模式转移到 B2B 领域，为汽车零部件、纸张、化学品和其他供应品建立市场。然而，大多数公司失败了，因为他们没有意识到 B2C 中的高交易成本的根本问题并不像 B2B 交易中那样尖锐"（Pidun et al.，2020b）。

2. 商业生态系统不一定要求完全控制，因为生态系统的参与者是独立的经济参与者。因此，无论是飞机制造（每个零件必须在小于 1 毫米的公差内装配）所需的非常严格的协调，还是个人电脑和配件等可从公开市场获得的解决方案（标准的一致性允许互操作性），都不符合商业生态系统的理想目标。

因此，当解决方案是模块化的，但不是太紧密，并且由于对标准的遵守不够严格，因此需要进行协调时，业务生态系统才是有意义的。智能手机生态系统就是一个很好的例子。模块化组件包括手机、手机操作系统、提供连接的电信系统以及提供内容和服务的应用程序。不同的智能手机生态系统随着时间的推移已经形成：塞班 OS（诺基亚、索尼爱立信、摩托罗拉）、Palm OS（Palm）、黑莓 OS（RIM）、Windows Mobile、iOS、安卓，这些生态系统不能互操作。

生态系统进化的能力取决于需求方和供给方平台的规模经济。更多的用户会吸引更多的供应商，需求方经济会从网络效应中逐渐积累，这反过来又吸引了更多的用户，而供应方经济则是由于边际成本低（为额外的客户服务没有任何成本）、数据回报增加（提高了匹配买方和卖方的能力）或轻资产模型导致的固定或可变成本下降而积累的。

5.3.6　新学科

能力中的最后一个元素是一个包罗万象的元素，即你还需要在你的组织中吸收哪些新的学科，以便完成数字创新或转型？这可能是你需要在内部采纳的全新学科——例如预测分析、人工智能、制造技术、仪器仪表等。在 TMRW 中，我们必须从头建立一个参与团队和参与实验室。这是我们以前所没有的，所以我们需要创建，这样我们就可以成功地使用数据来数字化地吸引客户。它需要雇用和培训一个由通信、分析、内容、行为科学等组成的跨职能小组。

· 把一切都聚集在一起

到目前为止，我们已经涵盖了四个维度中的三个，而人与领导力是最后一个维度。我们现在可以看到所有维度是如何相互作用的，并可以从整体上审视 TaP。如图 5-37 所示，人与领导力维度包含了其他三个组件，因为人与领导力影响所有其余的组件。

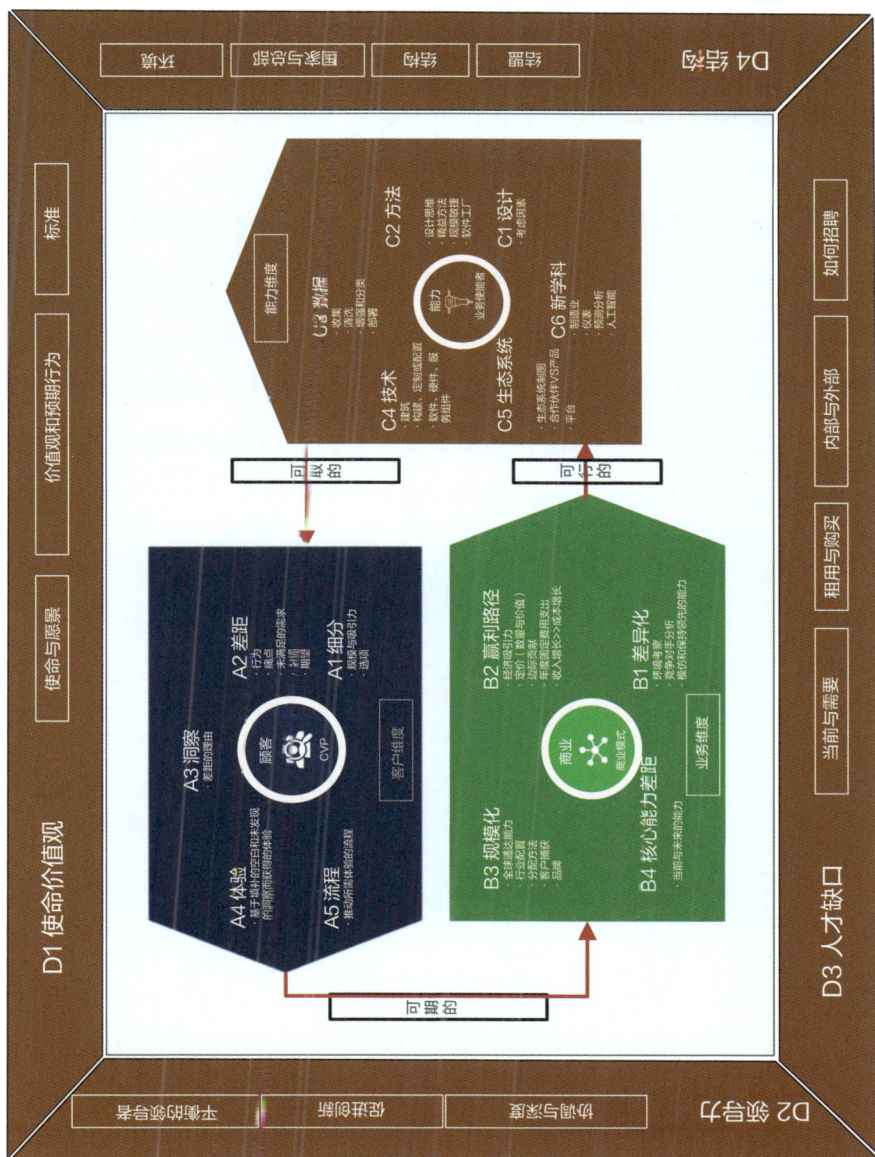

图 5-37 所有维度交互

领导者如何创造变革的动机、价值观和预期行为来实现变革？员工会根据领导者的标准来行动，因此表明你在转型中是否成功的标准必须与团队的标准保持一致。这些构成了使命价值要素。使命宣言创造了目标，并为成为这样一个有目的的使命的一部分注入了自豪感。愿景宣言迫使团队变得大胆，去实现今天似乎不可能的事情。衡量标准将第一个要素进行了补充，并确保在实体级别、单位级别和个人目标上有一个包含客户、业务和价值 KPI 的整体记分卡。

领导者如何平衡协调和深度之间的权衡，或者同时利用两者，或者领导者如何促进创新，最终领导者如何在看似矛盾的特质之间取得平衡，成为一个**平衡的领导者**，这些都是实现变革所需的关键领导要素。

鉴于你需要建立的能力，你应该如何填补人才缺口？这在人才差距的有关内容中有介绍。最后，结构和环境形成了坩埚，你将从中协调这一变化。现在让我们更深入地研究人与领导力方面。

⚷ 重 | 点 | 摘 要

* 你目前的能力和你成功发挥主动性所需的能力之间应该有很大的差距。

* 能力维度中的前四个要素——设计、方法、数据和（信息）技术——是数字化转型中任何能力建设的标准要素。最后两个——生态系统和新学科——是特定于你的行业和子行业的。

* 设计不仅仅是让事物变得漂亮。设计是深入理解客户 / 用户需求，然后创造产品或服务（物理的、数字的，或者两者兼而有之）的过程，以满足他们未满足的需求。

* 设计中的四种能力是：分析领导力，以衡量和驱动设计产出和设计绩效；跨职能人才，使用户中心化人人有责；用户体验，打破实体（如商店）、数字（如线上）和服务设计之间的壁垒；持续迭代，通过持续的倾听、测试和与用户的迭代来降低开发风险。

* 商业创新设计师是一个新的重要角色，这类角色既以人为中心，又以利润为中心，偏重可执行性和行动，包容性强，并不断完善以实现卓越。

* 在不久的将来，商业创新设计师的需求将非常高，因为在各种规模的公司中，数字化转型举措越来越多。

* 设计元素的输出是你的计划的关键设计考量因素。没有固定数量的顶级设计元素。在实践中，你可以取 5 到 10 的数字。这些顶层设计考量因素自上而下地向下级联。

* 顶级设计元素是你的设计蓝图，是你完成 TaP 下一阶段的指南针，在此阶段，你通过获得执行设计所需的能力、人与领导力才能，将你的转型变为现实。

275

* 方法是解决新的协作方法，和实现转型所需的流程所需的基本能力。

* 作为基本要求，我们必须实施 3 个关键方法：设计思维、精益六西格玛和敏捷开发。根据手头的情况，我们还应适当地添加其他内容。

* 设计思维的力量来自它以人为中心的设计基础，以及理解客户需要什么来完成他们的交易。

* 这在以产品为中心的行业和组织中尤其重要，因为他们无法控制自己，只能首先从产品和他们的业务目标开始设计。

* 精益就是找到最有效的方法去做某事，消除过程中的浪费。它也是关于持续改进，不断地从流程中消除低效环节。

* 当你将精益与设计思想结合起来时，你不仅得到了一个更快、更廉价的过程，而且也是一个客户更容易理解和欣赏的过程。

* 精益六西格玛将流程中消除浪费和低效率的最佳方法与数据驱动的方法相结合，以保持质量稳定，通过持续优化流程以提高效率并确保持续的高质量结果，以确保始终如一的卓越体验。

* 敏捷开发的核心是构建出色的软件解决方案，以优雅地适应不断变化的需求。它是快速的、迭代的、容易适应的，并且通过持续的改进来关注质量。

* 将这三种方法放在一起，就产生了一个强大的"概念到代码"的软件工厂。这个过程用于确保你拥有一个世界级的设施，生产你承诺给客户的高质量体验。

* 竞争差异化正转向大规模定制和快速学习，两者都需要数据。

* 数据需要时间收集，而只有经营了一段时间的业务才有数据积累的深度和广度。

* 在许多组织中，数据被用于作出改善业务的决策，但很少用于改善客户的生活。

* 数据通常也分散在整个组织中。

* 数据生命周期管理可以分为 4 个不同的阶段：收集（及淘汰）、清洗、增强和标准化、部署。

* 将数据安全嵌入核心的 6 个关键设计原则是：端到端加密和存储加密，动态数据掩蔽，强大的多因素身份认证，全面审计，基于角色的访问控制，恢复。

* 核心系统必须有能力将核心交易能力（如预订航班、支付第三方费用等）公开为通过应用程序接口提供的标准服务，或者首先使用所需的额外能力（例如，提供交易已发生的实时指示的能力）来增强核心系统层。

* 首要任务是确定你将在哪里构建（对客户影响最大）、定制（对客户影响中等）和配置（对客户影响较小）。

* 技术架构由若干层组成：应用表现层、客户体验（CX）和营销层、应用程序接口层、核心系统层、DevSecOps 层和数据管理层。

* 应用程序接口层用于将 CX 层与核心系统层隔离开来，以减少核心系统中的变化对 CX 层的影响。应用程序接口层还与第三方解决方案的接口连接，并允许 CX 层调用第三方服务。

* 数据管理层管理技术解决方案的所有数据存储和访问需求。

* DevSecOps 层确保一套一致的实践（例如，方法和工具）能够自动化和集成软件开发、自动化测试、应用程序交付、安全和信息技术操作之间的过程，以便能够更快、更可靠地构建、测试、保护和发布软件。

* 核心系统层是企业应用程序所在的位置。这一层将具体到行业和子行业。

* 将（信息）技术的重点放在 IT 解决方案的模块化、可伸缩性和冗余性上。

* 全球方案编制资源短缺，因为供不应求，而且在可预见的未来将继续如此。

* 必须解决个性化和自定义所需的代码数量与资源短缺和管理代码的困难之间的矛盾，这反过来会影响未来的修改、测试和调试工作。

* 只要有足够的资金和投入，你总是有可能开发出你的软件的第一个版本。问题是，如果第一个版本做得不好，你将发现后续版本越来越难发布。

* 你建造的东西就是你被困住的东西，除非你准备频繁地进行昂贵的改造。

* 对于实现良好的总体拥有成本和性能至关重要的关键设计考量与模块化程度、可伸缩性和冗余程度有关。

* 模块化是软件体系结构设计的一个考虑因素，它着眼于如何将软件分解成独立的、可互换的模块。

* 模块化有助于降低软件的复杂性，我们之所以要控制复杂性，是因为软件在几次发布后很容易变得非常复杂，这使得继续开发和测试以产生高质量软件

的成本非常高。

* 抗负载能力研究如何编写软件使得在异常负载（例如，在发薪日，当许多客户登录检查他们的余额时）下运行良好。运行良好意味着逐渐降级，而不是整个软件停止运行。

* 冗余备份允许软件在出现严重停机时继续运行。

* 创建一个软件产品，然后像一家软件公司一样，用一个合适的路线图来运行它，是一项非常困难的工作。

* 构建自己的软件必须有非常强的竞争优势，也就是说，没有现成的解决方案可用于提高差异化水平，在严格的评估之后，你才有能力自己构建、维护并发展所需的功能。

* 生态系统元素详细描绘了整个价值链，由此，我们对参与者以及他们如何相互联系和互动有了一个完整的概念。

* 然后，这些元素可以用于确定特定的合作伙伴、平台、目标影响者，以获得更细粒度的合作伙伴计划，从而使生态系统的扩展变得可行。

* 为自己的数字化转型绘制生态系统地图，将为你希望应用转型的行业或子行业中的关键参与者提供良好的视图。

* 理解潜在平台如何工作的一个很好的方法是使用平台商业模式画布，它着眼于价值的生产者（产权所有者、车主、资本所有者等）、平台的所有者（爱彼迎、优步、陆金所等）、合作伙伴（保洁机构、餐厅等）和消费者（出行

者、骑手、借款人等）之间的关系。

* 如果你的数字化转型需要创建一个平台，那么你可以使用波士顿咨询公司亨德森研究所创建的 6 步流程来评估其可行性。

Key takeaways

5.4 人与领导力

很多人已经意识到，在开发客户维度之前，人与领导力元素的某些方面很有可能就已经到位了。这将是真的，因为连你开始开发客户 – 业务维度之前，你的初始先锋团队应该已经到位，文化、结构、环境的元素应该已经被讨论、同意并发挥作用。随着组织和战略在设计阶段的演变，这将发生变化。**人与领导力因素可能既是 TaP 的开始，也是 TaP 的结束**，在任何情况下，正如前面提到的，作为负责的高级行政人员，随着你的进展，你将不断评估相互之间的联系和维度，并在你前进的过程中对这些因素进行微调。所以，它不是静态的，而是需要你经常检查并微调，以确保不同维度和元素之间对齐的东西。

我发现，吸引你所需要的人才的能力是**你表达你的故事和抱负的能力**的一个函数。在第一阶段，当你在设计和构建时，你显然需要雇用那些在这些方面有才华的人。这样有才华的人被你改变世界的雄心和非凡的能力所吸引。你有能力激励他们加入你的发现之旅，积极地影响他们，这是吸引合适人才的关键。你需要告诉未来的雇员，我们正在建设世界上最积极主动的数字银行，这是一个从头开始建设银行的难得机会，让我们能够吸引我们需要的人才。之后，当项目启动并开始运行时，人才的组合将会演变，因为建立一个企业和运营一个企业所需的技能是不同的。

在从头开始做一些新的事情时，**最初角色的性质会发生变化，报告线也会发生变化**——有时变化非常快。迈克尔·许是我们推出 TMRW 时的合伙人主管，他的角色就很快就发生了变化，因为我们在两年内变成了一个全面的合伙人角色，在那段时间里，他先后有三个不同的老板。

尽管有这些变化，但是每个角色的素质，例如一个优秀的业务开发人员，仍需要事先被确定和检测，以确保他能胜任他的职位，即使工作范围后来发生变化。因此，要求招聘经理写一份 1~2 页的工作描述是成功的必要条件，这样你就可以就角色和责任、所需的素质以及他如何发现这些素质与招聘经理进行正式讨论。虽然这些条件看起来理所应当，但很少被招聘经理严格执行。除了分析能力、战略思维、人际关系技巧等硬性能力外，合作、自信、冒险等行为也是候选人的重要特质。对于一开始比较模糊的角色，选择更积极、适应能力更强、更灵活的候选人对于确保候选人能够适应未来的变化很重要的。

领导团队的责任是创造一种**有利于创新和变革的文化**，因此，人与领导层面首先通过定义有助于实现你所启动的行动的使命和愿景的价值观来创造正确的文化。使命宣言旨在凝聚你的团队，从而使团队有一个明确的、令人信服的和共同的目标，而愿景宣言则旨在点燃团队成员的雄心，激励他们走向光明。你的价值观宣言是把每个人团结在一起的黏合剂，它指定了与这些价值观一致所需的正确行为，并在这样做的过程中发挥出每个人最好的一面。如果没有一套清晰的价值观和行为，你将无法形成和培养正确的文化，让你努力吸引的人发挥出最好的一面。高度能干的人也可能过于争强好胜、咄咄逼人，并有更大的自尊心，因此我们需要利用使命、愿景和价值观发挥出他们最好的特质，抑制最坏的特质。

5.4.1 小节"使命－价值观"结束时的重点是指标。人们的行为受到他们的关键绩效指标的影响。一般的经验是，三分之一的措施是跨行动的，例如客户净推荐值、边际利润目标、符合价值观声明的行为等。另三分之一可以是员工个人在组织中的目标，最后三分之一是员工自己的目标。这种平衡计分卡能在支持和增强你的团队合作的能力的同时，确保单位和个人的目标被重视。

5.4.2 小节"领导力"侧重于三个方面的考虑。首先，你如何通过确定需要广度的领域、需要深度的领域和需要两者的领域来组织你的团队？接下来，我们研究领导者如何促进创新，最后我们探讨如何评估领导者，并采取措施在不平衡的领域增加他们的平衡。哈里森评估公司的创始人丹·哈里森

（Dan Harrison）博士发现，"真正的领导力需要掌握平衡"（Harrison，2018）。我在工作中大量使用哈里森评估法，因为我发现不平衡的领导者，即拥有其他特质无法平衡的强大特质的领导者，往往非常具有颠覆性或过于被动，而平衡领导者计划试图纠正这一点。

5.4.3 小节"人才差距"探讨了如何正确评估人才差距，以及如何缩小人才差距。你可以在哪里购买资源而不是雇用，如果你的工作是在一个更大的组织内，你会在什么时候选择内部候选人，哪些角色更适合内部和外部永久雇用？

最后一小节考察了组织的结构和环境。如果你是一个从内部改造母组织的初创企业，那么调整将是你的关键考虑因素之一。除了对齐单元组织，如何构造单元组织也很重要，为单元创建环境也很重要。

5.4.1　使命 - 价值观

如图 5-38 所示，人与领导力维度从策划转型的数字企业的使命和价值观开始。

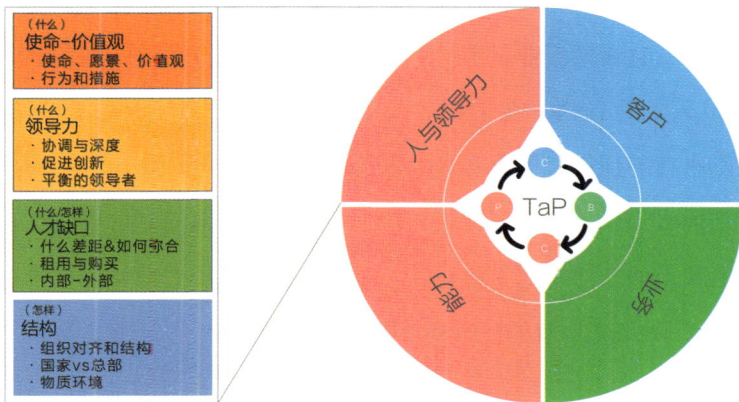

图 5-38　人与领导力维度

当人们受到启发时，他们可以作出惊人的事情。但你如何激励他们超越工作描述，为组织付出和做更多？一个方法是**确保你公司的使命和愿景激励你的员工达到更高的高度**。这些宣言应该由企业或公司的首席执行官定期撰写、审查和更新，因为它们体现了领导者对公司的工作、目标和期望的解释。然后，文化和价值观确定了公司在寻求实现其使命和愿景时必须接受的行为和价值观。

如果像 TMRW 一样，你的数字行动是更大母公司的一部分，所以你无法拥有自己的使命、愿景和价值观宣言。但在这种情况下，你仍然可以通过定义**原则**来定义预期的成员行为，例如，其中一个原则可以是"挑战现状"，鼓励团队的所有成员进行质疑，不管他们的职级有多低，任何更高级的人都应该鼓励他们这样做，并回答或承认他们不知道答案。

这有助于打破层级制度，鼓励整个组织的参与和挑战。你可以考虑的其他一些原则是把"客户放在第一位""拥有结果而不仅仅是活动""把钱花得像你自己的一样"，或者"不鼓励指责文化"。无论原则是什么，这都是在你的转型中建立独特的亚文化的一种方法。

一位资深人力资源同事回忆起 TMRW 的文化时说道："TMRW 的独特文化与大华银行这样的核心传统银行截然不同。它的不同之处在于心态和运营速度，在我看来，这在银行业是前所未有的。邱鼎和博士委托一家机构帮助我们设计 TMRW 人才的 DNA。在 TMRW 的所有领导进行面试时，我们制定了一整套行为规则来指导他们。邱鼎和博士建立了一种文化，在这种文化中，每个人都可以对任何人说任何话，包括他本人。我们彼此非常开放，在需要的时候努力挑战，但我们从来没有把它放在心上，因为它总是本着改进的精神进行的。"

这就是为什么这一节的使命价值是特别重要的。它定下了基调、目的和可以使魔法发生的工作方式。我推荐给你的出发点是让你的愿景鼓舞人心。你想雇用的人应该被你创建这个企业或行动的目的所吸引。因此，你的起点是制定你的使命、愿景、价值观和你期望的行为。

使命（"我们为什么存在"）陈述了公司为什么存在，即组织的宗旨和主要目标。它是针对内部和外部利益相关者的，通常用现在时。使命陈述应该清晰而简明，这使它便于记忆，也使它在调整公司存在的理由时具有影响力。使命陈述可以而且应该根据业务情况而改变，因此需要定期被审查和更新。专注于你的使命会吸引以使命为导向的个人。当你不断提醒你的员工他们的使命时，你就为他人创造了一种目标感，从而提高员工敬业度和培养积极的工作文化 (Ross，2015；William，2018)。有能力的人才首先被目的吸引，其次是金钱，所以这也是吸引最好的有能力的人才到你的组织的一个很好的方法。

愿景（"我们能成为什么样的人"）的陈述表达了公司的抱负，它希望变成什么样，以及它将在这段旅程中实现的目标。最重要的是，愿景应该雄心勃勃，鼓舞人心，总是遥不可及。它们旨在迫使组织朝着它永远无法完全实现的目标前进，从而推动组织获得卓越的成果。虽然愿景陈述可以更新，但它们往往比使命陈述更不变。同样，愿景陈述越清晰、越简洁，员工就越有可能记住它。

价值观（"我们所代表的"）是指导公司员工在履行使命时的核心原则。它们通常反映了领导者自己的价值体系，并被作为调整公司行为，从而形成独特的工作方式，即其文化的一种方式。如果价值陈述没有体现这些价值的行为，它们就不是有效的。首席执行官也是首席文化官，他必须从高层确定这些行为在塑造公司价值观方面的重要性。

图 5-39 是我在新加坡投标数字批发许可证时的使命、愿景和价值观陈述的例子。因为这是一个独立的实体，所以我能够从头编写所有的语句。这是我做的第一件事之一，与我交谈的许多候选人都被从头开始创建一家新银行所能获得的经验所吸引，特别是创建一家主要使用云基础设施和利用会计系统数据解决中小企业面临的运营问题的银行。然而，更多的人被我们计划推广的价值观和行为所吸引。我们设法找到了 10 名候选人，我们与他们讨论了工资，如果我们获得了执照，他们就会加入我们。

样本：成长银行

使命：Grow Bank 提供持续性的金融服务，使新加坡的中小企业能够茁壮成长，从而使它们能够成长为跨国公司，并为我们的经济提供动力。

愿景：我们的目标是成为世界上最积极主动的数字银行。我们通过不懈地关注我们的客户来实现这一点，这样我们就可以在他们之前预测他们的需求。

价值观和行为：

1. 诚实正直——我们把荣誉和正直看得高于一切。我们的诺言是我们的纽带，我们有勇气做正确的事情，并将其上升到更高的行为标准。我们以身作则，我们会在需要的时候作出艰难的决定，而不是屈服于简单或方便的事情。

2. 问责制——我们高度负责。我们考虑我们行动的后果，我们对这些行动表现出高度的所有权，从不害怕诚实地承认错误并从中吸取教训。

3. 能力——我们接受终身学习，我们不断学习和提高，我们天生好奇，我们不断在问为什么。

4. 专业精神——我们在压力下保持冷静和镇定，表现出真正意义上的专业精神，即使在辩论中发生口角，也不会放在心上。我们的努力总是为了在我们的客户和我们的银行的更大利益，与我们的员工的利益之间保持良好的平衡。

作为领导者，我们将自己放在最后，我们的员工比我们自己更重要。

5. 谦逊——无论我们有多年长，我们都会保持谦逊。对于最高级的员工来说，如果能帮助我们的客户或员工实现他们的目标和抱负，那么没有什么任务是微不足道的。我们不把自我放在肩膀上。

6. 创新——我们一直在寻找或大或小的创新想法。我们明白，虽然想法很多，但创新很少，对规范的挑战以及经验和背景的多样性是创新的源泉。

图 5-39　愿景、使命、价值观和行为陈述示例

因此，无论你是一个独立的公司还是大公司的一个单位，都要找到一切适当的方法来传达你的单位或公司的目的、抱负和行为。仅仅说明你的价值观是不够的。许多公司都有可爱的价值观宣言，但它们没有规定使这些价值观成为公司 DNA 所需的行为，这首先就违背了价值观宣言的目的。

· 让大家保持灵感的活动

为了在一个多年计划中持续激励你的团队，你需要制订**一系列活动计划来保持团队的灵感**。这是我交给杰玛·泰的任务，她是 TMRW 的先驱之一。我之所以选择她担任项目管理角色，是因为她的组织性给我留下了深刻的印象，她记录会议的能力是十分了得。她也很好地补充了我的短板，因为她有一种我没有的阅读人的方式，此外，她在银行是先锋团队中待得最久的，所以她将非常擅长与母公司对交，这对成功很重要。

在项目管理的角色中，Gemma 负责后勤、项目里程碑和时间表、预算、人员等。在 TMRW 行动的整个过程中，她是我不可或缺的助手。我分配给她的困难任务之一是激励 TMRW 团队。技术团队的成员是关键的，因为他们是完成所有编码的人，如果他们受到激励，那么他们的编码质量会更好，他们解决软件问题的速度也会更快。

一个很好的例子是 Deepavali 庆祝活动，如图 5-40 所示。那次活动，我坚持要所有的关键管理团队都来。信息技术团队的许多成员都为 Deepavali 庆祝。而这也成为 TMRW 团队聚会的惯例。我们还组织了很多月末活动，并把这个责任在团队中轮换。通过这些活动，我们想把人们聚集在一起。工作人员非常热情，许多人带着巨大的能量。他们认为 TMRW 是一个有趣的团队，就像 TMRW 的价值观、目标和抱负一样。这些聚会是庆祝时刻，也是更好地了解每个人的机会。我还强调享受旅程，因为对我来说，这和庆祝一路上的大大小小的成就一样都很重要。我记得，印度尼西亚版本的 TMRW 在雅加达发布后，我邀请了技术团队来庆祝。在这些活动后的星期一，人们互相问候，回忆起前一周在一起的美好时光——员工们更好地了解了彼此。

图 5-40　2019 年 10 月 Deepavali 庆祝活动

确保员工正常入职是很乏味的，但我建议你把它作为你的首要任务之一，因为它会影响你的新员工对你的公司的第一印象，如果做得不好，就会给人留下不好的印象。杰玛与人力资源和信息技术团队合作，以确保员工在到达当天就顺利领取到个人计算机设备。这需要不断修改流程，使其像发条一样顺利运行。

更好地了解你的下级员工，让他们参与进来，给他们发言权。当组织变得庞大，导致你很难亲自认识每个人时，你可以组织会议与所有的员工见面，尤其是新员工。我们将不在领导团队（由高级副总裁及以上人员组成）中的高级员工与初级员工配对，并要求他们阅读我遇到的文章或感兴趣的话题。这让他们与领导团队共同探讨一些话题：我们询问了他们对这些主题的看法，以及他们认为与这些案例的最佳实践相比，TMRW 的表现如何。

在这样做的过程中，许多人告诉我，他们终于有了发言权。

丹妮尔·李（Danielle Lee）是我们开户流的开发负责人，开户流可能是最复杂和最容易变化的流之一。她回忆起她在 TMRW 的时光："回顾过去，在我 20 多年的职业生涯中，TMRW 是我工作过的最好和最成功的团队之一。这与商业和技术无关，与团队有关。我们的团队在一个激励和鼓舞人心的氛围中。我们是一个多元化的团队，成员来自许多不同的公司和供应商。然而，我们一同为东盟最活跃和最好的数字银行的愿景而奋斗。不要让银行数字化，激励你的团队，善待他们，他们会为你实现银行数字化。"

·持续接触

对你的团队来说，多年的项目可能是艰巨的。工作太辛苦太久会导致倦怠。因此，你需要一系列措施来激励你的团队，重申使命、愿景、一路上的小的和大的成就，并根据情况发展所需的新技能。例如，我们于 2018 年 8 月在樟宜村举办了 MBTI（迈尔斯 – 布里格斯）[1] 研讨会。我们可以看到团队成员的 MBTI 类型，并更好地了解对方：例如，外向者如何通过过多的对话压倒内向者；内向的人对外向的人显得冷漠冷淡。执行天赋较低的人可以与执行天赋较高的人配对，以互补。

在这次盖洛普 StringsFinder 研讨会上，一名在方案管理办公室工作的工作人员为 TMRW 领导小组的每个成员编写了一页的摘要（图 5-41)，以便其他人更好地了解他们。

图 5-41　一份摘要帮助他人更好地了解我们

---

① 　MBTI 性格测试的目的是使卡尔·荣格描述的心理类型理论更易理解并为人所用。

此外，我们还安排了午餐时间的谈话，以便人们可以分享他们所做的有趣的工作；有时我们会邀请外部演讲者。我记得雷蛇营销主管曾在一次演讲中说，了解其他公司的运作方式和他们的思维过程是很有趣的。它使我们不被孤立。

有一个下级工作人员与他的团队的沟通有困难。我选择亲自与他交谈，因为我发现他知识渊博，但他的态度有时会引起问题。这经常被作为高职级员工和低职级员工之间几乎没有障碍的例子。这位员工非常感谢我与他的谈话，并为自己对他人的行为道歉，而在这之后，他的行为和态度确实发生了很大的变化。

其中一个对新的座位安排不满意的员工抱怨说，把他的团队分开是一件痛苦的事。他是唯一一个让团队成员坐在两个不同地方的人。但我坚定地解释说，这样的安排可以让他更好地了解别人，而不仅仅是了解自己的团队。客户不关心部门或团队，但如果我们真的想以客户为中心，我们必须打破孤岛。我要求我的领导团队向他们的所有工作人员解释理由，并要求所有人在这个问题上团结一致。团队立即齐声响应，对此表示支持。

我们的领导团队的学习活动之一是阅读各种感兴趣的书，并在讨论中分享相关章节。以下是我们讨论和阅读的一些书：《卓越产品管理》（*Escaping the Build Trap*，这是贾英恩推荐我阅读的一本书）、《管理中的魔鬼细节》（*What Got You Here Won't Get You There*）、《天才总动员：引领创新的艺术和实践》（*Collective Genius: The Art and Practice*）、《用户友好》（*User Friendly*），等等。有些人讨厌这个活动，但有些人则很喜欢它。在这个活动中，他们只需要读一章。有些人非常有竞争意识，并把比其他人了解更多关于他们章节的知识视为一种挑战，相较之下，有些人只是去谷歌平台获取图书摘要。这有时很有趣，但我们学到了很多。这是让团队跟上市场重要变化的一种方式，也有利于团队成员的个人发展。

2018 年，我参加了哥伦比亚大学的一个项目，数字商业领袖项目，或

DBLP。节目的主角是大卫·罗杰斯（David Rogers）。我们邀请罗杰斯为整个TMRW团队做了一个关于数字创新和颠覆的研讨会。他为整个银行做了一次演讲，并培训了TMRW团队，参与培训的除了TMRW团队，还有一些有兴趣参加的同事。

正如前面所讨论的，Scrum是敏捷开发软件的一个关键方法。我们为所有产品负责人举办了专业的Scrum产品负责人（PSPO）课程。课程考试是80道问答题，你必须答对85%以上的题才能通过。

· 度量

度量描述并监控公司在一段时间内是否按照其业务目标运行。这些目标应兼顾短期和长期措施。一家公司最重要的业绩衡量标准是关键业绩指标或KPI。由于一家公司有不同的级别，从首席执行官到下面的每个级别都应该调整和级联KPI，以便在整个公司范围内有很强的一致性。

通常，公司会花很多时间来制定和完善他们的战略，但之后却很少花时间来讨论他们应该采用的KPI，以确保战略的执行达到预期的结果。许多度量是基于结果的，但是KPI难道不应该更多地关注这些结果的驱动因素而不是结果本身吗？毕竟，关注这些结果并不一定促使公司变得更好，但关注这些结果的驱动因素有利于公司变得更好。

例如，利润是我们追求的KPI之一，但不是我们一开始就可以关注的，因为利润是收入、活跃客户、获客成本和服务成本的结果。对TMRW来说，收入的短期上限很低，因此活跃客户、获客成本和服务成本是赢利能力的关键驱动力。知道了这一点，我坚持一开始就关注活跃客户、获客成本和服务成本，毕竟，拥有一个庞大的客户群和非常低的活动率是弄巧成拙的。我们知道许多新的数字银行已经落入了这个陷阱，所以我们跟踪了一个客户活跃率指标，我对此非常敏感，并密切关注。我认为，以越来越低的有效比率为代价，很容易获得总体获客数的增加。

图5-42显示了数字银行记分卡的概念设计，它也适用于注重体验的初

创企业。绿色部分是我们希望实现的结果，蓝色和棕色部分是实现这些结果的驱动力，红色部分是过于严格地衡量结果的不利因素。

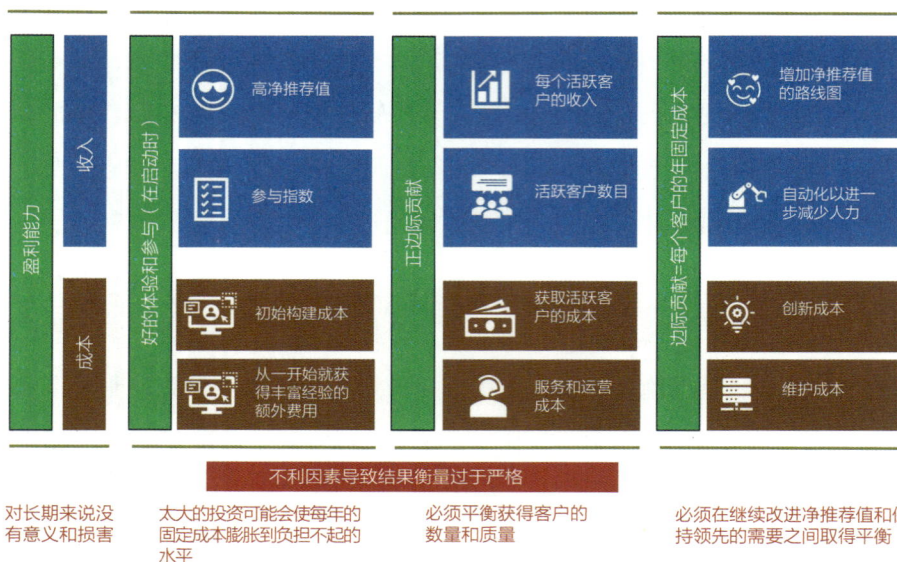

图 5-42　如何为数字银行设计平衡计分卡

· **利润**

图 5-42 的最左边一列衡量标准是传统的盈亏衡量标准。如果目标市场目前的收入潜力低，但未来的收入潜力高，那么赢利能力的关键就是降低管理成本。从**成本计量角度**来看，我们侧重于最小化三类成本：

1. 获客和交易的成本

获客和交易的成本是获取新客户并让他们使用或交易 TMRW 的产品和服务的成本。如果我们能通过良好的交易体验和出色的参与使客户感到快乐，我们就有更好的宣传效果。反过来，用户自发的宣传可以帮助我们获得更多的用户，降低获客成本，从而帮助我们创建一个可以扩大规模而不会损失越来越多的钱的银行。

292

2. 服务和运营成本

服务和运营成本是管理和服务客户的持续成本。我们为低成本设计了 TMRW，并通过自动化和重新设计许多流程，使它们尽可能高效地完成工作。这包括应用程序上的所有功能以及通过聊天机器人提供的客户服务。客户可以自行完成的任何服务，如更换 ATM PIN 卡，都可以通过该应用程序方便地完成。TMRW 对大多数交易执行"直通处理"，而不涉及人工交互。

我们坚持不懈地识别与用大量人工客服时间的服务事件，无论是聊天还是呼叫交互。每个月，我都会亲自领导一次对服务绩效的审查，在审查中，我们会去追查最大的服务事件。我们一直专注于提高聊天机器人的能力，以承担更多的服务查询，减少过程中的人工客服需求。为此，我们会致力于消除服务事故的根源，例如给出更清楚的说明，使客户不会提交错误的文件，确保促销优惠不会产生不必要的查询。

3. 创新的成本

创新的成本是不断升级系统和软件以保持净推荐值向上发展的成本，还有对正在进行的创新的投资，就 TMRW 而言，这是跟上数据驱动的数字参与能力进步的成本。最初的投资主要用于构建数字参与系统和建立基础设施，以提取、合理化、增强、分类和存储交易数据，以方便检索。然后，这些数据将被输入其他软件中，以寻找模式并获得洞察。当我设计 TMRW 时，我决定在各个国家推出一个相对标准的银行捆绑包。这种标准化将保持系统开发的较低成本，并避免应用程序针对特定国家进行大幅改动，使程序未来的扩展成本变得昂贵。

Fintech 解决方案的使用有助于降低创新和开发新功能的成本，我坚持认为我们在数字转型的过程中应尽可能使用 Fintech 软件。

赢利能力是最基本的财务指标，但它也是能用到的最糟糕的指标——如果你用它衡量一家数字银行初期是否成功，因为它对于初创企业没有意义。如果你一开始就严格使用这个指标来驱动企业，那么企业很难有长期发展。现有银行有一种根深蒂固的心态，即习惯利用交叉销售和快速增加收入。然而，如果客户当前的钱包大小（当前收入的来源）限制了它，你能多赚多少收入？因此，这种心态往往与建立数字银行以创建基于体验的新商业模式背道而驰。

· 在启动时就提供绝佳的体验

如果你为一家初创企业工作，你自然会倾向于关注 MVP，并期望迅速推出你们的应用程序和产品，但这可能会导致你的平台在推出时启动净推荐值不足，在基础相当好的国家和地区尤为如此。因此，如图 5-42 所示，启动时的良好体验是下一个关键的结果度量标准。为了实现这一目标，这一类别中的 KPI 侧重于改善整体体验，即①净推荐值和②参与度指数，后者侧重于数据驱动的参与度与客户的接触程度（Warden，2019a）。这一类别中的成本是从一开始就建立良好体验的成本，但如果过于关注这一结果，每年的固定成本就会变得非常高。

下一类 KPI 与边际贡献有关，包括每个活跃客户的收入、活跃客户的数量（和百分比）。这类边际成本涵盖了获得活跃客户的成本和服务和运营的成本。这些数字揭示了每个客户的实际利润，可以显示企业早期的发展状况，因此是重要的 KPI 重点关注和衡量。过分推动这一结果的缺点是难以获得足够的客户，所以你必须平衡获得客户的数量和质量。

获取一个活跃客户的成本不是一个容易计算的数字，由于我们难以获得这个数字并保持其准确性，所以使用它时可能会有所保留。**在 TMRW 中，我坚持使用它来强调一点，即我们追求的不是任何客户，而是活跃的客户。**

尽管强调和反复重申，但注重成就（如获得的数字）是人类的天性中根深蒂固的。亲友推荐计划是获取客户的一种常见方法。如果一个亲友推项目不针对活跃客户，你仍可以通过亲友推荐项目获得大量客户，但这将降低你的活跃客户的比例。我记得我职业生涯早期曾参与过一个亲友推荐项目，其中包括签约和交易。但项目的奖励也吸引了一些"羊毛党"，他们邀请"朋友"申请并进行虚构交易，然后分享他们获得的推荐奖励。为了避免这些问题，你应该精心设计你的亲友推荐项目，这样它们就不会大幅降低整体活跃率。

· 年供款 = 每个客户的年固定成本

最后一套 KPI 侧重于控制年度固定成本，期望的结果是使边际贡献抵消年度固定成本，导致每个客户的总成本盈亏平衡。这是一个很好的平衡。首先，拥有成本很重要，我们在技术部分已经详细说明了这一点。我们的重点不仅要放在初始项目总成本上，还要放在维持和提高初始成本所需的年度足迹上。因此，提高可维护性和构建技术栈同样重要，甚至可能比按时启动银行还更重要一点。过于严格地执行这一衡量标准的缺点是，它可能导致你在缩小与最接近的竞争对手的净推荐值差距方面投资不足。

KPI 度量系统的设计应该使某些度量，如净推荐值、每个活跃客户的收入和获取活跃客户的成本等，它们在你的团队的所有成员中都是通用的。这些关键绩效指标应占总数的三分之一至一半（取决于它们的作用），另一半包括有关单位特有的具体举措，如新功能启动里程碑的实现、事件级净推荐值（例如，支付和资金转移的净推荐值）等。复杂的是让所有这些度量（活跃客户数、净推荐值、边际利润、客户总数等）同时朝着正确的方向移动。

所有单位的 KPI 应该公开展示给所有其他单位，以便每个人都知道其他人是如何被衡量的。例如，在 TMRW 中，每个领导团队成员都提出了他们的单位和个人的关键绩效指标，并具体说明了其他领导团队成员为实现自己的目标所需做的工作。然后，我们检查了那些需要合作的人的 KPI 是否足以获得所需支持。这些行动创造了一种注重共同成功的文化，这种文化与个人专长和成就保持了良好的平衡。团队上下应该有一个一致的主题，例如，业绩管理由个人管理人员完成，但领导团队也要全面审查所有关键角色。

例如，在 TMRW 中，管理和执行主任将共同审查、评价和讨论高级副总裁的业绩。一位人力资源同事回忆说，这"创造了共同所有权，有助于打破孤岛，因为要获得高评价，你就必须在许多人眼中持续保持良好的业绩，而不仅仅是在少数人眼中。它给你的团队一种一心一意的感觉，这将鼓励每个人都把帮助他人成功作为自己的责任。由于 KPI 的设置和沟通是强有力的，绩效管理的讨论是强有力的，人员发展的讨论也是强有力的，所以人们非常关注不断提高人才和绩效的标准"。

总部的区域领导团队也有一个以客户为中心的集体 KPI，要求领导团队亲自参与一项活动，以帮助他们更多地了解 TMRW 的客户。

5.4.2 领导能力

我们已经讨论了领导者采取系统思维的必要性。一个大型公司的任何数字化转型都将是复杂的，因此理解一个决策如何影响另一个决策是领导者的关键任务——这是一个十分艰巨的任务。除了系统思维，领导者还需具备三个重要的品质。首先，领导者必须设计和改变组织结构，平衡协调性和深度，提供覆盖范围的广度，以确保各部门之间的协调性，但也需要专业知识来解决需要技术深度的问题。其次，领导者必须具备激发创新的能力。最后，能够寻找平衡以成功地应对大型数字化转型项目所固有的复杂性。在我们结束这个主题之前，我们还应该了解创造一个开放的环境，为领导者创造一个强有力的反馈循环，以进行反思和自我纠正的必要性。它能帮助领导者随着情况的发展调整方法，并确保决策随着时间的推移变得更好。

· 协调与深度

许多数字化转型举措涉及使用数字化能力来大幅改善客户体验。这需要对整个客户旅程中的活动进行大量的协调，以确保顺滑、一致、高质量的体验。广度单元在很大程度上依赖于诸如设计思维、敏捷开发和精益六西格玛、项目管理、变更管理等方法论，以在其他单元之间建立桥梁。与此同时，有些领域需要深度，例如在使用数据来吸引客户或设计一个高度响应的聊天和呼叫中心来提供巨大的支持方面。图 5-43 显示了在负责转型的团队中单元的四种可能配置。技术没有在图表中描述，而是由两个部分组成：广度单元中的敏捷方案管理和面向业务的部分；以及在应用开发、基础设施、核心系统中的深度单元。

广度与深度矩阵

图 5-43　协调度与深度

这种结构提供了解决你在此过程中将遇到的棘手问题所需的知识的深度。例如，TMRW 需要汇集相关的专业知识来建立一个开户亭，因为以前没有一家银行这样做过；或者试图在雅加达 10 分钟内完成开户，这要求我们能够处理客户移动时带宽下降的问题。

然而，这个结构没有一个单一的所有者，因为有许多所有者共同承担责任。有时，唯一能看到如何把所有的拼图拼凑在一起的人将是你，总的领导者。因此，你有必要协调所有单位的活动。在设计繁重的阶段，将每周讨论分成流程会议和内容会议。创新需要两者兼而有之，仅仅关注内容而忽视流程不会产生成功的创新结果。"创新几乎从来不会因为缺乏创造力而失败。失败几乎总是因为缺乏纪律。"（Keeley et al.，2017）因此，领导者必须确保内容和流程的平衡——使用协调与深度元素，将其很好地嵌入人与领导力层面的结构中。

我坚持让所有相关人员都参加会议，让这么多人参加会议是有阻力的，但这样能够打破团队之间的障碍，并帮助成员理解彼此的痛苦。这也有助于让我们专注于大局。我要求员工在这些会议上不要做自己的工作，这样每个人就不得不挤在一起讨论。小组的年轻成员喜欢这些会议，因为他们理解我们所做决定背后的想法。相较之下，高级工作人员则对所需的时间表示担忧，因为一些讨论可能会长达 3 小时。

在构建阶段，同步和协调的需要将超过广泛参与的生产力损失。因此，我坚持在会议期间让成员更多地参与其中，因为如果员工不了解他们的工作对整体结果的影响，他们就不能被激励。而且因为你的许多工作流是并行的，所以只有将每个人聚集在一起，他们才能看到他们的行动如何驱动数字化转型的整体性能。这些会议也是一个交流想法的机会，激励团队，让他们问为什么，这样你就可以激发他们的好奇心，并挑战他们提出更好的方法来提高整体表现。

· 促进创新

促进创新是负责任的行政人员的一项关键任务，也是一项艰巨的任务。在我看来，创造一个促进创新的良好环境所需的三个重要因素——**人、流程和领导力**，如图 5-44 所示。

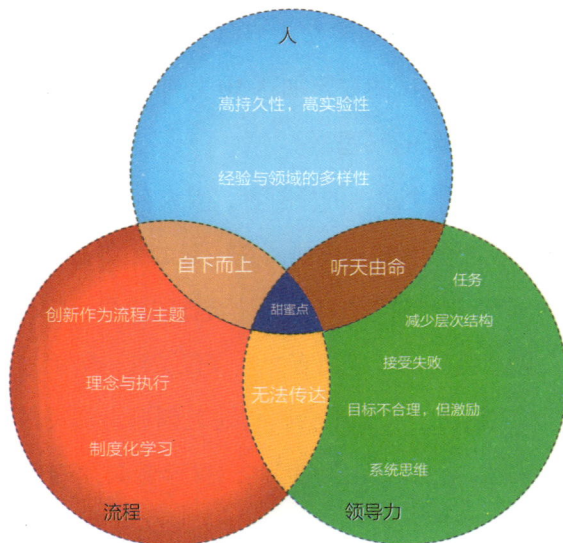

图 5-44　创新需要人、流程和领导力

·人

没有人，自然不会有任何创新。在后文中，我们将介绍雇用时应注意的许多属性。在这里，我想特别关注创新的两个特性，**高坚持性**和**高试验性**。这是哈里森评估报告（Harrison，2020）悖论图中驱动某些行为的 12 对悖论特征的一部分。这 12 对性状看似相反，实则互补协同。

要创新，就必须在坚持和试验之间取得良好的平衡。如果你负责创新的关键员工坚持一个方向，但很少尝试新的方向，他们就倾向于总是使用相同的方法，即使很明显所走的道路不会产生结果。另一方面，如果一个人试验性很高，而坚持性很低，那他往往很快就会转向其他一些看起来更新颖的方法或想法，而不坚持完成其中任何一个。因此，要想具有创造性，你的团队需要在高水平上同时拥有这两个特征，如果需要的话，他们可以使用其中一个或另一个特征，或者两者一起使用。我们将在平衡领导者一节中更详细地讨论悖论图以及如何使用它们来发展平衡领导者。

另一个关键的人的因素是多样性。拥有不同经验和领域知识的不同人才库是优越的，因为它能提供更多样化的观点。多样性反过来有助于产生不同的观点，从而产生差异，最终产生更多样的想法和解决方案，注入更多的创造力。我们有大量的银行家和非银行家（超过 30% 有非银行经验），员工的国籍也有很大的不同，50% 的员工属于"千禧一代"。在区域中心，我们试图从泰国、印度尼西亚和越南招聘一些工作人员，以便更容易消除与启动国之间的语言和文化障碍。

·流程

拥有一个拥有不同技能和专业知识的多样化团队是难题之一。当与另一块拼图结合——有正确的流程，就能提高成功概率。因此，流程是我们的下一个要素，因为它对创新至关重要，可以增加成功执行的概率。当然，具有讽刺意味的是，有创造力的人往往不擅长处理流程（Chamorro-Premuzic，2013；Pisano，2019）。但是创新需要创造力，因为"创造力是创造新事物的流程"（May，1994）。为了弥合这一差距，领导者必须确保创造力和流程并重。理解关键业务流程有助于高级行政人员理解复杂问题、创新的相互联系及其本质。

本手册中介绍的方法和途径——例如，系统思维、设计思维、精益六西格玛、规模敏捷、流程和内容会议、严格的计划——都是有助于改进流程的方法的一部分，这反过来又提高了组织中成功创新的可能性。

这些方法也有助于确保经过正确思考的想法能进入下一个过滤器级别，希望在启动前捕捉到最明显和明显的错误。因此，它们有助于确保更好的想法得到执行。由于**创新不是一次性的，而是一个不断学习和完善的过程**，因此，将学习制度化并捕捉这些观察、洞察和经验，从而不断提高成功的可能性也很重要。如果没有正确的流程，你仍然可以进行创新，但创新就变成了一个偶然的事件。

那些专注于人和流程而缺乏对创新重视的领导的组织，如果他们专注于自下而上的基础深度科学创新，仍然可以取得成功。如图 5-45 所示的加里·P. 皮萨诺（Gary P. Pisano）的创新图景说明了这一点，它根据创新是否利用了新的或现有的商业模式以及新的或现有的技术能力对创新进行了分类（Pisano，2015）。纵轴上是业务模式变化的程度，横轴上是技术能力变化的程度。根据这个框架，我将从头开始构建数字银行归类为主要的颠覆性创新，但如果你添加了利用新的基于云的解决方案来降低运营成本，那么它将更多地转移到右上方。

然而，如果你所做的是激进的，通常会有一个研发主管或工程主管来监督新的技术能力。因此，在我看来，皮萨诺定义的激进创新可以以自下而上的方式运作，从而减少高级领导层的参与。然而，颠覆性的（例如，在现有的传统银行中建立的数字银行或初创数字银行）和架构创新需要大量的领导层参与，因为它们涉及对业务模式的重大改变。

需要新的商业模式

颠覆性的	架构创新的
·拼车服务 　出租车和豪华轿车公司 ·开放源码软件 　对于软件公司来说 ·视频点播 　DVD租赁公司 ·数字银行 　对于消费者银行服务来说	·个性化医疗 　对于制药公司来说 ·数字成像 　对于宝丽来和柯达来说 ·互联网搜索 　对于报纸来说
常规的	激进的
·下一代3系轿车 　对于宝马来说 ·新的指数基金 　对于Vanguard来说 ·一部新的3D动画电影 　对于皮克斯来说	·生物技术 　对于制药公司来说 ·喷气发动机 　对于飞机制造商来说 ·光缆 　对于电信公司来说

利用现有的技术能力　　　　　　　　　　需要新的技术能力

利用现有业务模式

图 5-45　加里·P. 皮萨诺的创新图景

·领导力

图 5-44 中的最后一个圆圈是领导力。这包括 6 个方面的重点：使命、减少层级、正确地接受失败、目标不合理，同时具有激励和鼓励性，以创造一个高挑战和高支持的环境。最后一个因素是系统思维，这一点已经强调过了。

·使命

使命导向使员工工作不仅仅是为了报酬。**它吸引了想要改变世界的人**（William，2018）。玛丽-克莱尔·罗斯（Marie-Claire Ross）在 2015 年关于使命定位的一篇文章中曾说："它之所以如此强大是因为它是代表了企业与世界的情感联系——公司存在的原因。这是一个外向型的视角，而不是大多数组织使用的更常见的内向型方法。人类是情绪化的存在，他们对组织的认同程度取决于其目标与自己价值观的共鸣程度。此外还能创造使命，一个高性能的环境"（Ross，2015）。因此，你需要不断地寻找机会提醒你的团队在公司使命中发现他们的共同目标。

据统计，目标导向型员工在公司工作 5 年以上的可能性比那些为薪水而工作的员工高出 54%，表现出色的可能性高出 30%。热爱自己工作的员工效率更高，忠诚度更高，从长远来看，给公司带来的成本也更低（Ross，2015）。我们将在 5.4.3 小节中更多地讨论使命及其在吸引人才方面的作用。

关于使命及其对正确创新文化的影响，一个有趣的观点是，你的重点应该首先倾斜于创新活动的强有力的协调，以创造正确的客户体验。在以经验为导向的业务中，**自下而上的不协调的创新是无意义的，因为你最终可能会得到相互冲突的建议**，例如，一种创新的产品营销方式可能会让客户对他得到的东西感到困惑。

TMRW 中借记卡的强制捆绑就是这样一个例子。客户必须有凭据（16 位数字和到期日期），如果他们忘记了密码可以用安全 PIN[①] 来重置 TMRW 密码。然而，在泰国，很少有人使用借记卡。许多拥有借记卡的客户实际上可以在店内使用借记卡支付购物费用，但他们不会。因此，虽然借记卡是提供凭据的一种方便方式，但强制用户使用借记卡会造成混乱，因为他们无法理解其用途。此外，许多用户甚至没有激活借记卡，因此当他们想重置 TMRW PIN 时，却发现无法成功，因为他们没有意识到他们必须首先激活卡。这些问题都很快得到了解决，但它们需要大力协调。

在构建阶段，留出时间来研究细节是很重要的。这些细节对于确保在端到端的客户旅程中充分考虑和同步体验至关重要。最终，当你的应用程序达到一个非常高的净推荐值时，在客户体验中的服务和流程单元将审查所有新的流程、功能或促销的保障下，你可以**开始引入涉及更多基础创新的举措**，此时，协调仍然至关重要，但你有更多的余地来鼓励创新。

---

① 安全 PIN：由银行应用程序中的软件令牌生成的 PIN，作为高风险交易的额外安全措施，可用于重置 TMRW 密码。

在 TMRW 的实时费用跟踪模块的测试版发布时，由于并非所有功能都已准备就绪或确定无疑，所以在测试版中首先对客户进行测试提供了关于客户在实际发布之前想要什么的有价值的反馈。这有助于降低在一个许多人尝试过但大多数人都失败了的领域中失败的风险。因此，创新文化允许团队自由地为手头的问题提出解决方案，并接受团队之间更多的合作来共同解决问题，创新活动并不总是发生在一个孤立的组织中，在这种组织中，层级制度需要命令和控制的方法。

· 减少等级制度带来的弊端

许多公司都是等级森严的。一个扁平的组织结构并不会一直有利于创新。许多研究这一主题的研究人员发现，**层级制度在选择创新前进的想法方面有优点，但在为前一个流程产生新颖的想法方面效果较差**（Bunderson & Sanner，2018；Keum & See，2017）。层级制度的关键在于它削弱了员工的挑战的激情。没有员工愿意挑战，最好的想法就不会浮到顶端，因为最好的想法需要足够的挑战才能生存。

有一个非常简单的方法来减少组织中的层级制度带来的弊端——创造一个好奇心受到重视的环境，并坚持不懈地促进这一点。例如，我不断强调每个人都需要质疑和问"为什么"，并要求房间里最高级的人回答最低级的人"为什么"。这个简单的行为表明，无论你的资历如何，你的想法都可以接受挑战，这带来了更有力的辩论和更好的决定。

最重要的是，最高领导人要创造一个环境，让每个人都知道，在讨论阶段，提出与更高级同事的观点和意见不同的适当和深思熟虑的观点和意见是不会受到惩罚的。同时，领导者必须保护这种氛围，防止任何个人的行为违背文化繁荣所需的价值观。这很难实现，因为反对权威的惩罚可能不是直观的，但往往会被认为是对一个人职业生涯的致命惩罚。

只有通过反复的强化和例证，才能创造出这样的环境。这并不意味着如果有两个同样好的论点，领导者不能选择他喜欢的论点。它只是使领导者更不容易选择一个较差的方法或立场，这有助于确保大多数决策是在充分的辩论和考虑后作出的，特别是在如果作出错误的决定就会产生灾难性后果的领域，如目标市场的选择。

· **接受失败**

如果领导者不接受失败，就不会有人去冒险。然而，领导者往往不能接受任何失败。本主题在 4.6 节"学习做变革者"中有所涉及。最基本的风险通常可以通过先前的经验或通过咨询有经验的人或该领域的专家来识别。已知的风险可以外推到未知的情况。这种方法将意外的风险或错误作为一种经验，同时消除了粗心大意的概率，并允许经过深思熟虑的失败。

· **充满挑战和高度支持**

最后，要创造一个充满挑战和高度支持的环境，就必须设定一个远大的，甚至看起来有些不合理的目标，但同时又需要制订很多激励措施。在 TMRW 中，这类例子包括推动团队创建一个非常不同的应用程序界面。我记得 2019 年与奥雷利·里霍迪斯（Aurelie L'Hostis）的一次对话，她是研究欧洲手机银行的高级分析师。在我在巴塞罗那做了一次演示后，里霍迪斯评论说，TMRW 界面与她见过的任何东西都非常不同，考虑到她每年所见到的手机银行界面的数量，这是一个很大的赞美（L'Hostis，2019）。这个成果不是偶然的，而是有意为之。

在这个例子中，不合理的目标是创建一个没有任何第一级菜单的应用程序界面，因为菜单是界面复杂性的标志。另一个不合理目标的例子是，在雅加达设计登录系统时，我们的目标是即使移动网络拥塞，数据传输速度缓慢，登录系统仍只能在极少数情况下无法使用。为了做到这一点，团队必须通过使视频单向播放、使用最新的压缩技术、通过在视频开始前询问一些信息来简化视频本身所需的信息等方式大幅减少所需的带宽。为了推动这一目标的实现，你必须发挥出你的激励能力，不断提醒团队成员，他们正在做没有人做过的工作，例如，建立世界上最积极主动的数字银行的开创性工作。

在整个旅程中，我经常将团队成员比作大金字塔的建造者。建筑工人们日复一日地在切割、拖运和安装石块。你必须找到各种方法让他们相信，他们正在建造的东西将经得起时间的考验，即使他们离开很久，他们正在建造的东西仍将存在，这是他们信念和毅力的证明。这就是如何让每个人都处于图5-46中的高性能象限。

挑战与支持矩阵

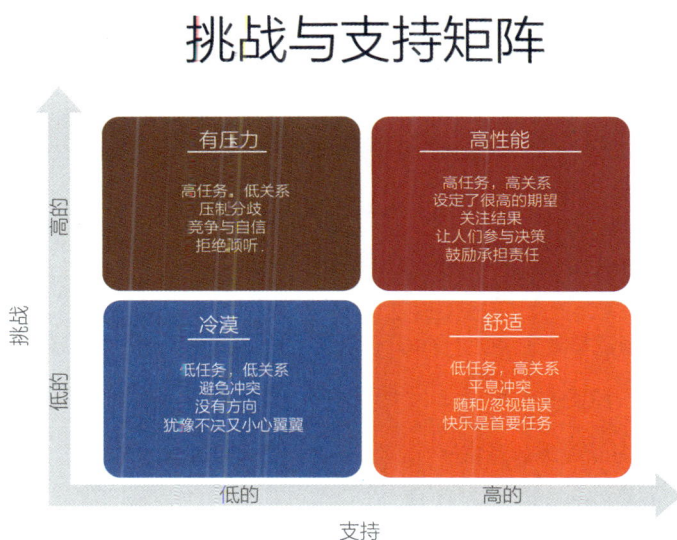

图 5-46　创建高性能环境

· 系统思考者

到目前为止，我们已经清楚地看到，大型数字创新或转型行动所产生的困难在于 The allDigitalfuture Playbook™ 的维度、元素和考虑因素之间的相互联系，这些联系产生了需要许多权衡的循环。

系统思维是作为一个能够引发创新的变革型领导者所需的能力的最后一点。系统思维是一种理解相互联系的系统的方法，在我们的语境下，它是理解维度和元素以及它们如何相互影响的方法。当我们第一次介绍 Tap 时，我们讨论了这些循环互动元素带来的因果循环，现在我们应该在领导层面上来看待它们，因为领导者应该认识到对系统思维的需求，并作为项目的主要协调者和集成者对此负责。

系统思考是困难的，因为你需要考虑多个组件的循环交互和因果关系。线性思维在商业中占主导地位，要成功地处理复杂性，你就必须擅长线性思维和系统思维。

表5-5总结了线性思维和系统思维之间的主要区别（Ollhoff & Walcheski，2006）。

表5-5　线性思维与系统思维

线性思维 VS 系统思维	
线性思考者	系统思考者
将事物分解成组件	关注整体
关心内容	关心流程
尝试修复症状	关注潜在的动态
关心责任的分配	尝试寻找模式
试图控制混乱来创造秩序	尝试在混乱中寻找模式
只关心交流的内容	关心内容，但更关注交互和沟通模式
相信组织是可预测和有序的	相信组织在混乱的环境中是不可预测的

资料来源：吉姆·奥尔霍夫（Jim Ollhoff）、迈克尔·沃尔切斯克（Michael Walchesk）的《系统思考者，跳到系统思维》

底层 TaP 是一种系统方法。乍一看，它可能会令人生畏。Tap 的 4 个维度引出 19 个元素，进而引出至少 56 个考虑因素。这是一个非常复杂、深入和交互的过程。但是，嘿，真实世界的问题就是复杂的，决定你有多成功的因素之一恰恰是你对这些维度、元素和考虑的掌握。

备忘单在今天有很大的吸引力，例如，"只需遵循以下 5 个提示，你就能……"现在互联网上的文章甚至告诉你阅读这些备忘单需要多长时间。但在我看来，备忘单是弄巧成拙的，因为在系统思维中，你关心的是整体，而不仅仅是将事情分解为一个个快捷步骤，这些快捷步骤从长远来看可能对你不利。不幸的是，谷歌上网的便利性和较短的注意力跨度放大了备忘单在商业和管理中的流行程度。

为了在正确的道路上开始，你需要将事情分解成它们的组件，但也要看看整个项目中的组件是如何相互影响的，以及你需要作出的权衡，因为优化一个因素通常会导致另一个因素的非最佳状态。比如，只关注收入而不关注成本，或者只关注总收入和成本而不了解边际收入和成本。这听起来可能很简单，但许多经验丰富的高级主管可能会告诉你，不要以不必要的复杂方式看待事情。此外，你还需要同时关注流程和内容。你必须了解根本原因，而不是只关注问题的症状。如果你能把注意力集中在这些关键的地方，你的开头会更顺利。处理这种复杂性的一个好方法是不断地参考图 5-11、图 5-21 和图 5-37，它们说明了不同维度之间的循环交互。

图 5-47 显示了高管和比高管低一个级别的团队成员应具有的特质（Davidz et al.，2005；Snow，2020）。当这些技能与 TaP 结合使用时，它们将是确保你的数字化转型或创新计划成功的一个非常强大的武器。请注意，对模糊性的容忍度出现在图 5-47 和图 5-25 中。对模棱两可的感觉很舒服，不屈服于过快或过慢地解决问题的需要，这是成功的关键之一。

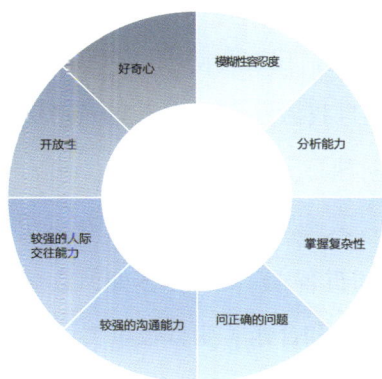

图 5-47　支持系统思维的特征

· 平衡的领导者

在泰国和印度尼西亚启动 TMRW 的过程中，与我共事的领导者们发现：**在复杂的计划中，成功往往需要一些看似矛盾的特征**。我们已经讨论过坚持与试验。另一对矛盾是有组织的和灵活的。

在从头开始一个行动时，会很混乱，因为多个工作流会同时开始。因此，如果这种环境中的先锋没有被组织起来，情况将变得更加复杂。然而，如果团队非常有组织，不灵活，他们就会非常僵化，这也不起作用。由于团队正在做以前没有做过的事情，并且正在学习如何做，所以当你犯错的时候进行调整至关重要。因此，既有组织性又灵活的人会做得更好。

你需要掌握发现这些悖论或"阴阳"特征的适当方法，哈里森评估正是评估这些看似自相矛盾的特征的能力的一个好工具，它可以帮助你构建自己的高复杂度数字化转型。据我所知，悖论图在评估这些看似悖论的特征方面是独一无二的。图 5-48 展示了 12 个悖论图，其中行代表完成任何任务的 4 个阶段。

出发点是概念或**发起**，重点是使概念正确，其中涉及观点（你如何形成和持有观点，包括你如何处理歧义）、决策方法（你如何在决策时使用逻辑和直觉）和战略（你如何在战略上管理风险）。

一旦概念完成，领导者必须激励自己，并号召其他人加入团队，开始执行。哈里森称为**激励**阶段，在这个阶段，自我（你如何管理自尊和自我提升）、动机（你如何处理自我激励和压力）以及最终的驱动（你如何在管理他人表现时管理融洽和同理心）是关键的悖论。

一旦你和团队加入，**实施**阶段就开始了。在这里，沟通（你如何处理与他人沟通时的直截了当和机智）、创新（你如何尝试新事物和克服障碍）和授权（你如何对待自我责任和合作）变得很重要。

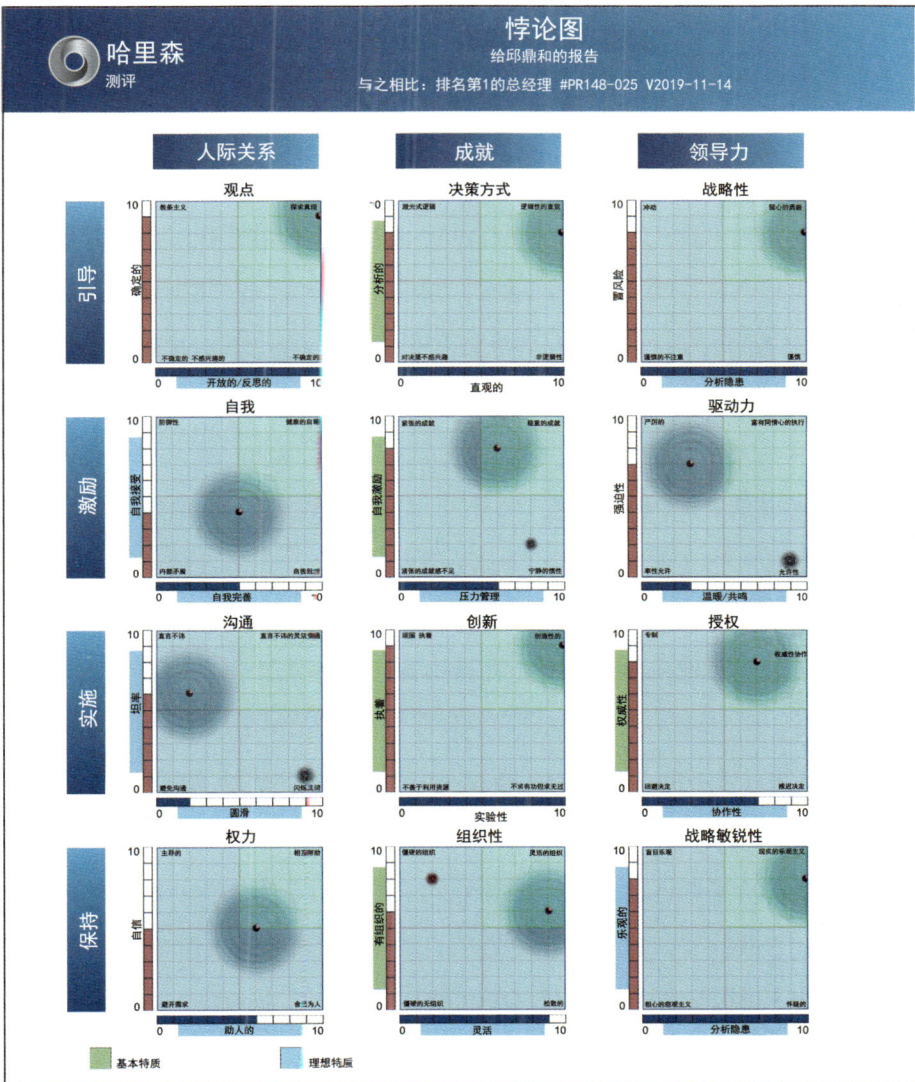

图 5-48　使用哈里森悖论图的"平衡的领导者"

最后，你必须保持事情的顺利运行。在维护阶段，权力（你如何帮助他人和表达你的需求）、组织（你如何处理适应性和创建组织或结构）和战略敏锐（你如何对待机会和困难）是关键。

图中的列被分为人际交往、成就和领导力。因此，决策方法是启动的成就部分，而驱动是激励的领导部分。由于有许多工作流同时进行，每一个都处于不同的阶段，所以我认为这些悖论不是连续的，是领导者根据讨论同时使用的一系列特征。

红色的特质是攻击性的特质，蓝色的特质是温和的特质。红色性状远高于蓝色性状时出现灰色龙卷风，蓝色性状远高于红色性状时出现红色龙卷风。红色和蓝色特征的强度差异越大，龙卷风就越大。这些龙卷风是你在压力下呈现出的不好的一面。另一个特质，"很好地管理压力"，决定了一个领导者多久会转向他的压力位置。"管理好压力"数越高，向压力位置翻转的频率越少。

这一点很重要，因为最终，领导者和他的方法是错综复杂地交织在一起的。哈里森可能会帮助你意识到你不想承认什么，你不好的一面是什么样子，以及你在糟糕的一天里的表现。我的致命弱点是把诚实置于关系之上，所以我对于坦率的重视多过外交。知道你缺乏哪些特征会让你更清楚自己的盲点。所以，这也能帮助你了解自己的局限性，以及你团队的局限性，这样你就可以找到与你互补的人，让团队通过一个个永远不完美的人成为一个完美的整体。

我建议将哈里森评估作为一项额外的工具，用于为复杂的数字化转型行动雇用所有 C 级高管。这将减少负责项目的主要行政人员的特质不够平衡的风险。评估还可以让你看到所有 C 级高管是如何相互补充的。

·开放的环境

创建一个开放的环境对创建**强有力的反馈循环**至关重要。你可能不同意所有的事情，但你应该证明你愿意倾听。你应该考虑让反馈——尤其是来自你团队的关于你的反馈——透明和公开。这样的反馈可以揭示你的瓶颈在哪里，或者你在快速变化的情况中是如何落后的。这可以**增强你和你的团队**之间的信任，并创造一个强大的反馈循环。这并不意味着你需要迎合每一个建议或反馈，这当然也不是为了被喜欢或受欢迎。

作为领导者，你必须既**确定又开放**，这样你就可以最大限度地减少你的错误，毕竟，在高级职位上犯错会产生更大的负面影响。为了避免犯错，你需要在计划阶段探索不同的观点，然后考虑所有有意义的观点，但不要害怕作出不受欢迎的决定，如果需要的话。最困难的部分将是运用你的直觉和判断力来决定何时减速和转向，何时加速和收敛。这可能会给那些有很强执行能力的人带来困难。显然，在规划阶段停留太长时间是不可取的，但在必要时放慢或加快速度也无可厚非，加速与否取决于决策是微不足道的还是不可逆的。

一位同事讲述了她的经历："一开始的确十分沮丧，因为有大量的迭代和不断变化的需求。最初，我们在一个满是人的房间里开了很多长时间非常紧张的会议。一开始，我们就讨论了不同的观点和决定，比如，我们应该展示大华银行的所有产品吗？还是应该只展示 TMRW 产品？我们将建造什么样的开户亭？所以，这是一个很大的计划。事后看来，我们当时之所以没有急于建造，是因为正确的规划更重要。但对于像我这样执行力非常强的人来说，这很难。"

如果有人不同意我的观点，我不会放在心上。你不同意的是这个想法或提议——总是有一个很好的、明确的理由，而不是这个人。我对意见的反馈，总是在公开的情况下进行的。这样，你就可以创建一个反馈循环，并进行必要的反思和自我纠正。图 5-49 显示了我要求我的团队回答的许多问题中的两个，以便于获得关于我自己的反馈。基于这个反馈，我认为，我们需要在也许设计繁重的阶段结束后放松一下了，所以我们举行了一次决策务虚会。这基本上是一个"什么应该升级到邱鼎和，什么不应该"的研讨会。我们决定，影响客户或时间表的事项仍然需要来找我，其余项目将交给方案管理办公室。

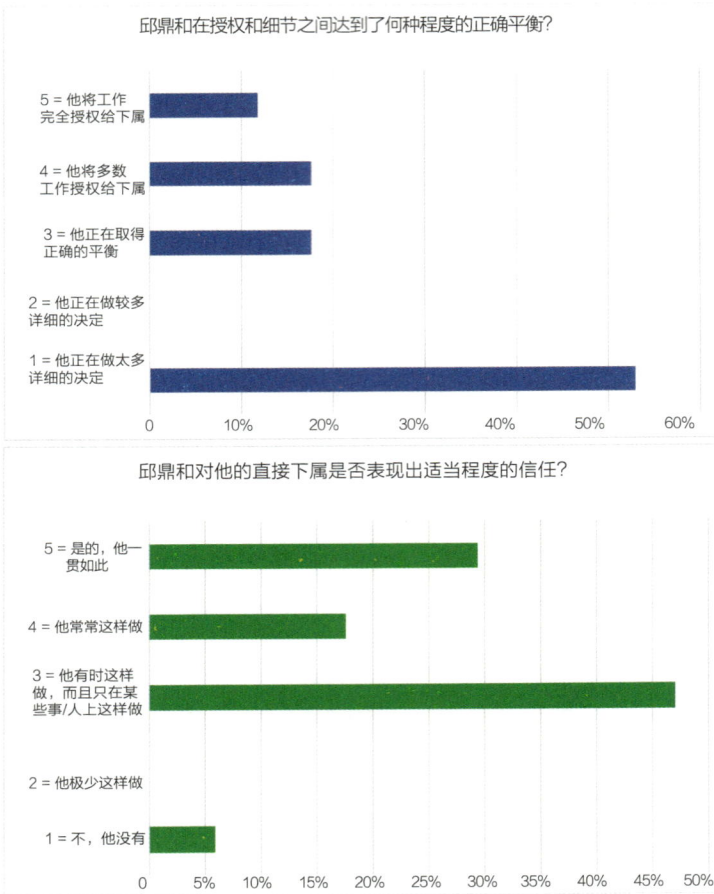

图 5-49　开放状态下的反馈

在一个需要大量关注细节和协调的项目中，你可能会过度调整活动，导致你的团队感到信任度很低。我想看看如何提高总分。因此，我让那些给我4分或5分的人在我离开房间时与给我3分的人交换意见。但这种方法没有达到预期的效果，因为团队无法得出结论，或者不想告诉我结论。但根据我在研讨会后与与会者的讨论，我发现执行能力较低的团队中更多的人倾向于成为3分者。TMRW首先是一个依靠做好小事来创造体验的行动，其次是一个通过与客户的多次对话来实现数字参与的实验，这是一个突破和现实。在这种情况下，对细节的关注是最重要的，因此那些执行细节较弱的人往往面临更严格的审查，导致他们得出信任水平较低的结论，而那些执行能力很强的人往往很少受到我的过问。我开始反思我能做些什么来激励而不是削弱团队的积极性。

一位与我们密切合作的人力资源同事反思了我的领导风格："我认为邱鼎和博士是一位坚忍的领导者。他是一个能忍受痛苦而不流露出太多感情或抱怨的人。他不是那种热情的人，但他会花时间给他的团队写个人笔记来感谢他们，有时也不仅仅是感谢，还有为每个人写的个性化的笔记。很少有领导人这样做。当你开始了解他时，你开始感到舒适，因为他在价值观和行为上的一致性创造了安全的环境。这是在简单的事情上，比如当他在周末想起某件事情而给你发短信，如果你要到周一才回来，他会非常理解。"

"当 TMRW 的印度尼西亚数字主管加入时，邱鼎和博士特意飞来，花一天时间确保他开局良好。当一个国家营销主管感到沮丧，想辞职时，邱鼎和博士从半个地球打电话给她，亲自和她谈谈。然后是不断鼓励那些不同意的人说出来，挑战和犯正确的错误。邱鼎和博士不是一个天生的立刻就能让人们感到舒服的人，尽管如此，他还是举行了许多跨级别的会议来更好地了解人们，尽管这非常耗时。他一路上不断地反思，庆祝我们成功，让我们理解是什么让我们走了这么远。他愿意成为一名教练，专注于让每个领导者有更好的发展，即使他们不是他的直属下级。"

作为 INTJ[①]（The Myers-Briggs Company，2020）型的人，我立刻惊讶于我已经做到了这么远，偶尔也为我没有更进一步感到沮丧。闲聊、让别人感到舒适和温暖——同理心不是 INTJ 型人的强项。我们很难理解为什么人们会把善良和美好联系在一起，对我们来说，有时最糟糕的种类往往是最美好的。

---

① INTJ 是迈尔斯－布里格斯类型指标（MBTI）的性格测试确定的 16 种人格类型之一。有时被称为建筑师或战略家，INTJ 型的人具有高度的分析性、创造性和逻辑性。

但这些年来，我逐渐认识到 INTJ 很容易被误解，于是我调整了我的行为，并一直提醒自己这一点。

以下是杰玛对她参与 TMRW 的三年经历的反思："作为一名领导者，邱鼎和博士煞费苦心地总结遇到他失败的原因，并确保我们也都能了解，以便我们将这一信息带给我们自己的团队。来自他的信息总是，'请将信息同步给团队成员，对他们透明'。如果我们能说服自己的团队，那么就会让每个人都理解并努力遵循愿景和使命。领导者需要了解我们每个人带来的优势。只有当领导者对其团队的发展产生真诚的兴趣时，人们才能发光发热，而邱鼎和博士会竭尽全力丰富我们的知识，改善我们的领导风格，指导我们，提醒我们要着眼于大局。当他这样做时，其余的工作人员也会效仿。这为整个TMRW 数字团队带来了健康的文化，给予我们一起工作的人带来了更多的快乐。"

5.4.3 人才缺口

你需要人才来执行你创建的计划。产品经理、开发人员、方案经理、项目经理、客户体验人员、用户界面设计师、数据分析师、开发人员、敏捷专家、敏捷教练、市场营销，等等。在 TMRW 团队刚刚组建时，只有不到 10名员工，到了后来，我们有了数百名员工，包括长期员工和合同员工。我们经历了一次大规模的增长和招聘活动！

你需要具备通过讲述一个关于你如何计划改变世界的伟大故事来吸引人才的能力。其中的诀窍是你的故事、你的信念和你的个人声誉。我发现，如果所有人都很强大，就很有可能吸引合适的人才来填补最困难的角色。数字化转型领域的专家托马斯·达文波特（Thomas Davenport）和托马斯·雷德曼（Thomas Redman）建议我们特别关注四个关键领域：**组织变革、流程、数据和技术**（Davenport & Redman，2020）。他们用这个有趣的类比来描述他们的想法：技术是数字化转型的引擎，数据是燃料，流程是指导系统，组织变革能力是起落架，它们必须一起才很好地发挥作用。这四个领域人才的缺乏是数字化转型失败的原因之一。

即使你找到了合适的人才，也需要不断地培养他们，以帮助他们跟上变化的步伐。你可以通过理解和加强角色的能力以及调整每个领导团队成员的价值观和行为，发展个人。使用盖洛普 StrengthsFinder 进行角色能力评估，使用哈里森评估角色和价值观－行为之间的一致性，使我们能够为特定的个人量身定制发展计划，同时不断地使领导层更加团结。

· **当前与所需**

一旦你的核心能力差距已经确定，并且以你的主要设计考量为指导，你就可以开始起草所需的角色清单了。你必须在一份适当的工作描述中明确规定每个职位的角色和职责，然后使用这份职务描述来派生你需要的素质。例如，客户流程设计人员的职务描述是设计端到端业务流程，以支持客户（角色）所需的体验，而这个职位需要非常注意细节（特征或属性）。所以，在面试中必须包含一个确定该候选人具备这种特质的问题，例如，"告诉我们你参与创建一个复杂的客户旅程的经历。你是怎么记录所有小细节的？你是如何回忆起讨论和辩论的事情的？你是如何确保体验顺利的？"我们还让所有需要雇用大量员工的经理再次参加面试培训，让他们了解判定候选人的技术和文化是否适合这个岗位的最佳方法。

此外，我们还建立了一个每周跟踪需要填补的职位与实际填补的人数的办法，并每周与所有利益方举行会议，讨论招聘方面的差距。我们煞费苦心地研究了每一项招聘要求，以了解我们所面临的挑战（如果有的话）以及我们应该如何应对它们。这些强有力的定期讨论有助于纠正招聘方面的任何不足。在高级招聘（高级副总裁及以上职位）中，我们只有两个人离开了团队，一个人因为发现自己不合适而辞职。

杰玛必须每周更新招聘的电子表格。我们一开始就讨论了招聘延迟的问题，并分析了候选人是如何进入系统的，以找出所有的瓶颈。为了让事情进展得更顺利，我们跟踪了候选人在流程的哪个部分，以及他们在那里待了多长时间。有了这种定期的跟踪和瓶颈的识别（例如，是还没有获得合适的候选人才库，还是在确保面试方面存在困难，还是在合适的人选方面存在不确定性，等等），你在招聘方面的问题，以及需要什么帮助就非常清楚了。

·租用与购买

在项目的执行过程中，你总是为遇到需要用峰值资源来交付计划的时候。这通常发生在设计和构建阶段的末尾，之后你可能就不需要那么多的资源了，因此确定你在哪里需要雇用合同员工，在哪里使用永久雇用人员是至关重要的，这样就不会过度雇用，或者有太大的年度固定成本，或者在构建阶段结束时不得不让许多员工离开。高峰阶段和运行阶段资源之间的大部分差异可能在软件开发、软件开发支持、测试和发布团队中。

如果你的新数字部门不是一个独立的公司，而是一个在现有实体内的初创企业，那么你面临的就是一个不是每个人都直接向你报告的情况。因此，你的组织结构[①]很可能由四类员工组成。一是直接员工，他们的成本和回报线都由你负责（例如，业务、产品、合作伙伴关系、营销等）。二是成本由你承担，但不能向你报告的员工，因为他们是监督你所做工作的控制职能的一部分（例如，合规、法律、信贷等）。三是没有正式报告的间接员工，他们的成本不是你直接承担的，而是间接向你计费的（例如，技术和运营）。四是通过第三方机构签约的员工，这些员工可能直接计入你的成本（例如，测试人员、临时帮助人员、管理人员等），五是不正式报告的签约员工，这些员工是间接成本的一部分（例如，软件开发人员、技术分析师、敏捷专家等）。

---

① 这假设你所负责的是一个较大公司中的"独立"单位。当然，如果你在运营一家独立的公司，所有的报告线都将向首席执行官报告，这大大简化了这一考虑。

图 5-50 显示了这五类工作人员。对于直接和间接由你支付费用但不正式报告的员工，这种结构允许你使用员工并在母公司内获得支持，这可能会降低总体成本。这些高级职员中的一些将是你的管理委员会的一部分，但他们将会错过一些会议，因为他们不直接向你报告。你的职位权威只能走这么远，但是，他们个人的能力对你的成功至关重要，因此，你要不遗余力地与他们建立个人关系。

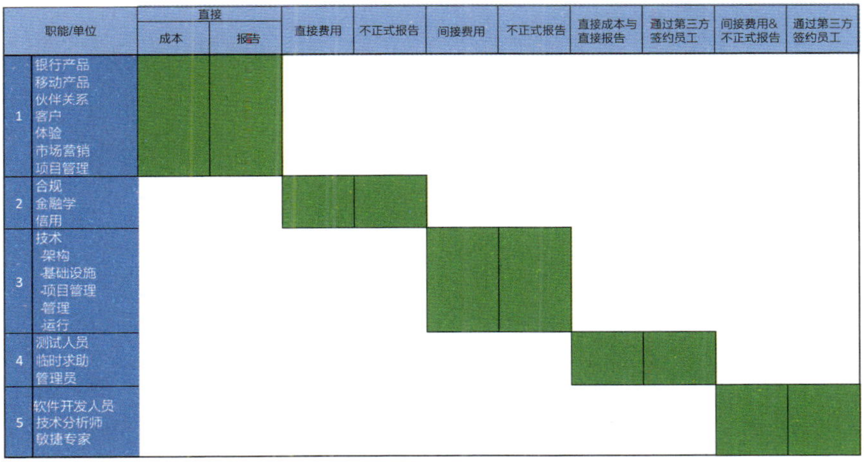

职能/单位	直接		直接费用	不正式报告	间接费用	不正式报告	直接成本与直接报告	通过第三方签约员工	间接费用&不正式报告	通过第三方签约员工
	成本	报告								
1 银行产品 移动产品 伙伴关系 客户 体验 市场营销 项目管理	■	■								
2 合规 金融学 信用			■	■						
3 技术 架构 基础设施 项目管理 管理 运行					■	■				
4 测试人员 临时求助 管理员							■	■		
5 软件开发人员 技术分析师 敏捷专家									■	■

图 5-50　不同单元的成本和报告与 TMRW 的一致性

如果我回到 TMRW 组建初期，我唯一要改变的是，要将第三方机构签约的员工计入直接成本而非间接成本。将很多时间都花在讨论人数成本上往往会拖延进展。其他一切都很好，我不认为它们需要任何额外的调整。

· 内部与外部

建立初创银行、Fintech 或任何其他从头开始的行动都有一个问题，即一切都需要创建，因此，如果没有现有母公司的杠杆作用，随之而来的混乱、学习曲线和额外成本都会更高。此外，还有一些角色需要充当母公司组织的接口。这是至关重要的，因为母公司对你们计划的支持十分重要。因此，方案管理角色、营销角色和客户体验角色等角色需要与现有组织进行重要的对接，我精心挑选了熟悉现有组织的内部员工担任这些角色。

对于负责银行产品的角色，我曾希望我能从内部获得资源，但没有人接，所以我重新雇用了一名前员工，并请来了一名经验丰富的高级产品经理。我记得我曾试图雇用一位产品负责人，并认为我找到了一位合理的人选，但当这两位产品经理面试他时，他们却认为他无法胜任，所以我决定直接管理，直到我能够将那名高级产品经理提升为负责人。TMRW从母公司吸收的人很少，部分原因是我们很难说服大华银行内部的候选人加入，因为他们中的许多人想要更稳定的职位，而另一部分原因是我们想要注入有不同观点的员工——我们最终雇用了85%的外部员工。

怎样招人

人才往往是短缺的。但是，这并不意味着你不能雇用到合适的人才。我发现的第一条规则是，你在构建阶段需要的构建者更关心你的目的（使命）和抱负（愿景）。他们会被它感动，被你的价值观感动，被你如何想为他们创造一个有利的，让他们茁壮成长的环境感动。如果只是为了赚钱，或者你只是狭隘地专注于你的业务，你就失去了吸引他们的能力。

图5-51显示了一种更好地激励和吸引你所需要的人才的方法。我们在5.4.1小节中讨论了其中的大部分内容。我们在这里很好地利用了它们，把它们组织起来帮助吸引你需要的新员工。我们从中心开始，你的使命。你需要使其成为一项崇高的使命，为更大的利益服务，例如，积极主动地帮助后代青年男女更好地管理财务，以便他们能够过上有目的的生活。下一步是你的野心，它被描绘在外圈。它回答了这样一个问题："如果我们非常好地服务于我们的目标，我们应该成为谁？"——例如，成为世界上最积极主动为"千禧一代"服务的银行。

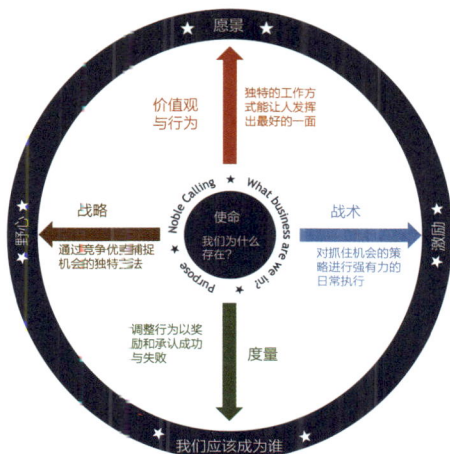

图 5-51 如何激励和吸引人才

如果你足够清楚地表达了你的使命和愿景，那么你就能得到应聘者的注意，他们响应这一使命，做一些不同的、有意义的事情。如果应聘者没有被吸引，那么也许他不是合适的人。然后你需要跟进你如何计划从你的目标到你的抱负。要做到这一点，你就要阐明你将培养的价值观和行为，你的战略和关键战术，以及你将如何度量你在前进道路上的成功，以创造一个非常有利于实现目标的环境。

如果你是一家大型的公司的一员，你可能就需要缩短许多公司的典型招聘流程。一位人力资源同事回忆说，有一次我们讨论一个因为需要独特的才能而特别难填补的角色："我记得参加过一次会议，与我的人才获取同事讨论填补某个角色的困难。我们正在讨论传统的渠道，邱鼎和博士突然拿出他的平板电脑，然后开始在领英平台查看他认为合适的候选人的资料，并将其投射到会议室的屏幕上。我们立即开始选择潜在的候选人，并开始工作。这种热情、坚持和永不放弃的态度影响了我们，让我们也异常兴奋。"

一旦你看到了一个候选人，你应该如何将成功与成功所需的核心属性联系起来？表 5-6 显示了数字转型所需的核心属性列表。我根据多年来寻找合

表 5-6　重要的核心属性

	属性	描述	问题列表	评级				
1	坚持性	在变化的环境中感到舒适。泰然自若地对待变化。当方向发生变化时，继续积极前进。不轻易放弃	1. 给我们讲讲你职业生涯中最混乱的时候，当时是什么情况，你是怎么处理的。 2. 什么是模棱两可的？你怎么应付？ 3. 当方向发生变化时，你有什么感觉？你怎么应付的？ 4. 描述一段你的坚持在困难的情况下得到了回报的经历	说不清楚	在困难面前没有表现出坚韧	很难应付但坚持下来了	具有处理模棱两可问题的能力，并能顽强地处理各种情况	在多个场合会表现出良好的韧性
2	持续学习	对领域有好奇心和兴趣。有求知欲和洞察力，能带来新的想法和观点	1. 你上一次读到让你好奇的东西是什么时候？ 2. 如果给你布置一个你一无所知的作业，你会怎么做？ 3. 告诉我们上次你把一个新的想法提出来是什么时候	说不清楚	习惯停留在舒适区。兴趣范围狭窄，很少带来新鲜的东西	偶尔会有火花，但不会被认可为好奇和愿意追求新鲜事物的人	好奇心强，愿意学习，但有限度。非常陌生的领域的人选让这位选人感到害怕	好奇、好问的头脑。渴望学习。非常愿意接受新的学习挑战
3	胆量的	在适当的时候，不要害怕成为唯一的异议声音。能够挑战现状而不贬低他人	1. 当你的观点与其他人不同的时候，你一般如何处理？ 2. 你上次挑战现状是什么时候？告诉我们它发生了什么。 3. 回想与员工的一次艰难对话。为什么很难，你是怎么处理的？ 4. 回想与老板的一次艰难对话。为什么很难，你是怎么处理的	说不清楚	口齿不清，一般会随大流。无法说出任何真正困难的情况	有时会表达不同的声音。一般都那样做	能够提供挑战提出异议对话的例子，但方法不成熟或在进一步挑战时退缩	即使其他人不说话，也能大声疾呼。不同意时态度成熟

续表

	属性	描述	问题列表	评级			
				说不清楚			
4	团队合作	合作，分享想法，庆祝他人的成功，建立有效的工作关系，不害怕或嫉妒他人的成功	1. 告诉我们你上次在一个小组里工作是什么时候。任务是什么？描述一下你的团队里有谁？他们是什么样的？你是怎么和他们联系的？小组的优势和劣势。 2. 描述你如何借鉴别人的想法，使他们变得更好。 3. 描述一次你让团队中有人比你表现更好的经历		专注于自己。不讲信用，经常地怨别人	建立在别人的想法之上。愿意参与但不支持有争议的话题。更愿意安全地维护关系	愿意让别人发光出风头。能够处理分歧。智知道什么时候掉战斗才能赢得战争
5	言简意赅	清晰而简洁地描述和观点，以产出方案，探索质量解决方案的所有选择，积极倾向双向，以细节为导向，平衡战略和执行	1. 选择一个你感兴趣的话题，用最少的单词告诉我们关于这个话题我们需要知道的最重要的要点，就讨论它有更多的了解。 2. 你如何在倾听他人观点之后理解他人观点而不是反驳他人观点		倾向于长篇大论，偏离主题。有不自信的迹象	口齿清楚，但不够简洁。多数时候比较自信，但有时似乎失去了自信	迷人，自信。过度自信。能够用最少的词来表达一个复杂的想法
6	负责任	负责确保质量和及时交付，以产出及时交付，探索质量解决方案的所有选择，以细节为导向，平衡战略和执行	1. 告诉我们你对一个项目负责的经历，以及你是如何管理它的？ 2. 当事情偏离轨道时，你做了什么？ 3. 你是如何确保事情顺利进行的？ 4. 什么时候看全局，什么时候看小细节		无法证明自己掌握了局面，并能够控制局面	似乎知道大部分细节，但存在差距。对战略和战术的重视程度，偏爱其中一个或另一个	展示在交付的所有方面的责任感。能够清晰地表达细节，并在战略和战术上花费了时间
7	系统思维	理解全局，识别和理解复杂系统中的循环相互作用，超前思考，能够在宏观和微观层面上看待事物	1. 你参与过的最复杂的工作是什么？ 2. 那项工作的每个部分是什么？ 3. 你如何理解每个部分对另一个部分的相互关联的影响		倾向于以一种孤立和条块分割的方式看待待事物	有时能够把点联系起来，但大多数时候被复杂性淹没，无法将整个系统的级联影响系起来	证明的能力，能连接点和看到全图景，也能够了解细节需要，也前需要思考

适素质的候选人的经验，从零开始创建了它。我观察了那些没有成功的候选人，我不得不放弃那些优秀的候选人，我提炼了**一些让一些人比其他人更成功的特质**。这是你吸引人才的重要法典，一次又一次，我发现如果我们有一个伟大的、鼓舞人心的故事可以讲述，我可以吸引他们。

先锋团队的活力如此之强，以至于他们关系紧密，因此快速引进我们需要的新人才至关重要，与此同时，我们也要确保他们不会损害强大和富有感染力的同志情谊和现有文化。因此，面试团队也要包括其他领导团队成员，即使候选人不用向他们汇报，以获得更广泛的观点，并对他们的能力、属性和文化契合度进行评估。在面试结束后的午餐时间，面试官们将辩论并决定最终的候选人。这让 TMRW 在大多数时候都能一针见血地招聘。

另一位深度参与 TMRW 招聘工作的同事反思了在招聘难以填补的职位时所遇到的困难："我们使用一家市场调查公司，为越南和印度尼西亚的数字银行主管进行了市场调查，并在通常的候选人和行业内外得到了一个广泛的合格候选人名单。我们与他们进行了一次简报会，并将长长的名单缩小到一个短名单。邱鼎和博士飞去面试候选人，发现扩大候选人池对确定合适的候选人大有帮助。"

杰玛总是比我更擅长理解别人，她有更多的热情和同理心。在我犯了几个招聘错误后，我总是试着把她带到一个高级招聘会议上，问她对这个人的感觉。她回忆起为这份工作找到合适的人的困难："邱鼎和博士决定重新审视我们面试潜在候选人的方式，他决定让不是直接报告经理的其他领导人或团队成员也参与面试。毕竟，我们是一个高度运作的团队，有很强的交叉协作，新员工肯定需要与其他人互动。所以我也收到邀请。随着这一变化，我觉得候选人的选择有所改善。"

"我们问的问题也相当具有挑战性和多样性。我们会询问他们失败的经历以及他们是如何管理的。成功的故事是容易回答的部分，因为人们倾向于谈论他们有多好。此外，我们还问了一些让候选人敞开心扉的问题。例如，

'你的上司和团队成员对你最近的评估和改进点是什么？告诉我们你犯错的经历？你的朋友会怎么形容你？你的同事呢？'在招聘经理或人力资源人员的基础上，我们组建了一个多样化的小组，再加上圆桌面试的形式，我们可以了解候选人的更多方面。我们审查候选人的个人资料，并与符合条件的候选人对话。之后，我们都会作出决定。这个过程并不会花很长时间，但它让我们所有人不仅了解了我们在雇用谁，而且了解了我们如何作为一个团队团结在一起，以弥补其他人可能不具备的东西。"

当谈到吸引候选人时，团队开发了一个微型网站，上面列出了所有可用的工作。数字银行的所有空缺申请都将反映在此页面上，任何社交媒体营销（通过脸书或领英）都将引用该页面。招聘程序和审批工作由此得到简化，如果薪酬在限定范围内，审批工作就会加快，这大大加快了审批过程。

5.4.4　结构

最后一个要素是结构和环境。这是非常接近你的员工的思想的事情，它每天都在影响他们。穿便服是 TMRW 的惯例。这是大华银行的第一次，我们开创了一个更随意的环境来消除层级制度。当搬到新交所大楼时，我们想增加人与人之间的互动，所以每个工作站都没有个人垃圾箱；相反，所有的垃圾都要放在公共储藏室。所有的工作空间都是共享的，所以我们必须有干净的桌子。办公室整体清洁度的提高有助于员工产生归属感。人们不再在办公桌前吃饭，在会议结束后清理会议室，他们更多地关注他人的想法和关切。

我们的出发点是要建立一个确保你的团队和整个组织之间的高度一致的结构。如果你是在银行这样的大型传统公司中运营的内部企业家，这种组织结构的一致性是极其重要的。该组织将倾向于拒绝初创企业的"变异儿童"，因为他们看起来不同，说话不同，事实上也不同。

·组织排列

如果你在一个更大的组织中用一个非常不同的商业模式来构建一些东西，你会时常被误解。这个问题如此普遍，以至于我经常引用杰夫·贝索斯的话："如果你要做任何新的或创新的事情，你就必须愿意被误解。"（Clifford，2018）会有很多人无法理解你在做什么。毫无疑问，你的组织必须是一个独立的单元，不向企业目前的所有者报告，除非这个人足够成熟，能够预见未来，并想为此做些什么。这种转变是长期的，是为了在仍有可能这样做的时候保护组织的未来。

大多数数字化转型需要多年时间，所以如果组织面临收入压力，情况可能会很快改变。这种压力往往会导致短视——即使事先达成协议，目标只会长期实现，而且由于最初的成本大于收入，该部门的盈亏看起来很糟糕，但当赤字开始出现时，人们就会对转型所需要的资金投入表现出不满。

我知道这一点，所以我大力提倡首先使用管理会计来跟踪和衡量每个客户的边际成本。这将使内部初创企业随着时间的推移显示出所取得的进展。母公司可能不习惯于在一个持续的时期内看到损失，因此你需确保正确的关键措施是预先商定好的，这对组织的调整至关重要。然而，这不是母公司业务部门所习惯的，所以可能会有很多不和谐的声音。有时这会让你感觉像是在执行一个吃力不讨好的任务——在完成了所有要求你做的事情，并且做得很好之后，仍然会受到攻击。

你必须有一个资深的捍卫者来支持这种大胆的、长期的举措，而且必须是首席执行官或为首席执行官工作的一个非常资深的高管，他的任期很长，很受尊敬。你的团队会在很多场合因为别人对他们的评价而沮丧。竞争是人的天性，你的新公司投资大，初始收入少，就可能会成为众矢之的。轻蔑的评论可能会通过小道消息流传。这样的评论可能会让你的团队非常沮丧，你必须尽可能地屏蔽它们，但也要尽可能地为团队成员加油。

一个有策略的、无私的领导者会把公司和团队置于自己之上，这是难能可贵的品质。如果没有正确的领导和文化，我在本书中描述的数字银行就无法实现。因此，你必须说服自己的前辈们，**最关键的出发点是创造一种新的文化**，一种创新的、不分等级的、以客户为中心的文化。我相信，良好的工作方式十分重要。正是工作方式吸引了所需的人才。换句话说，如果你只看产出，那么你可以为了协同而与他人联合起来，但会失去创新所需的合适的人，对大多数创业者来说，工作方式比产出更重要。

如果你正在经营一家传统银行或任何其他面临数字威胁的现有银行，你只有在你的主张和重点上作出根本性的转变，一个与你的传统竞争对手提供的非常不同的转变，你才能成功。只有在有一种文化允许这种新的主张被创造、成长和茁壮成长的情况下，这才可能发生。对于传统银行来说，这是一种保险。所有董事会都应该要求为未来提供这种保险，在未来，一些成功的数字银行在规模小、被忽视的几年里积累了丰富的经验，会逐渐侵蚀市场份额。

这并不是说所有传统银行都需要建立一个单独的公司，因为这需要很高的成本。留在公司内部的好处是能够利用初创公司内部不具备的核心能力，如财务、资产负债表管理、财务等，负面影响则可以通过赋予主管人员做正确事情的自主权来控制。

我们做得很好的一个方面是 TMRW 方法的清晰度和项目进展的定期更新。从 2017 年 1 月开始到 2019 年 3 月 TMRW 在泰国推出，高级管理团队定期公示我们所做的工作。这些定期更新为确保 TMRW 和母公司之间的一致性做了很多贡献。技术开发花了大约 14 个月，另外 10 个月用来妥善规划。这种不急于推出而是建立真正突破的建议来自高层，事实证明这是一个很好的建议。这让我们有时间彻底思考我们需要构建一家什么样的公司。

建议将像 TMRW 这样的转型项目归入**战略变革计划**，因为它需要单独的预算，这使你在招聘、保留等方面更能适应市场，并更灵活地创造稍微不同的工作环境和亚文化。

· 组织结构与设计

你如何设计你的组织是成功的关键，人们通常没有对**如何设计一个支持所选择的战略的组织进行足够的思考**。TMRW 所走的道路是创造绝佳的客户体验和使用数据来吸引客户，而不是简单地依赖于顺滑的事务处理能力。这意味着我们需要对小细节非常挑剔，能够引入在数据、数据库以及如何利用数据生成洞察方面有经验的人。这可以从图 5–26 中的 6 个关键设计元素中看出。这是了解在执行这些设计元素并将其变为现实所需的人才差距的关键一步。

组织角色设计的工作不应该只留给人力资源。它应该是负责该行动的高级行政人员和高级人力资源行政人员之间的联合工作。

图 5–52 探讨了员工激励与公司关键流程之间的关系（Doshi & McGregor, 2015）。请注意，多西（Doshi）和麦格雷戈（McGregor）发现，**角色设计在做得不好的时候非常令人沮丧，在做得好的时候则非常令人兴奋**。

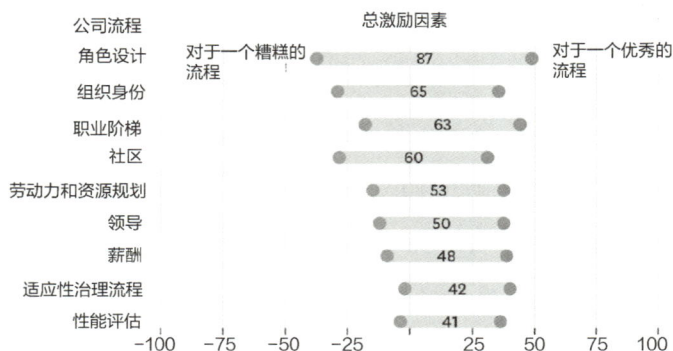

图 5-52 员工激励与公司流程

我们在第一天便从简单的功能模型开始。现有的数字银行团队和少数其他员工转移了，2017 年至 2019 年年中，我们在建设数字银行的同时继续支持数字银行。

我最初的认识之一是，成功运行客户开户体验、服务和流程将是一项非常难的工作。传统上，开户、客户体验和服务是集成数字移动产品团队的一部分。根据客户的经验，我决定将它们作为一个单独的单元撤出，因为我确信通过高净推荐值和客户体验来创建口碑将是成功的关键。

我的团队原本希望开户是移动数字产品团队的一部分，这是一个更传统的产品结构。这里的教训是，回到基本原理并从业务维度检查你需要什么核心能力才是正确的，我们不应该被以前的事情所约束。同样重要的是要有合适的人来担任合适的角色，这类人要能理解不同的目标。在早期，很少有人知道客户体验到底起了什么作用。尽管如此，我还是作出了决定，结果证明这是一个非常好的决定。

这是项目早期作出的关键决定之一，目的是建立强大的流程设计能力，以及投入设计和执行流程所需的烦琐和对细节的关注。在 TMRW 中，作为一个标准，对于任何产品、合作伙伴关系，客户体验中的服务设计团队将对其进行审查，以便设计不会对下游服务产生影响。

该组织的结构也非常扁平。从我到职级最低的员工的最大跨度是 3。这有助于确保组织层级的减少，并在需要时能够直接与我沟通。我最初的概念是确定需要深入研究的领域，以及需要大量协调的领域。这并不是说有任何一个单元在某种程度上不需要两者，但我想找出那些在某种程度上需要两者之一或两者的单元，这是我们过去从未有过的。我已经在图 5-43 中分享了这个描述。例如，参与实验室显然是在自给自足的象限内，开户单元也如此。

一旦设计变得足够详细，就该组织工作流了。一开始我们就做了显而易见的事情。到那时，我们有 12 个工作流：银行产品、开户、合作伙伴、使用、信贷、营销、交易银行、服务、参与、应用程序创建、法规合规，以及最后一个工作流——技术基础设施、架构、DevOps。因此，我们围绕这些工作流构建了团队。他们每周报告一次进度。

这种方法的缺点很快就变得明显了。工作流没有协调好，而且过于孤立。我们添加了依赖项——比如你影响了谁或什么，以及谁或什么影响了你，作为标准让每个团队进行报告。这很有帮助，因为这样做使这种方法制度化，并使其可接受。

最终，我建立了卓越中心（Center of Excellence，COE），以更好地平衡跨工作流的协调工作，以及某些工作流所需的专业知识和深度。也就是说，我们能摆脱部门单位传统的孤立性质，建立一个既有深度又有协调性的组织设计。

一个很好的例子就是 COE 结构如何改变 UI 设计的方式。在 COE 建立之前，UI 设计团队主要处于流程的末端，从其余的单元那里获取需要什么屏幕的指令。他们的工作有时是被动的，没有经过充分的考虑。例如，在密码输入完毕之后，键盘不会自动缩回，用户不得不再次按回车键。通过将 UI 定义为一个协调的 COE，UI 团队的职责变得更清晰，是审查创建清晰、高效和直观的设计良好、顺滑的用户界面所需的端到端过程。

· 本地化与标准化

情况更加复杂的事实是，我们首先在泰国和印度尼西亚启动，但我们区域总部则设在新加坡。这大大增加了难度。我希望维护尽可能多的核心代码，以防止我们的代码最终退化为在泰国和印度尼西亚的两个完全不同的应用程序，这将降低程度的可扩展性。由于文化和语言问题，我们不得不对程度进行本地化。许多业务流程也是本地的，因此我们必须有能力定制程序和完善流程，以满足我们具体国家的需求。

从一开始，就要让这些国家的用户觉得这不是新加坡为泰国或印度尼西亚设计的。对于一家总部设在新加坡的银行来说，很多事情都是先在新加坡试行的，在这个过程中，你可以忽略各国不同的事实。然而，如果你让每个实体都在另一个国家作为一个独立的实体运行，几乎没有共同点，是行不通

328

的，因为要从多国籍中受益，你就需要能够跨境带来某些企业优势，如你的管理和业务流程或你的知识产权。事实上，国际化并不是企业绩效的驱动力（Khoo，2012）。企业绩效的驱动因素是可以跨越国界的企业优势，然后本地化对它会产生不同程度的影响。因此，你必须在满足当地需求和推动标准化之间取得平衡，我经常向本地化团队重复这一点。本地化必须证明它确实需要，否则就不会纳入项目计划。事实证明，这比我们想象的更难实现。

对 TMRW 来说，这是第一次在没有在新加坡进行测试的情况下就启动的如此重要的行动，但它仍然受到欢迎，因为这些国家知道巨额投资可以让它们受益。为了赢得各国的支持，让它们相信我们能够做到并取得成功，我们付出了大量的努力。对我来说，这是我在 TMRW 旅程中的一个亮点，经历了来自各国的大力支持，并与各方密切合作，共同成功实现 TMRW 的抱负。它需要一种灵巧的方法，执行者需要知道何时退让（如基于语言和文化规范的地方问题），何时坚持（如大大偏离商定的战略或方向）。

· 物理环境

物理工作区尽管在当前的流行病的背景下减少了使用，但它是一种杠杆，可以用来确保团队共同努力，促进复杂的数字化转型带来的循环互动。此外，打破传统上分隔职级的壁垒，从而创造一种减少层级制度的开放感，是促进创新的因素之一，正如前面所讨论的那样。创新的想法往往需要不同的人的参与。当你被一个难以解决的问题所困扰时，与更多的人交谈往往比待在自己的团队或职能部门更有用。在埃克塞特大学的一项有关"敏捷的工作空间与丰富的工作空间"的研究中，研究者发现"仅仅在工作环境中增加植物、艺术品和色彩就可以提高 17% 的生产率"，研究进一步显示，授权员工参与工作空间设计的组织将这一数字增加了近一倍，达到 32%。（Clark，2015）

2018 年 12 月，TMRW 从大华银行的传统银行办公室迁至新交所大楼，该大楼曾是大华银行的分行。它有一个很高的天花板和一个平台，在那里可以看到一楼。这给空间增添了一点不同。但最大的不同是办公区布局，那里**没有管理隔间，而是一个完全开放式的座位办公室。**

在搬迁的时候，我担心我们建立的 COE 部门：银行产品、移动产品、客户体验、合作伙伴关系、参与实验室、营销，以及与我们坐在一起但有不同报告线的合规和技术团队。其中一些单元有更多的子单元，如开户、流程和客户体验服务。功能单元是必要的，因为更专业也就更有深度，但在创建功能单元的那一刻，就产生了跨单元工作的协调问题。因此，我们选择了一个开放式的工作环境，而不是传统的孤立的座位安排，我们有许多讨论室来支持日常的站立会议。

杰玛是这一块的负责人，她回忆道："我们和团队一起探讨了不同的座位安排，其目的是加强各小组之间的协作。然后，我们想到，我们应该和技术人员坐在一起。这太疯狂了，因为他们的人比我们多得多。但是，我们相信，身体上的毗邻可以实现我们所需要的合作。事实上，我们很难说服领导团队的其他人，这是我们必须尝试的事情。"

"由于这种安排，我们与技术同事的关系变得更加密切。我们与他们更加亲近，不同团队之间的互动也更加频繁。它帮助解决了我们面临的许多问题，尤其是当我们刚开始的时候。对我来说，这是说服每个人作出正确选择的关键。我们节省了很多时间，不用跑去不同的办公室找人，也不用安排线上沟通。要找的人就在我们旁边！我们不会再以找不到同事为借口，因为他们最终需要回到自己的办公桌前。这一安排是银行首次做此类安排（不是临时安排，而是永久安排），这引起了其他业务部门的注意。"

我的一个想法是，当我们搬到新交所时，应该把这些单元混在一起，以促进团队之间的更多沟通。由于团队负责人总是倾向于更接近他们管理的团队，而不是他们所在的团队，我决定做一个实验，让我所有的直接下属坐在一起，以将增强团体意识和协作能力。这是一个有争议的决定。有些人讨厌这个想法，因为他们想和他们的团队在一起，但有些人则愿意尝试。我把这个问题付诸表决——实际上是我少数几次以投票方式做决策，毕竟人们想坐在哪里取决于个人意愿，而我们已经要求他们中的许多人（高级员工）放弃他们的隔间了。投票的结果是一半对一半：一半的人想和他们的团队坐在一起，一半的人可以尝试我的想法。因此，我进行了打破僵局的投票，我投票让我所有的直接报告坐在一起，并承诺如果他们对此不满意，将在 6 个月内进行改动。

正如杰玛所说："这种安排促进了更好的团队合作，因为我们都被迫一起工作，花更多的时间与其他团队合作，而不是与我们自己的团队合作，我们变得很客气。我们还想取消小隔间，无论等级如何。所以，无论你是董事总经理，还是执行总经理，你都不会有一个小隔间，这很开放。一些团队成员对这个想法不满意，他们开始告诉我他们想坐在哪里（窗户、过道等），或者他们想和谁坐在一起。为了决定谁将坐在领导团队的位置，我想出了抽签的解决办法。这样，座位的分配过程看起来就很公平。效果相当好！领导们得到了他们的座位，如果他们想和别人私下交换位置，我也就听之任之了。最终，所有高层领导都坐在一起，我注意到如果有任何问题，他们会转过身来解决。这有助于使团队更紧密地团结在一起，更加迅速地解决问题，甚至邱鼎和博士也和我们一起坐在同一个空旷的地方，他对下级员工变得更加平易近人，他们看到他的次数比他在房间里的时候要多得多。这打破了 TMRW 数字银行希望避免的等级文化。"

参与创建 TMRW 是我 30 年职业生涯中最复杂的行动。在告别我的团队时，我回忆起我们所做的一切："当我们开始的时候，我们只有一个梦想，一个我们可以建立世界上最吸引人的数字银行的梦想。虽然我们还没有完成，但我们完成了许多。成为一家为客户提供良好的体验的公司是非常困难的，但我们的高净推荐值是我们在如此短的时间内的成果的一个见证。回想起来，我发现从前我没有时间考虑如果不成功怎么办。但在内心深处，我深知我们会在克服了一切困难之后取得成功。我非常感谢你们所有人在 2018

年——最关键的时候走到一起，并再次在 2019 年，当我们发现尽管我们尽了最大努力，我们的净推荐值仍达不到标准时继续努力。我们今天的净推荐值在泰国和印度尼西亚分别为 42% 和 52%。你可以获得大量客户，尤其是不活跃的客户，你很难买到高净推荐值！这是一个非常严格的指标。我一直是个要求很高的领导。"严格的期望，越来越高的标准，优化的细节，不断推动员工变得更好。

O━ 重｜点｜摘｜要｜

* 要求招聘经理写一份包含所需素质的工作描述，以及如何发现这些素质，对于成功是必不可少的。

* 你的使命宣言定义了公司存在的原因，并有助于凝聚你的团队，从而产生一个明确、令人信服和共同的目标。

* 当你不断地提醒你的员工他们的使命时，他们的目标感就会产生，从而在组织内部培养更高的参与度和积极的工作文化。

* 你的愿景宣言有助于点燃团队员的雄心，激励你的团队走向光明。

* 你的价值观宣言是把团队团结在一起的黏合剂，它规定了让每个人发挥出最好的一面所需的正确行为。

* 你想雇用的人应该受到你的使命、愿景、价值观和你期望的行为的吸引。

* 在你的转型过程中，制订一系列活动计划，以保持团队的灵感是至关重要的。

* 公司花了很多时间来制定和完善他们的战略，但之后却很少花时间来讨论他们应该采用的 KPI。

* 专注于结果并不一定促使公司变得更好，但专注于这些结果的驱动因素有利于公司变得更好。

* 一个新的整体记分卡确保你的启动良好，关注边际赢利能力和贡献，以及年度固定成本回收。

* 最基本的衡量标准是赢利能力，但它也是衡量数字银行成功的最糟糕的指标。

* 如果你的目标部门目前的收入潜力低，但未来的收入潜力高，控制成本是至关重要的。

* 专注于最小化三种类型的成本措施：获客和交易的成本、服务的成本和创新的成本。

* 以越来越低的有效比率为代价，很容易获得总体获客数的增加。

* 使所有关键指标（活跃客户数、净推荐值、边际利润、客户总数等）同时朝着正确的方向前进是很复杂的。

* 我们的重点不仅要放在初始项目总成本上，还要放在维持和提高初始成本所需的年度足迹上。

* 因此，提高可维护性和构建技术栈甚至可能比按时启动银行还稍微重要一点。

* 有些 KPI 指标应该在所有员工中通用（如净推荐值、每个活跃客户的收入、获得活跃客户的成本等），根据他们的角色，占总额的三分之一到一半。

* 另一半可以侧重于集团内各单位特有的具体举措，例如新功能启动里程碑的实现、事件级净推荐值（如支付和资金转移的净推荐值）等。

* 确保所有团队都知道他们的组织、单位和个人的 KPI 以及他们赖以成功的其他团队的 KPI。

* 领导力的三个方面至关重要：随着时间的推移设计和改变组织，激发创新的能力，以及能够成功应对复杂性的平衡领导者。

* 广度单元非常依赖于方法来协调各个单元，而深度单元则带来专门的技能来解决棘手的（通常是技术）问题。

* 深度和广度的正确融合是成功的关键。

* 创新需要流程和内容，只关注其中一个而忽视另一个不会产生成功的创新结果。

* 与普遍的看法相反，创新几乎从来不会因为缺乏创造力而失败。失败往往因为缺乏纪律。

* 如果工作人员不了解他们的工作对总体结果的影响，他们就无法得到激励。

* 创造一个促进创新的良好环境需要三个重要因素——人、流程和领导力。

* 要创新，就必须在坚持和试验之间取得平衡。

* 不同的经验和领域知识人才库是优越的，因为它能导致更多的差异。

* 差异导致更广泛的想法和解决方案。

* 流程知识有助于高级行政人员理解复杂问题的相互联系及其性质。

* 颠覆性和体系结构创新需要大量的领导参与因为它们涉及对业务模式的重大改变。

* 当创新需要对业务模式进行重大改变时，协调是关键，这样你就不会最终作出矛盾的事情。

* 使命导向是强大的，因为它提供了一个从外到内的视角，创造了企业与外部世界的情感联系。

* 层级制度在选择创新的思想方面有优点，但在创新过程中产生新奇的思想方面却不太有效，因为它倾向于削弱挑战。

* 没有挑战，最好的想法就不会浮到顶端。为了促进这一点，你需要不断强调每个人质疑和问"为什么"的必要性。

* 挑战使领导者更不容易选择一个较差的方法或立场，这有助于确保大多数决策是在充分的辩论和考虑后作出的。

* 将已知的风险外推到未知的情况可以将意外的风险或错误作为一种经验，同时消除了粗心的概率。

* 要创造一个充满挑战和高度支持的环境，就必须设定一个远大的，甚至看起来有些不合理的目标。

* 系统思维是一种理解相互联系的系统的方法或 TaP 中维度和元素如何相互影响的方法。

* 作为一个系统思考者的领导者，你必须了解问题的根本原因，而不是专注于问题的症状。

* 你对模棱两可的事情感到舒适，不屈服于太快或太慢地解决它的需要，这将是成功的关键之一。

* 在复杂的计划中，成功需要看似矛盾的特质，例如，确定而开放，坚持且不断尝试。它们一起代表了一个领导者有或者应该有多平衡的目标。

* 即使你是肯定的，你也总有可能会犯错，而在高级职位上犯错会有更大的负面影响。

* 你不同意的是这个想法或提议——总是有一个很好的、明确的理由，而不是这个人。

* 从优秀员工和不优秀员工之间的差异中提炼出一个核心属性列表，说明你想要吸引的人才类型，这项工作与你的成功直接相关。

* 如果你是一个在银行这样的大型传统公司中运营的内部企业家，组织的一致性是极其重要的。该组织将倾向于拒绝初创企业的"变异儿童"，因为他们看起来不同，说话不同，实际上也不同。

* 如果你在一个更大的组织中用一个非常不同的商业模式来构建一些东西，你会时常被误解。

* 你必须有一个资深的捍卫者来支持这种大胆的、长期的举措，而且必须是首席执行官或为首席执行官工作的非常资深的高管，他的任期很长，很受尊敬。

* 你必须让他们相信，最关键的出发点是创造一种新的文化，一种创新的、不分等级的、以客户为中心的文化。

* 除了创建一个单独的单位并保护它，让它能够生存和茁壮成长，没有其他方法。

* 所有董事会都应该要求为未来提供这种保险，在未来，一些成功的数字银行会凭借多年积累的丰富经验，逐步侵蚀市场份额。

* 组织角色设计在做得不好的时候非常令人沮丧，在做得好的时候则非常令人兴奋。

* 开户、流程、服务和客户体验是设计和执行流程所需的烦琐和对细节的关注至关重要的领域。

* 作为一个领导者，你需要在规划阶段探索不同的观点。

* 最困难的部分将是运用你的直觉和判断力来决定何时减速和转向，何时加速和收敛。

* 保持尽可能多的核心代码是至关重要的，以防止每个进驻国家有一套完全不同的应用程序，这将降低程序的可扩展性。

* 这将需要一种灵巧的方法，执行者需要知道何时退让（如基于语言和文化规范的地方问题），何时坚守（如大大偏离商定的战略或方向）。

第 6 章

不只是银行业

CHAPTER 6

这一章原本并不在本书的计划中，它是在我惠普公司的一位前同事建议我写一章跨行业的数字化转型后添加的。我对这个建议很感兴趣，决定做一些研究，看看应该如何去做，却立即意识到这将是一个极其困难的话题。应该从哪里开始呢？是什么导致了转型的混乱？这将我们引向何方，TaP是否还适用？在对如何最好地概括这个主题进行了大量的研究后，我决定使用三个视角：

1. 定位推动第四次工业革命的数字革命的驱动因素；

2. 关于数字化转型类型与复杂性；

3. 工业界目前和未来预期的颠覆。

综合起来，这三个视角形成了一个强大的视域来理解全球所有行业正在发生的根本性变化。

· 视角一：数字革命的驱动因素

让我们从我们正在目睹的变革的基本驱动因素开始。变化的关键驱动因素之一显然是我们在过去三十多年中经历的处理器算力的提高。"现在，过去被认为是超级计算机的东西都在智能手机里。它们的成本低至从前的一百万分之一，速度快一百万倍，内存多一百万倍"（Meek，2018）。同时，万维网的无处不在，也使得通信和计算能力变得廉价和容易获得。

图6-1说明了这些发展所产生的深远影响，它首次使连接全球数十亿人

成为可能，并使企业能够租用各种基础设施，从最基本的工具如电子邮件到数据中心（和软件）。随着云计算的出现，它提供了软件即服务和平台即服务（PaaS）[1]。这使得产品和服务完全数字化的公司——如新媒体公司、社交媒体公司、即时消息公司、视频流公司、匹配平台，能提供非实体的、可以通过软件交付的产品，让它们能够拥有更低的启动成本和更大的覆盖面。

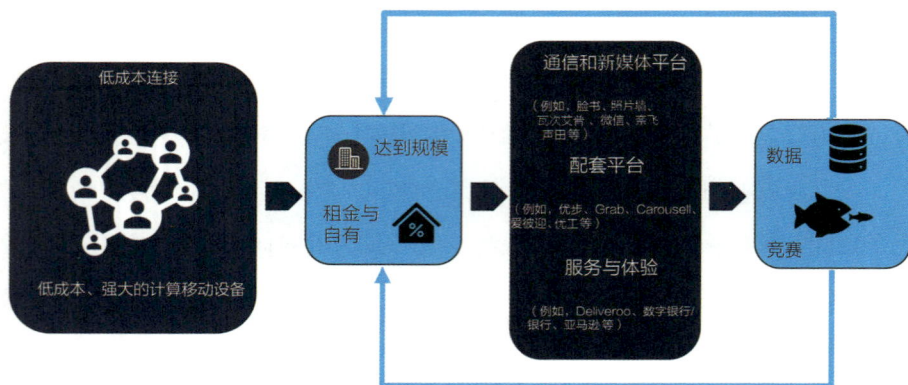

图 6-1　数字革命

在这场革命的背景下，整个新的工业被创造出来，创造了所未有的持续的全球通信。因此，脸书、照片墙（Instagram）、瓦次艾普（WhatsApp）、微信、推特等社交平台发展起来。随之而来的是在线影响者的崛起和一天 24 小时的大量信息共享。脸书拥有近 20 亿的日活跃用户。这些通信平台正在促进无与伦比的数据量的创建、存储和共享。

世界经济论坛估计，到 2025 年，全球每天将产生 463 EB（艾字节 $=2^{60}$ 字节）的数据——相当于每天产生 212765957 张 DVD 的数据（Desjardins，2019）！如果你所处的行业本质上允许它纯粹是数字化的，那么数字革命就足以创造极大的增长，如果你归属于一个初创企业，或者如果你是传统工业从业者，就会经历极大的痛苦，正如许多传统媒体和印刷公司所发现的那

---

[1]　PaaS 主要对开发人员有用，它允许用户开发、运行和管理他们自己的应用程序，而不必构建和维护通常与流程相关的基础设施或平台。

样。例如，美国的杂志行业已经急剧萎缩，行业总额从 2007 年的 460 亿美元降至 2017 年的 280 亿美元左右，相较之下，奈飞和声田（Spotify）等新媒体公司则能够向全球观众提供多语言内容。

连接世界的能力已导致了优步、易贝、爱彼迎、优工（Upwork）[①] 等匹配平台的创建，这些平台没有任何自己的基础设施。它们将其平台的一方（例如，需要搭车的人）的需求与平台另一方（可以提供搭车的人）的需求相匹配。最后，各种形式和规模的公司都利用低成本的连接和强大的移动设备来个性化个人体验，记住你的偏好，根据你过去的偏好和交易提供建议。

在图 6-2 中，除了特斯拉和小米，其他都是软件公司。图 6-4 展示了全球业务的范围和规模，并解释了为什么这些行业（软件、媒体、娱乐、通信）最容易受到数字干扰，因此经历的干扰程度最高。全球商业（例如软件）能够利用数字革命的驱动因素，从而在比以前短得多的时间范围内达到以前不可能达到的规模，因此规模大幅增长。

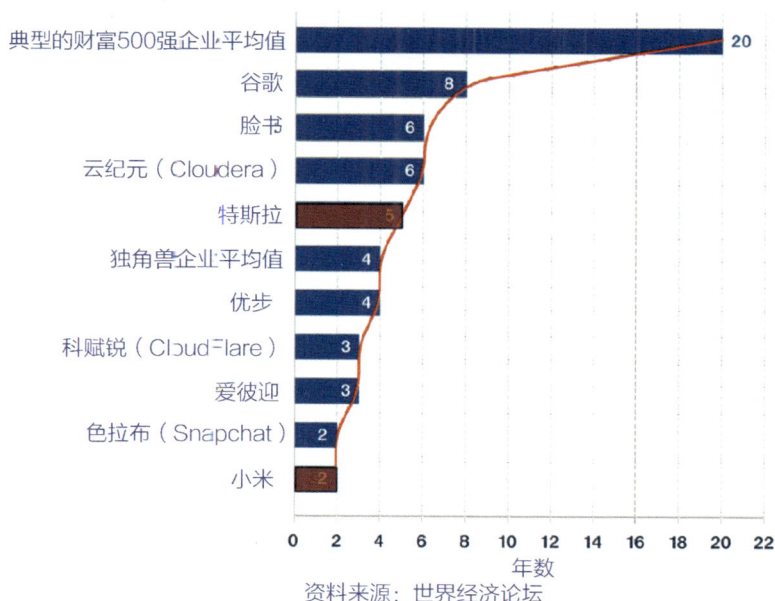

图 6-2 估值达到或超过 10 亿美元的年数

资料来源：世界经济论坛

① 优工（Upwork）是一个合法的自由职业者市场，它连接了客户和自由职业者。

·视角二：数字化转型类型与复杂性

让我们改变分析的视角来理解有哪些类型的转换，以及它们的复杂性是如何变化的。图 6-3 显示了一家公司可以进行的六种不同类型的数字化转型，其复杂性从左到右不断增加。它们不是相互排斥的，因此公司可以选择其中一家或多家进行组合。商业模式的数字化转型是最复杂的，可能包括前面五个方面，因为客户价值主张、收入和利润以及公司竞争方式的根本变化都在发挥作用。所有这一切的关键促成因素是公司的后端操作，并利用流程再造技术来不断提高吞吐量和质量，同时降低成本，并将流程的输入和输出暴露给面向客户的系统，从而带来对成本和业务方式有巨大影响的企业范围的变化。

	第一类 在线销售	第二类 在线服务	第三类 在线参与	第四类 机器人技术	第五类 数据驱动的决策	第六类 商业模式
（什么）	1. 纯在线 2. 线下到线上 兼线上	1. 在线排查和解决客户问题 2. 使员工能够更好更快地完成他们的服务工作	1. 个性化在线体验 2. 主动预期 3. 影响决策	代替人的行为	1. 使用数据做出更好的业务决策 2. 取代人类作出决策	
		改变产生价值和利润的方式，以及你的竞争方式。				
例子	在线零售商：亚马逊、全球速卖通，百货公司：线上到线下	银行、计算机制造商、网络硬件供应商	推荐引擎：奈飞、声田、亚马逊等 自动CV扫描，例如Filtered、monster.com等	智能吸尘机器人：Roomba 家庭助理：Samsung Bot Handy	无人驾驶汽车：特斯拉 X射线检查：CheXpert	奈飞与百视达、爱彼迎与连锁酒店、挑战者数字银行与传统银行、新网络媒体与传统媒体等
关键推动者		数字化和自动化操作 1. 通过简化流程和减少或消除人为参与和浪费来提高运营效率 2. 暴露你的核心交易能力 3. 技术与数据				
相对复杂度	低	中	中高	中高	中高	高
成功的概率	较高		中低		低	

图 6-3　数字化转型的类型

数字化转型最基本的形式是第一类，从网络时代就已经存在，亚马逊将其转化为数千亿美元的业务，市值达到 10000 亿美元。当然，在它到达顶端的过程中，它已经实现了图 6-3 所示的所有六种类型。成功的第一类转型与仓储、订购和物流核心系统紧密相连，成功的公司必须在其在线配送体验中获得以客户为中心的能力，并极其擅长简化其物流和运营流程，以确保货物及时交付和跟踪。在这样做的过程中，他们还实现了第二类功能，以在线服务客户。

· 视角三：工行业当前和未来的颠覆

埃森哲研究了 18 个行业部门和这些行业中的 106 个行业细分领域，并根据它们 2011 年至 2018 年的收入分析了 10000 家最大的上市公司，以得出它们的可颠覆性指数，该指数衡量一个行业当前的被颠覆程度以及未来被颠覆的可能性（Accenture，2018）。请注意，埃森哲有两个版本的指数，这里使用的版本是中位数[①]，而不是加权平均值。结果如图6-4所示。可颠覆性程度指数根据行业当前和未来的颠覆程度将其分为 4 个象限：

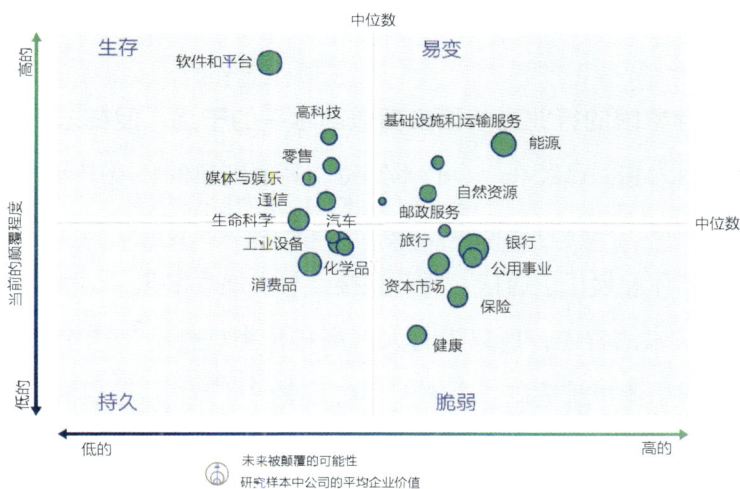

图6-4 埃森哲按行业划分的可颠覆性指数

资料来源：埃森哲

---

① 在统计学和概率论中，中位数是将数据样本、总体或概率分布的较高部分与较低部分对半分开的值。

处于持久象限的行业当前和未来面临的干扰水平较低。在这一象限中列出的 4 个行业是汽车、化学品、消费品和工业设备，我们可以大致将该行业归类为制造商。请注意，这些制造商位于其他 3 个象限的边界，因此很明显，尽管对当前和未来的干扰力量有更强的缓冲，但它们受到干扰程度不一定就很低。虽然这些行业可能没有受到移动计算能力和无处不在的带宽的双重力量的影响，但制造业正在发生机器人技术的变革。面向机器人的生产过程在工厂和制造设施中最为明显；事实上，大约 90% 的机器人都可以在这样的设施中找到（Inc.，2006）。制造业中的机器人当前在执行焊接、油漆、拾取和放置、包装、组装、拆卸等更多工作（Profozich，2021）。越来越多地使用仪器通过网络发回数据，也彻底改变了制造商收集数据和实时监控其产品性能的能力。

处于生存象限的行业当前面临着较高水平的干扰，但在未来不太容易受到干扰，因为它们已经在一个技术支持的高度创新的环境中运作，因此竞争和创造与颠覆是这些行业的常态。这些行业要么拥有易于数字化的产品和服务，例如媒体和娱乐、通信，要么直接参与实现数字化，例如高科技和软件。颠覆是技术的常态，所以没有人对高科技和软件处于这个象限感到惊讶。媒体和娱乐业很难适应一个人人都在共享的世界，这是由数字革命所造成的。在过去，分享只能与那些在你附近和接近的圈子里的人进行。今天，互联网让分享变得无处不在，新一代年轻人长大后不知道订阅杂志，也不花钱买歌。随着越来越多的广告转移到网络媒体上，人们放弃阅读转而浏览在线内容的趋势越来越大，这导致需要付费的传统媒体的订户越来越少，广告收入也越来越少。然而，与此同时，随着高带宽光纤在全球许多主要城市的普及，成立于 1997 年的奈飞利用这一优势，为数千部电影提供低成本订阅，以在全球范围内发展他们的视频流媒体服务。截至 2021 年 4 月，奈飞在全球拥有 2.08 亿订阅用户（Zeitchik，2021）。

零售业正处于生存象限，自21世纪初的网络时代以来，零售业的物流一直在不断中断，这主要是因为传统的实体分销模式20年来的销售额下降。亚马逊和其他主要的在线分销商在过去27年里成功地利用了第一类转型，以至于它需要建立商店，因为传统零售商的关闭使它没有渠道来让顾客试用购买前需要安装或体验的产品。

通信也面临着大规模中断的冲击，因为数据传输速度从我十几岁时的2400波特，到现在大多数家庭和办公室网络的1Gbps，以及大多数酒店WiFi的数百Mbps。一些移动运营商甚至不再计划按分钟通话服务，只对每月大量的数据流量向客户收费。几乎没有人再拨打国际直拨电话了，因为Facetime、瓦次艾普、Zoom等软件可以连接全球，启动高分辨率视频。加上全球监管机构引入的竞争，移动数据计划仍非常有竞争力，而且价格合理，同时收入受到影响，因为传统的高利润模拟呼叫以低利润的数据服务为代价被蚕食。

教育行业比较反常。它的产品和服务都是完全可数字化的。阻止进一步颠覆的是人际接触——孩子们需要在教室里面对面地体验互动学习。也别忘了，在常春藤联盟大学的专奇校园里经历的宝贵价值。然而，新冠疫情迅速而彻底地改变了这一切，线上工作和线上学习一度成了常态。新加坡教育部一直在分发设备，让学生线上听课。《海峡时报》的一篇文章强调了一名中四[1]学生的经历："以前我很羞于在课堂上分享我的想法，因为我不确定我的观点是否低人一等。但当我看到屏幕上所有的答案时，我觉得更有动力表达自己的观点。"这篇文章还报道了使用ClassPoint等支持应用程序分享演示幻灯片和设置交互式测验的情况。这可能标志着教育行业的进一步中断，以及教育技术公司对教育技术快速发展的推动。

---

[1] 新加坡中学学制四至五年。——译者注

处于脆弱象限的行业当前面临的颠覆程度较低，但预计未来的颠覆程度较高。可统称为金融服务的资本市场、保险和银行等都在这个象限内。金融服务业的产品和服务很容易数字化，因为它们都是中介机构，除了也许作为存款担保人。这些行业当前没有面临非常高水平的颠覆可能归因于监管，包括作为金融服务公司运营的资本要求，以及金融服务中一些部门的非全球性。自该研究于 2018 年发表以来，Fintech 竞争对手以及挑战者银行的颠覆速度都在加快。公用事业和卫生也是受管制的行业，因此脆弱象限中的行业的共同主题之一可能是较高的进入和竞争壁垒。

最后一个象限，易变象限，包含了当前和未来都面临严重颠覆的行业。随着可持续发展行动的提出，基础设施和运输、能源和自然资源面临着对抗全球变暖和气候变化灾难性影响的力量。人们开始用绿色燃料和能源取代碳基燃料和能源，而且有迹象表明这种趋势将加速发展。唯一的问题是，它是否能及时避免对生活条件造成灾难性影响的显著变暖。

我们已经简要介绍了工业机器人在制造业中的使用。在实验室工作多年后，机器人开始进入制造业以外的商业应用。波士顿动力公司不同于大多数机器人公司。该公司成立于 1992 年，以其高度动态和移动机器人而闻名。"每次该公司分享其机器的新视频，都会引起轰动。无论是一群机器狗拖着一辆卡车，还是一个人形机器人敏捷地跳上一组盒子，波士顿动力公司的机器人一次次给人带来惊喜"（Vincent，2019）。图 6-5 展示了波士顿动力机器人近年来所做的改进，从跳箱和后空翻到开门和上楼梯，再到体操和跳舞。经过多年研发，波士顿动力公司终于发布了首款商用机器人 Spot。Spot 可以去你让它去的地方，避开障碍，并在极端情况下保持平衡——如果你试图在未知的环境中探索，它完全能代替你做这项工作（Brandom，2019）。

2017	2018	2019	2020
跳箱和后空翻	开门，上楼梯	体操	跳舞

图 6-5　波士顿动力机器人随着时间的推移而改进

·综上所述

数字化转型的关键驱动力一直由摩尔定律驱动，计算能力大约每 24 个月翻一番。具有过去超级算力的低成本移动设备已经变得无处不在，互联网将世界各地的人连接起来。这创造了一个全球市场。对于以软件、高科技、媒体和通信等信息服务为产品的企业来说，它们都受到了沉重打击。金融服务虽然在产品性质上类似于信息服务，但由于监管障碍，金融服务得到了一定程度的庇护，但扰乱金融服务的力量正在迅速增长。

这些颠覆的驱动力创造了许多新的媒体业务（如谷歌、脸书）和匹配平台（如优步、爱彼迎），同时击败了像杰西潘尼公司这样的老牌零售巨头。当这些驱动力与最新的机器人技术和仪器技术结合在一起时，会产生大量有用的数据以及取代昂贵的劳动力，这形成了一个强大的组合。在未来，这些能力可能会进一步提高。

因此，复杂性可能会上升，而不会下降。图 6-6 呈现了这一点。在最复杂的转型中，一家制造 B2C 产品的公司想要进行全面转型，它面临着一项巨大而复杂的任务。即使是那些只专注于前端转型的公司，在集成所有不同类型的转型并使其整体运作时也会面临相当大的复杂性。

TaP 的第一个不同之处是它从客户开始，了解他们面临的问题，以及什么解决方案是最好的，并以他们愿意为之付费的方式解决这些问题。人们往往将**数字化转型与技术混为一谈，但实际上，我们应该通过设计、流程、技术、数据、新方法和变革管理将其重新定义为业务转型。**这样定义，实际上是一种带有扭曲的传统企业管理。由于更多的实验倾向于它，方法和执行变得更加紧密。这使得顾问们没有足够的工作经验来应对这种思维和行动的结合。

图 6-6　数字转型复杂度与覆盖范围的关系

高科技行业长期以来一直采用一种寻找问题解决方案的方法。其根源在于发明和发明者获得了一项新兴技术，有时不知道它会走向何方。早在 1953 年曼彻斯特大学制造出世界上第一台晶体管计算机之前，这种晶体管就在 1952 年的原型中首次用于半导体收音机。因此，发明总是关于什么是可能的，发明后却无人问津的固有风险总是存在的。有些失败是因为时机太早，必要的支持基础设施和组件没有准备好或尚不可用，比如美国电话电报公司（AT&T）的可视电话（Picturephone），它于 1964 年在加利福尼亚州迪士尼乐园首次公开亮相（Hernandez，2012）。那时它的成本太高，基础设施还没有准备好提供高质量的解决方案。而今，很多人都在使用 Zoom 等视频会议工具。

　　有些发明失败了，是因为它真的没有市场，就像基于互联网的冰箱一样。多年来，有许多基于互联网的冰箱，似乎没有一个能引起太多的兴奋，但制造商们一直在尝试（Jaume，2012）。难怪科技界有这样一句话："什么是杀手级应用？"——寻找能让发明获得广泛成功的应用场景对发明者来说是一个挑战。许多发明都因为它们太超前、不受欢迎于是半途而废，或者只是没有"杀手级应用场景"。

　　当这种方法被用于公司的数字化转型计划时，资金就可能被应用于对公司没有影响的解决方案。当这些解决方案没有明显的现实应用时，公司就不能像初创企业那样转型，因为他们不是为了发展技术，而是为了追求利益。另一种方法是成为一家似乎处于杀手级应用风口浪尖的公司的快速追随者。做一个快速的追随者并没有什么不好，但这通常会导致你只是模仿你的竞争对手，而不像你的竞争对手那样理解你的客户，这不会让你在遇到风浪时像你的竞争对手一样快速转向。TaP 的这一方面可能在任何需要转型的行业中都普遍适用。

　　TaP 的第二个不同之处是，技术是一种能力，为了避免未发现问题先有解决方案，客户和业务首先需要达到可期性和可行性标准，技术是能力维度中能够使转型成功（可取）的一个元素。在许多情况下，你需要先得到一个正确的流程，因为技术只能自动化纸上的流程，使其快速和无差错。对流程、数据和设计的强调赋予了这三个支持元素与技术同等的权重，这在成功的转型中十分常见。

　　Tap 的第三个不同之处是，TaP 擅长管理复杂性，复杂性是转型的自然结果。除非一家公司正在进行最微不足道的数字化改造，例如开发一个应用程序或网络订单模块，否则增加一两种以上的数字化改造就会成倍增加复杂性。在自动化和机器人等行业，转型发生在制造业或当前由人类进行的活动中，并且希望大幅降低成本以更好地参与市场竞争。在这种需要更多学科的行业中，与仅涉及完全数字化的产品和解决方案的转型相比，复杂性更高，成本更高，失败的风险也相应地更高。因此，在 TaP 创建的领域（产品都是数字化的金融服务）之外，复杂性是相同的或更高的，因此处理这种复杂性的方法变得更加重要。

总之，客户、业务、人与领导力这四个维度仍然与各行业相关，因为所使用的方法、要素和考虑因素都是从以前的经验和知识体系中获得的，是高度可扩展的。各行业从业者需要对能力维度进行重大的重新设计，以适应跨行业的适应性。方法学、技术、生态系统和新学科都可以涵盖机器人技术或仪器仪表等特定行业的考虑因素。截至本书写作时，我正在积极探索 TaP 在其他行业的用例，在一些非常有趣的场景中 TaP 的应用率很高。我希望能够在本书的下一版中讲述这些新的跨行业用例。

作为最后一个学习点，历史一次又一次地表明，当潮汐变化发生时，你必须拥抱它。无论如何，当它打击你的行业时，你是宁愿准备好还是没有准备好呢？如果看看 1955 年和 2019 年的财富 500 强，你会发现只有 10% 的 52 家公司仍然在榜单上（Perry，2019）。TaP 是一门思考和实施的学科，它可以成为我们生活的新世界中一个强大的盟友。这是一个竞争优势转瞬即逝、模棱两可和不确定的世界，但许多技术变革正在加速，并催生比以往任何时候都更大的颠覆。在这个新时代，仅有思考工具或实现工具不足以提高成功的可能性。你必须把它们结合在一起，这样思维和现实才会步调一致。

感谢你阅读本书。

〇┱ 重｜点｜摘｜要｜

* "不只是银行"一章使用了三个视角：第一个视角定位推动第四次工业革命的数字革命的驱动因素，第二个视角是数字化转型类型与复杂性，最后一个视角是工业界当前和未来预期的颠覆。

* 综合起来，这三个视角形成了一个强大的视域来理解全球所有行业正在发生的根本性变化。

* 与三十多年前相比成本仅一百万分之一、速度快一百万倍、内存多一百万倍的计算机，加上无处不在的万维网，使得通信和计算能力变得廉价易得。

* 这又反过来使得计算机可以连接世界各地数十亿人，并使企业能够租用各种基础设施而无须自有。

* 进而，这使得任何产品非实体、可以通过软件交付的公司都可以拥有更低的启动成本和更广的覆盖面。

* 脸书、谷歌、照片墙、瓦次艾普、微信、色拉布、推特、油管、优步、易贝、爱彼迎、优工、奈飞、声田展示了全球数字业务的范围和规模，并解释了为什么这些行业的软件、媒体、娱乐、通信最容易受到数字革命的影响。

* 商业模式的数字化转型是最复杂的，因为客户价值主张、收入和利润以及公司竞争方式的根本变化都在发挥作用。

* 埃森哲的可颠覆性指数根据行业当前的颠覆水平和未来被颠覆的可能性分为四个象限。

* 行业可分为以下几类：对颠覆坚韧持久（持久象限）、因颠覆而面临生存问题（生存象限）、易受未来颠覆的影响但对当前颠覆有缓冲作用（脆弱象

限）、同时面临当前和未来颠覆的影响（易变象限）。

* 复杂性可能会上升，而不会下降。

* 人们往往将数字化转型与技术混为一谈，但实际上，我们应该通过设计、流程、技术、数据、新方法和变革管理将其重新定义为业务转型。

* 这样定义，实际上是一种带有扭曲的传统企业管理；由于更多的实验倾向于它，方法和执行变得更加紧密。

* 这使得顾问们没有足够的工作经验来应对这种思维和行动的结合。

* 高科技行业长期以来一直采用一种寻找问题解决方案的方法。

* 其根源在于发明和发明者获得了一项新兴技术，有时不知道它会走向何方。

* 发明总是关于什么是可能的，发明后却无人问津的固有风险总是存在的。

* 有些发明失败是因为它们的时机太早，必要的支持基础设施和组件没有准备好或可用。

* 有些发明失败是因为它们真的没有市场，比如基于互联网的冰箱。

* 在科技领域，对发明者来说，寻找能让发明获得广泛成功的应用场景是一项挑战。

* 当这种方法被用于不从事高科技业务的公司的数字化转型计划时，资金就可能被应用于对公司没有影响的解决方案。

* 当这些解决方案没有明显的现实应用时，公司就不能像初创企业那样转型，因为他们不是为了发展技术，而是为了追求利益。

* 对流程、数据和设计的强调赋予了这三个支持元素与技术同等的权重，这在成功的转型中十分常见。

* TaP 擅长管理复杂性，复杂性是数字化转型的维度和元素的交互作用的自然结果。

* 客户、业务、人与领导力这四个维度仍然与各行业相关，因为所使用的方法、要素和考虑因素都是从以前的经验和知识体系中获得的，具有高度的可扩展性。

* 各行业的从业者需要对能力维度进行重大的重新设计，以适应跨行业的适应性。方法学、技术、生态系统和新学科都可以涵盖机器人技术或仪器仪表等特定行业的考虑因素。

* TaP 是一门思考和实施的学科，它可以成为我们生活的新世界中一个强大的盟友。

* 这是一个竞争优势转瞬即逝、模棱两可和不确定的新世界，但许多技术变革正在加速，并相互影响，催生比以往任何时候都更大的变革。

* 在这个新时代，仅有思考工具或实现工具不足以提高成功的可能性。你必须把它们结合在一起，这样思维和现实才会步调一致。

参考文献

Accenture. (2018). Disruption Need Not Be an Enigma.

Agar, M., & MacDonald, J. (1995). Focus Groups and Ethnography. Human Organization, 54(1), 78–86. http://www.jstor.org/stable/44126575.

Andrew, C., & Marcus, A. (1997). "What's Wrong with Strategy?" Harvard Business Review, 75(6), 8. https://hbr.org/1997/11/whats-wrong-with-strategy.

Andrews, E. (2018). "Pedal Your Way Through the Bicycle's Bumpy History." History.com. https://www.history.com/news/pedal-your-way-through-the-bicycles-bumpy-history.

Ang, P. (2020). "Singapore to have 4 digital banks, with Grab-Singtel and Sea getting digital full bank licences." The Straits Times. https://www.straitstimes.com/business/banking/mas-awards-digital-full-bank-licences-to-grab-singtel-and-sea-ant-gets-digital.

Anthony, S. (2016). "Kodak's Downfall Wasn't About Technology." Harvard Business Review. https://hbr.org/2016/07/kodaks-downfall-wasnt-about-technology.

Antony, J. (2016). "Six Sigma vs Lean Six Sigma." Purdue University, 60(2), 185–190. https://www.purdue.edu/leansixsigmaonline/blog/six-sigma-vs-lean-six-sigma/.

Appolonia, A. (2019). "The Rise and Fall of BlackBerry." Business Insider. https://www.businessinsider.com/blackberry-smartphone-rise-fall-mobile-failure-innovate-2019-11.

Asian Banking and Finance. (2020). "UOB to launch digital bank in Indonesia." https://asianbankingandfinance.net/retail-banking/more-news/uob-launch-digital-bank-in-indonesia.

Bain. (2018). "Measuring Your Net Promoter Score." https://www.netpromotersystem.com/about/measuring-your-net-promoter-score/.

Bain & Co., Google, & Temasek. (2019). "The Future of Southeast Asia's Digital Financial Services." Bain and Company. https://www.bain.com/insights/fufilling-its-promise/Baldwin, C. Y. (2019). "Design Rules, Volume 2: How Technology Shapes Organizations: Chapter 17: The Wintel Standards-based Platform." SSRN Electronic Journal. https://doi.org/10.2139/ssrn.3482515.

Barquin, S., Vinayak H. V., and Shrikhande, D. (2018). "Asia's digital banking race: Giving customers what they want." Global Banking (April), 1–16. https://www.mckinsey.com/~/media/McKinsey/Industries/Financial Services/Our Insights/Reaching Asias digital banking customers/Asias-digital-banking-race-WEB-FINAL.ashx.

Baxter, D., Koners, U., & Szwejczewski, M. (2013). "Hidden needs: Comparing ethnography and focus groups." 20th International Product Development Management Conference. https://www.researchgate.net/publication/299365380_Hidden_needs_comparing_ethnography_and_focus_groups.

BCG. (2020). "Flipping the Odds of Digital Transformation Success." https://www.bcg.com/publications/2020/increasing-odds-of-success-in-digital-transformation.

Bendor-Samuel, P. (2019). "Why digital transformations fail: 3 exhausting reasons." The Enterprise Project, 2019–2021. https://www.everestgrp.com/2019-08-why-digital-transformations-fail-3-exhausting-reasons-blog-51164.html.

Boutetière, H., Montagner, A., & Reich, A. (2018). "The keys to a successful digital transformation." McKinsey; in Survey. https://www.mckinsey.com/business-functions/organization/our-insights/unlocking-success-in-digital-transformations.

Brandom, R. (2019). "Boston Dynamics' Spot is leaving the laboratory." The Verge. https://www.theverge.com/2019/9/24/20880511/boston-dynamics-spot-robot-mini-hands-on-lease-buy.

Bunderson, J. S., and Sanner, B. (2018). "The truth about hierarchy." MIT Sloan Management Review. https://sloanreview.mit.edu/article/the-truth-about-hierarchy/.

CBNEditor. (2019). "Tencent Leads Chinese Tech Giants in Online Banking." China Banking News. https://www.chinabankingnews.com/2019/02/26/tencent-leads-chinese-tech-giants-in-online-banking/.

Chamorro-Premuzic, T. (2013). "Seven rules for managing creative-but-difficult people." Harvard Business Review, 634, 1–6. https://hbr.org/2013/04/seven-rules-for-managing-creat.

Chiew, S. (2018). "UOB launches Engagement Lab to meet banking needs of Asean's booming digital generation." The Edge, SIngapore. https://www.theedgesingapore.com/news/startups-entrepreneurs-digital-economy/uob-launches-engagement-lab-meet-banking-needs-aseans.

Choi, J., Erande, Y., Yu, Y., & Aquino, C. J. (2021). Emerging Challengers and Incumbent Operators Battle for Asia Pacific's Digital Banking Opportunity. Bcg.com.

https://web-assets.bcg.com/53/42/92f340e345dab62aa227fd53ccd4/asian-digital-challenger-bank.pdf.

Choose. (2019). "Switching Current Accounts with UK Banks: How and why?" Choose.co.uk. https://www.choose.co.uk/guide/current-account-switching-service.html.

Christensen, C. M., Hall, T., Dillon, K., & Duncan, D. S. (2016). "Know your customers' 'jobs to be done'." Harvard Business Review (September). Harvard Business School Publishing.

Chua, M. H. (2021). "The battle between Big Tech and Big Media (with Big Govt backing)." The Straits Times. https://www.straitstimes.com/opinion/the-battle-between-big-tech-and-big-media-with-big-govt-backing-0.

Clark, S. (2015). "Space matters: How physical environments can enhance creativity and innovation in our digital world." Changeboard.

Clifford, C. (2018). "Jeff Bezos on what it takes to be innovative." Cnbc.com. https://www. cnbc.com/2018/05/17/jeff-bezos-on-what-it-takes-to-be-innovative.html

Collins, J. (2020). "The Flywheel Effect." https://www.jimcollins.com/concepts/the-flywheel. html.

Collins, J. (1994). "Built to last." In Built to Last. https://www.harpercollins.com/products/built-to-last-jim-collinsjerry-i-porras?variant=32117226274850.

Crisanto, J. M. (2020). "Kakaobank's digital-only service wins customer vote to top BankQuality survey." The Asian Banker. https://www.theasianbanker.com/updates-and-articles/kakaobanks-digital-only-service-wins-customer-vote-to-top-bankquality-survey.

Dalton, J. (2016). "What is Insight? The 5 Principles of Insight Definition." Thrive. https://thrivethinking.com/2016/03/28/what-is-insight-definition/.

Davenport, T. H., & Redman, T. C. (2020). "Digital Transformation Comes Down to Talent in 4 Key Areas." Harvard Business Review. https://hbr.org/2020/05/digital-transformation-comes-down-to-talent-in-4-key-areas?registration=success Davenport, T. H., & Westerman, G. (2018). "Why So Many High-Profile Digital Transformations Fail." Harvard Business Review, 2–6. https://hbr.org/2018/03/why-so-many-high-profile-digital-transformations-fail?ab=at_art_art_1x1.

Davey, N. (2013). Consumer Research: Focus Groups vs Ethnography. https://www.mycustomer.com/marketing/data/consumer-research-focus-groups-vs-ethnography.

Davidz, H. L., Nightingale, D. J., & Rhodes, D. H. (2005). "Enablers and Barriers to Systems Thinking Development: Results of a Qualitative and Quantitative Study." Field Studies (January), 1–9. https://www.researchgate.net/publication/228367934_Enablers_and_ barriers_to_systems_thinking_development_Results_of_a_qualitative_and_quantitative_study.

Deakin, J., LaBerge, L., & O'Beirne, B. (2019). "Five moves to make during a digital transformation." McKinsey. https://www.mckinsey.com/business-functions/mckinsey-digital/our-insights/five-moves-to-make-during-a-digital-transformation Delamore, S. B.-D. (2020). "The 5 Essential Elements of Modular Software Design." Medium.com. https://shanebdavis.medium.com/the-5-essential-elements-of-modular-software-design-6b333918e543.

Design Council Singapore. (2019). "The designers behind UOB's first mobile-only bank." Design Singapore Council Stories. https://www.designsingapore.org/stories/the-designers-behind-uob-first-mobile-only-bank.html.

Desjardins, J. (2019). "How much data is generated each day?" World Economic Forum. https://www.weforum.org/agenda/2019/04/how-much-data-is-generated-each-day-cf4bddf29f/.

Digital Banker. (2020). "TMRW by UOB: Best-in-class experience for the digital generation." The Digital Banker (Jan–Mar 2020).

Doshi, N., & McGregor, L. (2015). Primed to Perform. https://www.harpercollins.com/products/primed-to-perform-neel-doshilindsay-mcgregor?variant=32206672298018.

Drake, J. (2012). "Understanding Insights." https://johndrake.typepad.com/advertising/2012/07/insights.html.

Du Toit, G., Cuthell, K., & Burns, M. (2018). "CX in Banking and Bank NPS. In Search of Customers Who Love Their Bank." https://www.bain.com/insights/in-search-of-customers-who-love-their-bank-nps-cx-banking/.

Efma. 2021. "Forging your own challenger bank: TMRW by UOB." https://www.efma.com/article/16051-forging-your-own-challenger-bank-tmrw-by-uob.

Eisape, D. (2019). "The Platform Business Model Canvas a Proposition in a Design Science Approach." American Journal of Management Science and Engineering, 4(6), 91. https://doi.org/10.11648/j.ajmse.20190406.12.

Eisape, D. (2020). "Platform Generation: Platform Business Model Canvas & digital economy." Platformgeneration.com. https://www.platformgeneration.com/en#About.

Fall, F. S., Orozco, L., and Al-Mouksit Akim. (2020). "Adoption and use of mobile banking by low-income individuals in Senegal." Review of Development Economics, 24(2), 569–88. https://doi.org/https://doi.org/10.1111/rode.12658.

Fenn, T., & Hobbs, J. (2017). "Conceiving and applying relationship models for design strategy." Smart Innovation, Systems and Technologies, 66, 517–528. https://doi.org/10.1007/978-981-10-3521-0_45.

Finews.asia. (2019). "UOB launches digital bank for ASEAN starting from Thailand." Finews.com. https://www.finews.asia/finance/28245-uob-launches-digital-bank-for-asean-starting-from-thailand.

Fintech Singapore. (2019). "UOB's Thai digital bank TMRW to enable biometrics for account opening." Fintechnews.sg.

Fisher, A. W., & Mckenney, J. L. (1993). "The Development of the ERMA Banking System: Lessons from History." IEEE Annals of the History of Computing, 15(1), 44–57. https://doi.org/10.1109/85.194091.

Fujii, H. (2016). "Fujifilm: Surviving the digital revolution in photography through diversification into cosmetics." HBS Digital Initiative. https://digital.hbs.edu/platform-rctom/submission/fujifilm-surviving-the-digital-revolution-in-photography-through-diversification-into-cosmetics/.

Futures, F. (2021). "Banking Tech Awards 2020 Winner: TMRW – Best UX/CX in Finance Initiative." Fintech Futures. https://www.Fintechfutures.com/2021/03/banking-tech-awards-2020-winner-tmrw-best-ux-cx-in-finance-initiative/.

Gallo, A. (2017). "Contribution Margin: What It Is, How to Calculate It, and Why You Need It." Harvard Business Review, 1. https://hbr.org/2017/10/contribution-margin-what-it-is-how-to-calculate-it-and-why-you-need-it.

Gans, J. (2016). "The other disruption." In Harvard Business Review (March). https://hbr.org/2016/03/the-other-disruption.

Gera, P., McIntyre, A., & Sandquist, E. (2019). "2019 Global Financial Services Consumer Study." Accenture. https://www.accenture.com/_acnmedia/PDF-95/Accenture-2019Global-Financial-Services-Consumer-Study.pdf.

GlobalData Financial Services. (2019). "Why some banks have the best net promoter scores in the UK." Retail Banker International. https://www.retailbankerinternational.com/comments/first-direct-nationwide-net-promoter-scores-uk/.

Goh, J., & Paul Raj, A. (2019). "The South Korea Experience: How Kakao Bank forced traditional banks to buck up." Edge Weekly. https://www.theedgemarkets.com/article/cover-story-south-korea-experience-how-kakao-bank-forced-traditional-banks-buck.

Hagiu, A. (2014). "Strategic decisions for multisided platforms." MIT Sloan Management Review, 55(2), 71–80. https://sloanreview.mit.edu/article/strategic-decisions-for-multisided-platforms/.

Harrison, D. (2018). "Harrison Assessments: An Innovative Approach to Employee Assessments." HR Tech Outlook. https://leadership-development.hrtechoutlook. com/vendor/harrison-assessments-an-innovative-approach-to-employee-assessments-cid-410-mid-57.html.

Harrison, D. (2020). "Talent Management technology: Acquire, Develop, Lead, Engage." https://www.harrisonassessments.com/.

Hernandez, D. (2012). "April 20, 1964: Picturephone Dials Up First Transcontinental Video Call." Wired. https://www.wired.com/2012/04/april-20-1964-picturephone-dials-up-first-transcontinental-video-call/.

Hinchliffe, R. (2020). "NatWest's Mettle gives users access to FreeAgent's accounting software." FinTech Futures. https://www.Fintechfutures.com/2020/04/natwests-mettle-gives-users-access-to-freeagents-accounting-software/.

Huang, E. (2018). "Tencent's WeBank hopes A.I. and robots can improve customer service." CNBC.com. https://www.cnbc.com/2018/11/28/tencents-webank-hopes-ai-and-robotscan-improve-customer-service.html.

Inc. (2006). "Robotics – Encyclopedia." Inc.com. https://www.inc.com/encyclopedia/robotics.html.

Insley, J. (2010). "Bank accounts: People don't want to press the switch." The Guardian. https://www.theguardian.com/money/2010/oct/09/switching-bank-accounts-consumer-focus.

Jaume, J. (2012). "8 Tech Inventions and Gadgets That Never Took Off." Brandwatch. https://www.brandwatch.com/blog/8-tech-inventions-and-gadgets-that-never-took-off/.

Jeffries, I. (2011). "Three Lenses of Innovation." https://isaacjeffries.com/blog/2016/3/9/three-lenses-of-innovation.

Jiao, C., Sihombing, G., & Dahrul, F. (2012). "Sea and Gojek can target

Indonesia's 83 million who lack bank access." The Straits Times. https://www. straitstimes.com/business/banking/sea-and-gojek-can-target-indonesias-83-million-who-lack-bank-access.

Kaelig. (2016). "Design Systems Ops. Who bridges the gap between the design." Medium. com. https://medium.com/@kaelig/introducing-design-systems-ops-7f34c4561ba7.

Keeley, L., Pikkel, R., Quinn, B., & Walters, H. (2017). "Ten Types | Doblin." Doblin – A Deloitte Business. https://doblin.com/ten-types.

Keum, D. D., & See, K. E. (2017). "The Influence of Hierarchy on Idea Generation and Selection in the Innovation Process." Organization Science, 28(4), 653–669. https://doi. org/10.1287/orsc.2017.1142.

Khoo, D. (2012). "What drives superior performance when large firms internationalize?"

Khoo, D. (2019a). "Engaging tomorrow's customers: The opportunity in ASEAN." The Business Times. https://www.businesstimes.com.sg/asean-business/engaging-tomorrow's-customers-the-opportunity-in-asean.

Khoo, D. (2019b). "UOB Corporate Day 2019: ASEAN's digital bank for ASEAN's digital generation." UOB Investor Relations.

Khoo, D. (2020a). "Banking for the digital generation." Uobgroup.com Investor Relations.

Khoo, D. (2020b). "If you're an incumbent bank, here's how you can be a challenger bank." The Nation. https://www.nationthailand.com/noname/30390219?utm_source=category&utm_medium=internal_referral.Kim Yoo-chul, & Park, A. J. (2020). "Clear ownership to bolster Kakao Bank IPO." The Korea Times. https://www.koreatimes.co.kr/www/biz/2021/02/126_300081.html.

Kitani, K. (2019). "Here's why GE, Ford's digital transformation programs failed last year." CNBC. https://www.cnbc.com/2019/10/30/heres-why-ge-fords-digital-transformationprograms-failed-last-year.html.

Krigsman, M. (2018). "Nokia reinvented: Decline, resurrection, and how CEOs get trapped." ZDNet Online. https://www.zdnet.com/article/nokia-reinvented-decline-resurrection-and-how-ceos-get-trapped/.

Kwatinetz, M. (2018). "Why Contribution Margin is a Strong Predictor of Success for Companies." Soundbytes II. https://soundbytes2.com/2018/08/29/why-contribution-margin-is-a-strong-predictor-of-success-for-companies/.

L'Hostis, A. (2019). "Profiling Fintech: Q&A with Dennis Khoo, Regional Head at TMRW Digital Group, UOB." Forrestor. https://go.forrester.com/blogs/profiling-Fintech-qa-with-dennis-khoo-regional-head-at-tmrw-digital-group-uob/.

Laambert, C. (2014). "Clayton Christensen on disruptive innovation." Harvard Magazine. https://harvardmagazine.com/2014/07/disruptive-genius.

Lam, K., and Koh, J. (2020). "UOB's digital bank: TMRW investor update." UOB Investor Relations.

Lee, S., & Kim, H. (2019). "Korea's online lender Kakao Bank hits 10 mn accounts in 2 yrs."

Pulse by Maeil Business News. https://pulsenews.co.kr/view.php?year=2019&no=514398.

Lee, Y., & Ho, Y. (2020). "Gojek Buys Slice of Indonesian Bank in Biggest Fintech Deal Yet." Bloomberg. https://www.bloomberg.com/news/articles/2020-12-18/gojek-buys-slice-of-indonesian-bank-in-biggest-Fintech-deal-yet.

Leung, J., & Gordon, F. (2019). "Success Virtually Assured." In Accenture Report: Success.

Virtually Assured. https://www.accenture.com/_acnmedia/PDF-109/Accenture-SuccessVirtually-Assured.pdf.

Liu, M., & L'Hostis, A. (2019). "Forrester Case Study: How WeBank Became The World's Leading Digital Bank." https://www.kapronasia.com/china-banking-research-category/webank-the-world-s-top-digital-bank.html.

Liu, S. (2020). "Office suites market share U.S. 2020." Statista. https://www.statista.com/statistics/961105/japan-market-share-of-office-suites-technologies/.

Magotra, I., J. Sharma, and S. K. Sharma. (2015). "Technology adoption propensity of the banking customers in India: An insight." International Journal of Management, Accounting and Economics 2(2), 111–24. http://www.ijmae.com/article_115388.html.

Making "Freemium" Work. (2014). Harvard Business Review. https://hbr.org/2014/05/making-freemium-work.

Marous, J. (2020). "WeBank: Insights From The World's Top Digital Bank." The Financial Brand. https://thefinancialbrand.com/104213/digital-banking-transformed-podcast-china-webank-henry-ma/.

Martinez, J. D. L. (2016). "How to scale up financial inclusion in ASEAN countries." World Bank Blogs. https://blogs.worldbank.org/eastasiapacific/how-to-scale-up-financial-inclusion-in-asean-countries.

Massi, M., Sullivan, G., Michael, S., & Khan, M. (2019). "How Cashless Payments Help Economies Grow." BCG. https://www.bcg.com/publications/2019/cashless-payments-help-economies-grow May, R. 1994. The Courage to Create.

McGovern, G. (2013). "Why It's So Hard to be Customer-Centric." CMSWiRE. https://www.cmswire.com/cms/customer-experience/why-its-so-hard-to-be-customercentric-021809.php.

McGrath, R. G. (2013). "The end of competitive advantage: How to keep your strategy moving as fast as your business." Harvard Business Review (June), 1–25. https://hbr.org/2013/08/the-end-of-competitive-advanta.

McKendrick, J. (2019). "Plenty of digital transformation, but not enough strategy." Forbes.com. https://www.forbes.com/sites/joemckendrick/2019/03/23/plenty-of-digital-transformation-but-not-enough-strategy/?sh=4c99fe407d68.

McKinsey & Company. (2016). "The 'how' of transformation." https://www.mckinsey.com/industries/retail/our-insights/the-how-of-transformation.

Meek, T. (2018). "The Rise In Computing Power: Why Ubiquitous Artificial Intelligence is Now a Reality." Forbes. https://www.forbes.com/sites/intelai/2018/07/17/the-rise-in-computing-power-why-ubiquitous-artificial-intelligence-is-now-a-reality/?sh=505e11701d3f.

Michon, B. (2021). "Why consumer insights are so important in marketing?" Mihon Creative. https://michoncreative.co.uk/news/why-consumer-insights-are-so-important-in-marketing/.

Moed, J. (2019). "The Real Reason It's Hard For Startups To Scale Internationally." Forbes.com. https://www.forbes.com/sites/jonathanmoed/2019/02/28/the-real-reason-its-hard-for-startups-to-scale-internationally/?sh=69440a575f0b.

Morgan, B. (2019). "100 of the most customer-centric companies." Forbes. https://www. forbes.com/sites/blakemorgan/2019/06/30/100-of-the-most-customer-centriccompanies/?sh=75f07d5963c3.

Morris, H. (2019). "China's march to be the world's first cashless society." The Straits Times. https://www.straitstimes.com/asia/east-asia/chinas-march-to-be-the-worlds-first-cashless-society-china-daily-contributor.

Murray, F., & Johnson, E. (2021). "Innovation Starts with Defining the Right Constraints." Harvard Business Review. https://hbr.org/2021/04/innovation-starts-with-defining-the-right-constraints.

Myre, M. (2018). "The 14 Best Wireframe Tools." Zapier Blog. https://zapier.com/blog/best-wireframe-tools/.

Newman, D. (2015). "What is the Experience Economy, and Should Your Business Care?" Forbes.com. https://www.forbes.com/sites/danielnewman/2015/11/24/what-is-the-experience-economy-should-your-business-care/?sh=13cec1791d0c.

Newnham, C. (2020). "10 Best Wireframe Tools For UX/UI Designers in 2020." Insightful UX Blog. https://www.insightfulux.co.uk/blog/10-best-wireframe-tools-ux-2020/.

Nice, S. (2018). "NICE Satmetrix Releases US Net Promoter Score Benchmarks for 2018."

NICE. https://www.nice.com/engage/press-releases/NICE-Satmetrix-Releases-USNet-Promoter-Score-Benchmarks-for-2018-Revealing-Customer-Loyalty-Leaders-in-23Industries-622/.

Nikkei. (2020). "Canon's 45.4% market share is greater than Sony, Nikon and Fuji's combined." Digitalcameraworld. https://www.digitalcameraworld.com/news/canons-454-market-share-is-greater-than-sony-nikon-and-fujis-combined.

Obradovich, N. (2019, February 26). "The data is in. Frogs don't boil. But we might." The Washington Post. https://www.washingtonpost.com/weather/2019/02/25/data-are-frogs-dont-boil-we-might/.

Ollhoff, J., & Walcheski, M. (2006). "Making the Jump to Systems Thinking: The Road to Becoming a Systems Thinker." The Systems Thinker. https://thesystemsthinker.com/making-the-jump-to-systems-thinking/.

Osterwalder, A. (2017). "How to Systematically Reduce the Risk & Uncertainty of New Ideas." Strategyzer. https://www.strategyzer.com/blog/posts/2017/12/6/how-to-systematically-reduce-the-risk-uncertainty-of-new-ideas.

Patrizio, A. (2018). "What is cloud-native? The modern way to develop applications." InfoWorld. https://www.infoworld.com/article/3281046/what-is-cloud-native-the-modern-way-to-develop-software.html.

Perkins, B., & Fenech, C. (2014). "The Deloitte Consumer Review: The growing power of consumers." http://www.deloitte.com/view/en_GB/uk/industries/consumerbusiness/research-publications.

Perry, M. J. (2019). "Only 52 US companies have been on the Fortune 500 since 1955, thanks to the creative destruction that fuels economic prosperity." https://www.aei.org/carpe-diem/only-52-us-companies-have-been-on-the-fortune-500-since-1955-thanksto-the-creative-destruction-that-fuels-economic-prosperity/.

Pidun, U., Reeves, M., & Schüssler, M. (2019). "Do you need a business ecosystem?" BCG Henderson Institute. https://www.bcg.com/de-de/publications/2019/do-you-need-business-ecosystem.

Pidun, U., Reeves, M., & Schüssler, M. (2020a). "How Do You 'Design' a Business Ecosystem?" BCG Hendersen Institute, 1–15. https://www.bcg.com/publications/2020/how-do-you-design-a-business-ecosystem.

Pidun, U., Reeves, M., & Schüssler, M. (2020b). "Why do most business ecosystems fail?" BCG Henderson Institute, 1–18. https://www.bcg.com/publications/2020/why-do-most-business-ecosystems-fail.

Pine, B. J., & Gilmore, J. H. (1998). "Welcome to the experience economy." Harvard Business Review, 76(4), 97–105. https://hbr.org/1998/07/welcome-to-the-experience-economy.

Pine II, B. J., & Gilmore, J. H. (2011). The Experience Economy. https://www.amazon.com/.

Experience-Economy-Updated-Joseph-Pine/dp/1422161978.

Pisano, G. (2015) "You need an innovation strategy." Harvard Business Review, 316 (June). https://hbr.org/2015/06/you-need-an-innovation-strategy.

Pisano, G. P. (2019). "Innovation isn't all fun and games. Creativity needs discipline." Harvard Business Review. https://hbr.org/2019/01/the-hard-truth-about-innovative-cultures.

Profozich, G. (2021). "Ready or Not, Robotics in Manufacturing is on the Rise." Cmtc.com. https://www.cmtc.com/blog/overview-of-robotics-in-manufacturing.

PuReum, L., & Chung, D. (2019). "Tourists on GrabChat!" Grab Tech Blog. https://engineering.grab.com/tourist-chat-data-story.

Ranadive, A. (2017). "Strong Opinions, Weakly Held: A framework for thinking." Medium.com. https://medium.com/@ameet/strong-opinions-weakly-held-a-framework-for-thinking-6530d417e364.

Rodriguez, B. (2017). "The power of creative constraints." TED Talk. https://www.

ted.com/talks/brandon_rodriguez_the_power_of_creative_constraints?language=en.

Rogers, B. (2016). "Why 84% of Companies Fail at Digital Transformation." Forbes, 1–5. https://www.forbes.com/sites/brucerogers/2016/01/07/why-84-of-companies-fail-at-digital-transformation/?sh=59b92534397b.

Ross, M.-C. (2015). "5 Reasons Why Mission-Driven Leaders are the Most Successful." LinkedIn. https://www.linkedin.com/pulse/5-reasons-why-mission-driven-leaders-most-successful-ross-gaicd.

Rubinstein, M. (2021). "Tinkoff, Russia's Capital One." Net Interest. https://www.netinterest.co/p/tinkoff-russias-capital-one.

Sandstrom, C. (2009). "Canon and the Disruptive shift to Digital Imaging", 115.

Schneider, J. (2017). Understanding Design Thinking, Lean, and Agile. In O'Reilly Media Inc. http://oreilly.com/safari.

Schumpeter. (2012). "Sharper focus." The Economist. https://www.economist.com/schumpeter/2012/01/18/sharper-focus.

Segran, E. (2017). "Three Weird Customer Insights that Led to Kick-Ass Products." Fast Company. https://www.fastcompany.com/40483379/three-weird-customer-insightsthat-led-to-kick-ass-products?position=10&campaign_date=03072021.

Sendingan, S. (2019). "How Kakaobank successfully cracked the profitability code two years after rocket launch." Asian Banking & Finance. https://asianbankingandfinance.net/financial-technology/exclusive/how-kakaobank-successfully-cracked-profitability-code-two-years-after.

Sheppard, B., Sarrazin, H., Kouyoumjian, G., & Dore, F. (2018). "The business value of design." McKinsey Quarterly. https://www.mckinsey.com/business-functions/mckinsey-design/our-insights/the-business-value-of-design.

Shevlin, R. (2021). "Embedded Fintech versus Embedded Finance: Jumpstarting New Product Innovation in Banks." Forbes.com. https://www.forbes.com/sites/ronshevlin/2021/04/12/embedded-Fintech-versus-embedded-finance-jumpstarting-new-product-innovation-in-banks/?sh=e0048ee5892a.

Sia, J. (2019). "Joint Venture with VI (Vietnam Investments) Fund III, L.P." SGX. www.UOBGroup.com.

Skinner, C. (2021). "Even with a bribe, no one switches their bank account." Chris Skinner's Blog. https://thefinanser.com/2018/02/even-bribe-no-one-switches-bank-account.html/.

Snow, S. (2020). "Our Leaders of Tomorrow are Going to Need These 4 Rare Skills." Forbes. https://www.forbes.com/sites/shanesnow/2020/06/04/our-leaders-of-tomorrow-are-going-to-need-these-4-rare-skills/?sh=5d012c1e1855.

Solis, B. (2020). "When digital transformation fails, focus on the why and how of change, not just technology and transactions." ZDNet Online. https://www.zdnet.com/article/when-digital-transformation-fails-focus-on-the-why-and-how-of-change-not-just-technology/"StanChart, NTUC Enterprise plan digital-only bank in Singapore." (2020). The Straits Times. https://www.straitstimes.com/business/banking/stanchart-ntuc-enterprise-plan-digital-only-bank-in-singapore.

Sulaiman, A., Jaafar, N. I., and Mohezar, S. (2007). "An overview of mobile banking adoption among the urban community." IJMC, 5 (January), 157–68. https://doi.org/10.1504/IJMC.2007.011814.

Sutcliff, M., Narsalay, R., & Sen, A. (2019). "The two big reasons that digital transformations fail." Harvard Business Review, October, 2–6. https://hbr.org/2019/10/the-two-big-reasons-that-digital-transformations-fail.

Sutherland, J., Sutherland, J. J., & Schneier, A. (2020). "2020 Scrum Guide Changes and Updates Explained." Scrum Inc. https://www.scruminc.com/2020-scrum-guide-changes-updates-explained/.

Tabrizi, B., Lam, E., Girard, K., & Irvin, V. (2019). "Digital Transformation is Not About Technology." Harvard Business Review. https://hbr.org/2019/03/digital-transformation-is-not-about-technology.

Tanimoto, T. (2018). "What is Business Design?" Medium.com. https://medium.com/spotless-says/what-is-business-design-58d849eaefef.

Tech Wire Asia. (2019). "UOB's TMRW is proof banks are making an effort to understand customers." Techwire Asia.

Teng, A. (2021). "Schools in Singapore continue to reap benefits of remote learning." The Straits Times. https://www.straitstimes.com/singapore/parenting-education/how-a-virus-taught-education-in-singapore-a-lesson-in-adapability.

The Myers-Briggs Company. (2020). INTJ personality profile. https://eu.themyersbriggs.com/en/tools/MBTI/MBTI-personality-Types/INTJ.

The Straits Times. (2018). "UOB sets up joint venture with Chinese Fintech firm." The Straits Times. https://www.straitstimes.com/business/companies-markets/uob-sets-up-joint-venture-with-chinese-fintech-firm.

Tinkoff, O. (2010). "Oleg Tinkov: 'I'm Just Like Anyone Else'." https://anisimov.biz/oleg-tinkov-im-just-like-anyone-else/.

Umit Kucuk, S., & Krishnamurthy, S. (2007). "An analysis of consumer power on the Internet." Technovation, 27(1–2), 47–56. https://doi.org/10.1016/j.technovation.2006.05.002.

Vincent, J. (2019). "Boston Dynamics' robots are preparing to leave the lab. Is the world ready?" The Verge. https://www.theverge.com/2019/7/17/20697540/boston-dynamics-robots-commercial-real-world-business-spot-on-sale.

Wade, M. (2018). "Digital Transformation: 5 Ways Organizations Fail." The Enterprisers Project. https://enterprisersproject.com/article/2018/11/digital-transformation-5-ways-organizations-fail.

Warden, G. (2019a). "Banking for TMRW: Head of UOB's digital bank explains engagement, advocates, Personetics." The Edge, Singapore. https://www.theedgesingapore.com/capital/fintech/banking-tmrw-head-uob's-digital-bank-explains-engagement-advocates-personetics.

Warden, G. (2019b). "UOB's digital future lies in serving ASEAN." The Edge, Singapore. https://www.uobgroup.com/techecosystem/news-insights-uob-digital-future-lies-in-servingasean.html.

Warden, G. (2020). "UOB digital bank focuses on TMRW's customers." The Edge, Singapore.

We Are Social. (2020). "Digital 2020: We Are Social." https://wearesocial.com/digital-2020.

WE Online, Jakarta. (2021). "UOB presents TMRW to support financial inclusion in the digital economy era." Newsy Today. https://www.newsy-today.com/uob-presents-tmrw-to-support-financial-inclusion-in-the-digital-economy-era/.

Wei, Y., Yildirim, P., Bulte, C. Van den, & Dellarocas, C. (2014). "How Social Media Can Be Used for Credit Scoring." Knowledge@wharton. https://knowledge.wharton.upenn.edu/article/using-social-media-for-credit-scoring/.

Weng, W. (2020). "Thirteen most profitable digital banks in Asia Pacific upped earnings by 49% in 2019." The Asian Banker. https://www.theasianbanker.com/updates-and-articles/thirteen-most-profitable-digital-banks-in-asia-pacific-upped-earnings-by-49-in-2019.

Which MBA? (2018). "Design thinking: People first." The Economist. https://

whichmba.economist.com/management-ideas/2018/01/10/design-thinking-people-first

Wijeratne, D., Plumridge, N., & Raj, S. (2019). "Sustaining Southeast.Asia's momentum." https://www.strategy-business.com/article/Sustaining-Southeast-Asias-Momentum?gko=32ad4.

William, C. (2018). "The Importance of Having a Mission-Driven Company." Forbes. https://www.forbes.com/sites/williamcraig/2018/05/15/the-importance-of-having-a-mission-driven-company/?sh=5f38fe6c3a9c Williams, T. (2019). "Why customer centricity is crucial to your organisation." The Economist. https://execed.economist.com/blog/industry-trends/why-customer-centricity-crucial-your-organisation.

Worthington, S. (2021). "Are neo-banks here to stay? Or just a passing phase? " Bluenotes. https://bluenotes.anz.com/posts/2021/03/steve-worthington-neo-banks-Fintech-deposits-lending.

Zeitchik, S. (2021). "Netflix added 4 million subscribers in most recent quarter." The Washington Post. https://www.washingtonpost.com/business/2021/04/20/netflix-new-subscriber-numbers/